Werbung und öffentliche Äußerungen nach Umsetzung der Richtlinie 1999/44/EG des Europäischen Parlaments und des Rates vom 25. Mai 1999 zu bestimmten Aspekten des Verbrauchsgüterkaufs und der Garantien für Verbrauchsgüter in das deutsche Recht

Europäische Hochschulschriften

Publications Universitaires Européennes
European University Studies

Reihe II
Rechtswissenschaft

Série II Series II
Droit
Law

Bd./Vol. 4720

PETER LANG
Frankfurt am Main · Berlin · Bern · Bruxelles · New York · Oxford · Wien

Robert Safran

Werbung und öffentliche Äußerungen nach Umsetzung der Richtlinie 1999/44/EG des Europäischen Parlaments und des Rates vom 25. Mai 1999 zu bestimmten Aspekten des Verbrauchsgüterkaufs und der Garantien für Verbrauchsgüter in das deutsche Recht

PETER LANG
Internationaler Verlag der Wissenschaften

Bibliografische Information der Deutschen Nationalbibliothek
Die Deutsche Nationalbibliothek verzeichnet diese Publikation in der Deutschen Nationalbibliografie; detaillierte bibliografische Daten sind im Internet über <http://www.d-nb.de> abrufbar.

Zugl.: Frankfurt (Main), Univ., Diss., 2007

Gedruckt auf alterungsbeständigem,
säurefreiem Papier.

D 30
ISSN 0531-7312
ISBN 978-3-631-57107-1

Printed in Germany 1 2 3 4 5 7

www.peterlang.de

Meinen Eltern

Vorwort

Die vorliegende Arbeit hat im Wintersemester 2006/2007 dem Fachbereich Rechtswissenschaft der Johann Wolfgang Goethe-Universität Frankfurt am Main als Dissertation vorgelegen. Rechtsprechung und Literatur wurden bis März/April 2007 berücksichtigt.

Die Arbeit ist während meiner Tätigkeit als Rechtsanwalt in einer auf Insolvenzrecht spezialisierten Kanzlei entstanden.

Im Gedenken an meinen Doktorvater, Herrn Prof. Dr. Manfred Wolf, bin ich für die Betreuung der Arbeit und die zahlreichen Hinweise und Hilfestellungen sehr dankbar.

Herrn Prof. Dr. Ulrich Segna möchte ich für die zügige Erstellung des Erstgutachtens herzlich danken. Auch Herrn Prof. Dr. Helmut Kohl, der die Erstellung des Zweitgutachtens übernommen hat, gebührt Dank.

Die Arbeit ist meinen Eltern gewidmet, die vor über 40 Jahren aus Kroatien und Spanien nach Deutschland eingewandert sind. Sie haben mich stets selbstlos gefördert und ermutigt, Ziele zu erreichen, die ihnen selbst nicht vergönnt waren.

Frankfurt am Main, im Februar 2008

Robert Safran

Inhaltsverzeichnis

Einleitung

Mit Erlass der Richtlinie 1999/44/EG des Europäischen Parlaments und des Rates vom 25. Mai 1999 zu bestimmten Aspekten des Verbrauchsgüterkaufs und der Garantien für Gebrauchsgüter hat der Europäische Gesetzgeber ein Regelwerk geschaffen, das sich unmittelbar auf den Alltag jedes Verbrauchers auswirkt. Indem die Richtlinie den Verbrauchsgüterkauf regelt, betrifft sie einen Vertrag, den der Verbraucher tagtäglich abschließt.

Neben der Frage des Vorliegens eines Mangels regelt die Richtlinie auch, inwieweit öffentliche Äußerungen die Vertragsmäßigkeit der Kaufsache beeinflussen.

Nach Art. 2 Abs. 2 lit. d) der Richtlinie 1999/44/EG[1] wird vermutet, dass Verbrauchsgüter vertragsgemäß sind, wenn sie

> „...eine Qualität und Leistung aufweisen, die bei Gütern der gleichen Art üblich sind und die der Verbraucher vernünftigerweise erwarten kann, wenn die Beschaffenheit des Gutes und gegebenenfalls die insbesondere in der Werbung oder bei der Etikettierung gemachten öffentlichen Äußerungen des Verkäufers, Herstellers oder dessen Vertreters über die konkreten Eigenschaften des Gutes in Betracht gezogen werden."

Der deutsche Gesetzgeber hat diese Regelung in § 434 Abs. 1 S. 3 BGB umgesetzt, der jetzt wie folgt lautet:

> „Zu der Beschaffenheit nach Satz 2 Nr. 2 gehören auch Eigenschaften, die der Käufer nach den öffentlichen Äußerungen des Verkäufers, des Herstellers [...], oder seines Gehilfen insbe-

1 Soweit auf einzelne Artikel der Richtlinie Bezug genommen wird, werden diese als RL bezeichnet.

> sondere in der Werbung oder bei der Kennzeichnung über bestimmte Eigenschaften der Sache erwarten kann, es sei denn,.."

Der Gesetzgeber hat durch die Umsetzung der Richtlinie 1999/44/EG die Haftung für unrichtige Werbeaussagen oder andere öffentliche Äußerungen in das BGB eingeführt. Der Einfluss solcher Werbeangaben wurde durch das Bürgerliche Gesetzbuch in seiner bis zum 31.12.2001 geltenden Fassung[2] nicht geregelt. Die zu den §§ 459 ff. BGB und dem Rechtsinstitut der culpa in contrahendo ergangene Rechtsprechung hat versucht, den Einfluss von Werbeangaben bzw. des Verkaufsprospektes auf die Mangelhaftigkeit der Kaufsache ausreichend Rechnung zu tragen. Letztlich wurde jedoch kein befriedigender Ansatz gefunden, den Einfluss von Werbeangaben im alltäglichen Geschäftsverkehr ausreichend zu würdigen.

Die vorliegende Arbeit befasst sich daher mit der Auswirkung der Richtlinie 1999/44/EG auf das BGB in seiner neuen Fassung, soweit es den Einfluss von öffentlichen Äußerungen auf die Vertragsmäßigkeit betrifft. Hierzu wird zunächst der Begriff der öffentlichen Äußerung bestimmt. Es folgt eine Auseinandersetzung mit der Frage, wie der Begriff der Werbung definiert werden soll. Ferner soll die wirtschaftliche Bedeutung der Werbung und des dahinter stehenden Werbemarktes skizziert werden. Hieran schließt sich auch eine Begriffsbestimmung der Kennzeichnung an.

Es folgt eine kurze Darstellung, wie Werbung durch das BGB in seiner alten Fassung behandelt wurde. Anschließend wird die Entwicklung der Richtlinie dargestellt sowie einzelne Regelungen beschrieben, soweit dies für die vorliegende Arbeit notwendig ist. Im letzten Teil wird § 434 Abs. 1 S. 3 BGB in der neuen Fassung dargestellt, der sich mit Werbeaussagen und deren Wirkungen befasst.

---

2 Das Bürgerliche Gesetzbuch in seiner bis zum 31.12.2001 geltenden Fassung wird im Folgenden als BGB in seiner alten Fassung, im Zusammenhang mit Paragraphen als BGB a.F. bezeichnet.

1. Teil: Begriffsbestimmung, rechtliche und wirtschaftliche Bedeutung

A. Öffentliche Äußerungen

§ 434 Abs. 1 S. 3 BGB knüpft an öffentliche Äußerungen an und führt somit einen Begriff in das Sachmängelgewährleistungsrecht ein, der diesem Bereich bisher fremd war.

I. Definition

Nach Art. 2 Abs. 2 lit. d) RL wird die Vertragsmäßigkeit der Verbrauchsgüter vermutet, wenn sie

> „...eine Qualität und Leistung aufweisen, die bei Gütern der gleichen Art üblich sind und die der Verbraucher vernünftigerweise erwarten kann, wenn die Beschaffenheit des Gutes und gegebenenfalls die insbesondere in der Werbung oder bei der Etikettierung gemachten öffentlichen Äußerungen des Verkäufers, Herstellers oder dessen Vertreters über die konkreten Eigenschaften des Gutes in Betracht gezogen werden.".

Der deutsche Gesetzgeber hat diese Formulierung nicht unverändert übernommen. Nach der Fassung des § 434 Abs. 1 S. 3 BGB gehören

> „Zu der Beschaffenheit nach Satz 2 Nr. 2 [gehören] auch Eigenschaften, die der Käufer nach den öffentlichen Äußerungen des Verkäufers, des Herstellers (§ 4 I und II des Produkthaftungsgesetzes) oder seines Gehilfen insbesondere in der Werbung oder bei der Kennzeichnung über bestimmte Eigenschaften der Sache erwarten kann,[...]"

Die Umformulierung erfolgte lediglich aus „sprachlichen" Gründen. Eine andere Sichtweise von öffentlichen Äußerungen lag dem nicht zugrunde. Der deutsche Gesetzgeber führt hierzu explizit aus[3]:

> *„Im Einzelnen übernimmt [§ 434 I] Satz 3 mit geringen Umformulierungen den Wortlaut des Artikels 2 Abs. 2 Buchstabe d der Verbrauchsgüterkaufrichtlinie, unter Einbeziehung der Ausnahmen in Artikel 2 Abs. 4."*

Sowohl der Richtliniengeber als auch der deutsche Gesetzgeber sehen demnach öffentliche Äußerungen als Oberbegriff an. Der Nennung der Werbung und der Etikettierung bzw. Kennzeichnung kommt daher auch lediglich ein Beispielcharakter zu, was durch das „insbesondere" zum Ausdruck kommt.[4] Eine Definition öffentlicher Äußerungen und/oder der Werbung findet sich hingegen weder im Richtlinien- noch im Gesetzestext wieder. Auch die jeweiligen Begründungen setzen die Begriffe als bekannt voraus, ohne diese zu definieren.

1. Äußerung

Unter dem Begriff der Äußerung ist die Kundgabe in Schrift, Sprache, Stimme sowie weiterer Ausdrucksformen zu verstehen.[5] Es handelt sich demnach um einen sehr weiten Bereich.

Aus diesem Grunde unterscheidet sich die Äußerung auch von einer Willenserklärung in Form eines Angebotes im Sinne des § 145 BGB. Denn unter der Äußerung versteht man eine einseitige, empfangsbedürftige Willenserklärung.[6] Bei der Willenserklärung wiederum handelt es sich um den Ausdruck eines Willens, der auf die Begründung, inhaltliche Änderung oder Beendigung eines privaten Rechtsverhältnisses abzielt.[7] Im Rahmen eines Angebotes im Sinne des § 145 BGB muss diese Willenserklärung so bestimmt sein, dass der Empfänger diese ohne Weiteres annehmen kann.[8] Dies setzt zusätzlich voraus, dass der Wille, sich rechtlich binden zu wollen, ohne Weiteres aus der Willenserklärung hervortritt.[9] Eine Äußerung wäre demnach dann als ein Angebot im Sinne des § 145

---

3 BT-Drucks. 14/6040, S. 214.
4 Vgl. MüKo/Westermann, § 434, Rn. 22 (4. Aufl.).
5 Brockhaus Enzyklopädie, 17. Auflage, 1967, S. 121.
6 Palandt/Putzo, § 145, Rn. 1.
7 Palandt/Heinrichs, Einf. v. § 116, Rn. 1.
8 Palandt/Heinrichs, § 145, Rn. 1.
9 Palandt/Heinrichs, § 145, Rn. 2.

BGB zu qualifizieren, wenn sie hinreichend bestimmt und der Rechtsbindungswille ohne Weiteres zu erkennen wäre.

Hier wird der Unterschied zur Äußerung besonders deutlich. Bei der Äußerung handelt es sich um eine bloße Kundgabe, der der Verkehr keine große inhaltliche und rechtliche Bedeutung beimisst. Bei der Erklärung wird der Verkehr aber davon ausgehen können, dass der Erklärende etwas ernsthaft und verbindlich äußert. Bei der Äußerung hingegen soll der Verbraucher auf ein Produkt aufmerksam gemacht und dazu angehalten werden, dieses zu erwerben. Er soll sich hierzu zu den Verkäufern begeben und ein entsprechendes Kaufangebot abgeben. Die Äußerung fordert den Verbraucher daher auf, dem Verkäufer ein entsprechendes Kaufangebot zu unterbreiten. Es handelt sich demnach um eine invitatio ad offerendum. [10]

Das Gesetz selbst benennt in § 434 Abs. 1 S. 3 BGB zwei Erscheinungsformen möglicher Äußerungen, die Werbung und Kennzeichnung einer Ware.

Durch die weit gefassten Begriffe der Werbung und der Kennzeichnung vermeidet der Gesetzgeber gleichzeitig, sich auf bestimmte Formen der Äußerungen festzulegen. Die Art und Weise der Äußerung kann daher auf vielfältige Weise geschehen und ist nicht auf einige wenige Medien beschränkt.[11]

2. *Öffentlich*

Nach § 434 Abs. 1 S. 3 BGB muss es sich um eine öffentliche Äußerung handeln. Aus der Regelung selbst geht nicht hervor, was öffentlich sein soll. Der Begriff der Öffentlichkeit ist dem deutschen Recht aber nicht fremd.

a. Öffentlich im Sinne des § 171 BGB

Neben § 434 BGB befasst sich auch § 171 BGB mit der öffentliche Kundgabe. Dies bezieht sich auf die Wirkungsdauer einer Bevollmächtigung im Sinne der §§ 164 ff. BGB, wenn diese öffentlich bekannt gemacht wurde. § 171 BGB bezweckt dabei den Schutz eines gutgläubigen Dritten gegenüber einem vollmachtslosen Vertreter, wenn der Geschäftsherr die Bevollmächtigung ursprünglich öffentlich bekannt gegeben hat. Eine solche Bekanntmachung ist dann öffentlich, wenn sie an einen nicht abgegrenzten oder begrenzten Personenkreis gerichtet ist und auch unbeteiligte Dritte erreichen kann.[12]

---

10 Palandt/Heinrichs, § 145, Rn. 2; Larenz/Wolf, § 29, Rn. 19.

11 So auch Palandt/ Putzo, § 434, Rn. 34.

12 Staudinger-Schilken, § 171, Rn. 8; Ermann/Palm, § 171, Rn. 3; Grigoleit/Herresthal, JZ 2003, S. 233, 237.

Eine solche Definition wäre auch grundsätzlich für den Bereich des § 434 Abs. 1 S. 3 BGB anzunehmen. Hierfür sprechen im Übrigen auch die vom Gesetzgeber besonders hervorgehobenen Formen der öffentlichen Äußerung, der Werbung und Kennzeichnung. Es handelt sich dabei um Äußerungen, die grundsätzlich einem nicht abgrenzbaren Personenkreis gegenüber getätigt werden. Dies gilt sowohl für die Werbung als auch für die Kennzeichnung.

In beiden Fällen kann der Werbende oder Kennzeichnende die Reichweite seiner Wirkung nur sehr begrenzt steuern. Diese Formen sind vielmehr darauf angelegt, einen unbegrenzt großen Personenkreis anzusprechen.

Eine Äußerung ist demnach zumindest dann öffentlich, wenn sie an einen nicht abgegrenzten oder begrenzten Personenkreis gerichtet ist.

b. Begrenzte Öffentlichkeit

In der Praxis können aber auch Fälle vorkommen, in denen sich Personen zwar bewusst über ein Produkt äußern, sich dabei aber bewusst nicht an eine unbegrenzte Öffentlichkeit, sondern vielmehr an einen begrenzten Adressatenkreis wenden wollen. Dies bezieht sich namentlich auf Werbeäußerungen gegenüber Fachhändlern etwa bei Einführungspräsentationen oder Werbung in Fachzeitschriften. Nach der eben gefundenen Definition wären solche Werbeäußerungen nicht öffentlich. Sie wären nicht an einen unbegrenzten Personenkreis gerichtet. Der Werbende begrenzt die Empfänger solcher Äußerungen vielmehr bewusst, um etwa ein neues Produkt einzuführen.

Hier besteht aber die Gefahr, dass diese Äußerungen an Dritte weitergegeben werden, ohne dass der Äußernde dies beeinflussen kann. Der Kreis derer, die die Äußerung wahrnehmen könnten, wäre dann ebenfalls unbeschränkt.

Es geht also um die Frage, ob Äußerungen zielgerichtet an die Öffentlichkeit erfolgen müssen und ob der Äußernde dies beeinflussen kann.

Teilweise wird die Ansicht vertreten, dass es sich hierbei schon nach wettbewerbsrechtlichen Gesichtspunkten nicht um öffentliche Werbung handeln würde.[13] Ferner müsse ein vernünftiger Verbraucher bei Fachhändlerwerbung davon ausgehen, dass diese an anderen Maßstäben zu messen sei als Verbraucherwerbung, da sie sich nicht an den gleichen Adressatenkreis richte. Würde man solche Äußerungen als öffentlich im Sinne des § 434 Abs. 1 S. 3 BGB werten, würde dies zudem das Informationsrisiko des Verkäufers übermäßig überschreiten. Dies gelte besonders vor dem Hintergrund, dass der Verkäufer bei „normaler“ Werbung in einer Absatzkette eingebunden sei. Aus diesem Grunde

13 Weiler, WM 2002, S. 1784, 1786, der hier die zum sog. „Emaillelack“ ergangene Rechtsprechung zitiert.

profitiere er unmittelbar von den Werbeangaben. Bei Äußerungen gegenüber einem begrenzten Adressatenkreis, wie etwa der Fachhändlerwerbung, sei dies gerade nicht der Fall. Hier sei die Absatzkette enger zu fassen. Der Vorteil von öffentlichen Äußerungen realisiere sich hier nur ausnahmsweise und nicht typischerweise.[14]

Diese Ansicht geht demnach davon aus, dass der Verfasser einer Äußerung oder Werbung die Zielrichtung eigenmächtig bestimmen kann.

Hiergegen spricht zum einen, dass der Verbraucher oftmals nicht erkennen kann, dass es sich um Fachhändlerwerbung handelt. Fälle, aus denen der Adressatenkreis nicht deutlich hervorgeht, würden zu Lasten des Verbrauchers gehen. Der Verbraucher müsste in solchen Fällen zunächst erforschen, an wen sich die Werbung richtet. Dies setzt voraus, dass sich die öffentliche Äußerung oder Werbung klar und deutlich an einen begrenzten Adressatenkreis richtet. Wenn dies nicht erkennbar sein sollte, stellt sich erneut die Frage der Öffentlichkeit. Die Gegenansicht würde bei fehlender Erkennbarkeit dennoch von einer begrenzten Öffentlichkeit ausgehen, da sich an der Zielrichtung der Äußerung nichts geändert hat. Fälle, bei denen der Adressatenkreis nicht deutlich hervorgeht, würden zu Lasten des Verbrauchers gehen. Eine solche Prüfung wird der Verbraucher zudem regelmäßig nicht vornehmen. Für ihn stellt sich Werbung in aller Regel als öffentlich dar. Die möglichen Unklarheiten ließen sich demnach nicht eindeutig klären. Diese würden vielmehr in den Bereich der Rechtsprechung verschoben. Ebenso würde die gerade gefundene deutliche Regelung im Bereich der Haftung für Werbeangaben beseitigt werden, würde man dem Verbraucher zumuten wollen, hinsichtlich einzelner Werbearten zu differenzieren.

Ebenso wenig spricht das angeblich hohe Informationsrisiko gegen die Annahme, dass es sich um eine öffentliche Äußerung handelt. Sollte der Verkäufer einmal tatsächlich aufgrund einer Fachhändlerwerbung in Anspruch genommen werden, so steht ihm die Regressmöglichkeit der §§ 478, 479 BGB offen.

Auch das Argument der „fremden" Absatzkette vermag nicht zu überzeugen. Richtig ist, dass sich der Werbeerfolg in solchen Fällen nur ausnahmsweise realisiert. Hierauf kommt es jedoch schon nicht an. Es ist vielmehr darauf abzustellen, dass sich überhaupt ein Erfolg realisiert hat. Ob dies eine Ausnahme darstellt, kann nicht zu Lasten des betroffenen Verbrauchers gehen.

Die Haftung für öffentliche Äußerungen soll den Äußernden gerade dazu anhalten, seine Äußerungen behutsam und klar zu definieren. Nachteile gehen aus diesem Grunde zu seinen Lasten. Zudem muss beachtet werden, dass die Äußerungen den internen Bereich des Werbenden verlassen. Er kann ab diesem Zeit-

14 Weiler, WM 2002, S. 1784, 1787.

punkt die Verbreitung seiner Werbeangaben nur sehr schwer oder aber überhaupt nicht kontrollieren. Sobald die Äußerung (bewusst) den internen Bereich des Unternehmers verlassen hat, ist er an diese gebunden. Aus diesem Grunde liegt auch eine Öffentlichkeit im Sinne des § 434 Abs. 1 S. 3 BGB dann vor, wenn die Werbung an einen vermeintlich abgegrenzten Personenkreis, wie etwa bei einer Fachhändlerwerbung, getätigt wird. Letztlich lässt sich aus dem Gesetzeszweck nicht entnehmen, dass sich die Äußerung zielgerichtet an einen Kreis wenden muss.[15] Öffentliche Äußerungen müssen sich daher nicht zielgerichtet an den Käufer richten. Es ist alleine darauf abzustellen, dass die Äußerung öffentlich, vor Abschluss des Kaufvertrages abgegeben worden ist.[16]

Die einzige Ausnahme könnte für Kaufleute im Sinne des HGB zugelassen werden. Dies ergibt sich aus dem Umstand, dass diese in der Regel beurteilen können, ob es sich um Fachhändler- oder „normale" Werbung handelt. Es ist davon auszugehen, dass Kaufleute gerade im Bereich der Werbung eine weitaus größere Übung haben als Verbraucher. Sie können aus diesem Grunde auch die Zielrichtung einer Äußerung erkennen und die darin enthaltenen Aussagen werten.

Werbeangaben und Äußerungen können demnach zwar zielgerichtet getätigt werden. Sobald sich einer der in § 434 Abs. 1 S. 3 BGB genannten Personen aber dazu entschließt, sich zu äußern, wird er dem Haftungsrisiko des § 434 Abs. 1 S. 3 BGB ausgesetzt. Es handelt sich demnach auch bei einer Werbung gegenüber einem abgegrenzten Adressatenkreis um öffentliche Äußerungen im Sinne des § 434 Abs. 1 S. 3 BGB.[17]

c. Für die Öffentlichkeit bestimmt

aa. Allgemeines

Von der Frage der Zielrichtung einer Äußerung ist die Frage zu trennen, ob die an die Öffentlichkeit gelangte Äußerung auch hierfür bestimmt war. Soll der Verkäufer nur für solche Äußerungen haften, die willentlich an die Öffentlichkeit gelangt sind oder aber auch für solche, die zufällig öffentlich geworden sind? Es handelt sich also um die Frage, ob die Äußerung willentlich den internen Bereich des Unternehmers verlassen haben muss.

---

15 Bamberger/Roth/Faust, § 434, Rn. 82.

16 Bamberger/Roth/Faust, § 434, Rn. 80.

17 So auch Tonner/Echtermeyer, Kompaktkommentar, § 434, Rn. 19; ablehnend hingegen Weiler, a.a.O.

Dass es sich hierbei nicht um ein bloß theoretisches Problem handelt, verdeutlicht folgender Fall:

In der Weihnachtszeit 2002 veröffentlichte eine Elektronikhandelskette, die Firma M. M., einen Prospekt. In diesem wurde unter anderem für eine Spielkonsole des Herstellers S. geworben. Die Spielkonsole dieses Herstellers kostete üblicherweise € 249,-. Aufgrund eines internen Versehens wurde der Preis in dem Prospekt aber mit € 79,- angegeben. Dies hatte zur Folge, dass eine große Anzahl von Verbrauchern die Spielkonsole zum beworbenen Preis kaufen wollte. Die betroffenen Filialen weigerten sich jedoch, das Produkt für den beworbenen Preis zu verkaufen. Sie beriefen sich darauf, dass es sich um einen Fehler handele, der sich bei Erstellung des Werbeprospektes eingeschlichen hätte. Ferner sei allgemein bekannt, dass der tatsächliche Preis € 249,- betragen würde.

An diesem Beispiel wird deutlich, dass es zu öffentlichen Äußerungen kommen kann, die ursprünglich nicht auf diese Art und Weise erfolgen sollten. Die Gründe hierfür können vielfältig sein. Das Spektrum reicht von einer versehentlichen Falschwerbung bis hin zu korrekten Produktangaben, die aufgrund eines Versehens an die Öffentlichkeit gelangt sind.

bb. Fehlende Willentlichkeit

Es ist aus diesem Grunde zu prüfen, ob öffentliche Äußerungen willentlich an die Öffentlichkeit abgegeben werden müssen oder ob auch solche Äußerungen bindend sind, die nicht willentlich an die Öffentlichkeit gelangt sind. Wie ist etwa mit einer Äußerung zu verfahren, die ein Werbender eigentlich nicht abgeben wollte?

Gegen eine Haftung für Werbeangaben spricht zunächst das daraus resultierende Haftungsrisiko des Verkäufers gegenüber seinem Kunden für fremde Werbeangaben. Werbeangaben sowie Werbekampagnen werden heute größtenteils durch die Hersteller selbst vorgenommen. Der Verkäufer hat hierauf naturgemäß keinerlei Einfluss. Dies bezieht sich auch auf andere Äußerungen, die durch den Hersteller an die Öffentlichkeit gelangen. Müsste der Verkäufer auch für solche Äußerungen haften, die ursprünglich nicht für die Öffentlichkeit bestimmt waren, würde dies das Haftungsrisiko nahezu unüberschaubar machen. Hierfür spricht auch schon der Wortlaut des § 434 Abs. 1 S. 3 BGB. Dieser bezieht sich insbesondere auf die Werbung und Etikettierung von Waren. Es handelt sich hier um solche Äußerungen, die dazu bestimmt sind, öffentlich wahrgenommen zu werden.

Es ist demnach davon auszugehen, dass der Verkäufer zunächst nur für solche Äußerungen haften soll, die von vorneherein für die Öffentlichkeit bestimmt waren.[18] Andernfalls handelt der Verbraucher auf eigene Gefahr.

Andererseits kann der Verbraucher nicht abschätzen, ob einer der in § 434 Abs. 1 S. 3 BGB genannten Personen die Äußerung willentlich abgegeben hat. Der Käufer würde seine Kaufentscheidung auf die Werbeaussagen gründen, auf die er sich dann nicht berufen könnte. Demnach kann eine Haftung für nicht willentlich an die Öffentlichkeit gelangte Äußerungen nicht von vornherein abgelehnt werden. Fraglich ist aber, wie solche Fälle grundsätzlich gelöst werden können.

Eine Anfechtung des Kaufvertrags nach § 119 Abs. 1 1. Alt BGB (*Irrtum über Erklärungsinhalt*) käme vorliegend nicht in Betracht. Dies würde voraussetzen, dass sich der Erklärende über die Tragweite und den rechtlich wirksamen Inhalt seiner Erklärung irrt.[19] Ein solcher Sachverhalt liegt aber gerade nicht vor. Bei Abschluss eines Kaufvertrags führen die Parteien gerade den Rechtserfolg herbei, den sie verfolgen. Der rechtlich wirksame Inhalt stimmt mit dem tatsächlichen Willen überein. Hieran ändert sich auf Verkäuferseite auch dann nichts, wenn die Äußerung nicht willentlich an die Öffentlichkeit gelangt ist.

Eine Anfechtung der Äußerung käme ebenso wenig in Betracht, da es sich hierbei schon nicht um eine Willenserklärung handelt.[20]

Eine Anfechtung nach § 119 Abs. 1 1. Fall BGB kommt aus diesem Grunde nicht in Betracht.

Das Gleiche gilt für die Frage, ob § 119 Abs. 1 1. Fall BGB analog anzuwenden ist. Hiergegen spricht, dass es sich bei Äußerungen schon nicht um Willenserklärungen handelt. Die §§ 116 ff. BGB wollen dem Erklärenden jedoch die Möglichkeit einräumen, sich von der bindenden Wirkung einer Willenserklärung zu lösen, wenn er sich etwa über deren Inhalt geirrt hat. Ausschlaggebend ist demnach also die bindende Wirkung der Erklärung und nicht etwa die Tatsache, dass die Öffentlichkeit oder der Empfänger die Äußerung bzw. die Willenserklärung zur Kenntnis genommen hat und sich zu einem Handeln (hier: Vertragsabschluss) bewegen lässt, was durch öffentliche Äußerungen gerade bezweckt wird. Mangels Willenserklärung wird daher etwa auch eine analoge Anwendung der §§ 116 ff. BGB für das Prozessrecht mit der Begründung abgelehnt, dass es sich bei Prozesshandlungen gerade nicht um Willenserklärungen handelt.[21] Kon-

18 So auch Jauerning-Berger, § 434, Rn. 15; ebenso Staundinger-Köhler, § 13 a, Rn. 8, für Werbeangaben im Sinne des § 13 a UWG; Großkommentar-Köhler, § 13 a, Rn. 8.

19 Palandt/Heinrichs, § 119, Rn. 11; MüKo/Kramer, § 119, Rn. 55; Erman/Palm, § 119, Rn. 34.

20 Siehe 1. Teil, A., I., 1., S. 20 f.

21 MüKo/Kramer, § 119, Rn. 43 (5. Aufl.).

sequenterweise wird eine analoge Anwendung in den Fällen in Betracht gezogen, in denen beispielsweise ein Online-Nutzer ohne Bewusstsein, einen Vertrag abzuschließen, aus Versehen einen „Ja"-Button auf einer Homepage anklickt und somit der Erklärungsempfänger eigentlich dieses Handeln als Willenserklärung des Online-Nutzers verstehen musste. In solchen Fällen wird dem Online-Nutzer ein Anfechtungsrecht analog § 119 BGB zugesprochen.[22] Die bindende Wirkung der Willenserklärung ist demnach auch hier für die analoge Anwendung des § 119 BGB ausschlaggebend und kommt bei Äußerungen nicht in Betracht. Die Empfänger einer Äußerung sollen durch diese dazu bewegt werden, einen Kaufvertrag mit dem Verkäufer abzuschließen. Die Äußerung ist also darauf gerichtet, dass es letztlich zu zwei bindenden und übereinstimmenden Willenserklärungen kommt. Der Verkehr wird daher öffentliche Äußerungen auch nicht als bindende Willenserklärungen verstehen, sondern als „Kaufanregung". Aus diesem Grunde kommt mangels vergleichbarer Interessenlage eine analoge Anwendung des § 119 BGB bei öffentlichen Äußerungen nicht in Betracht.

Teilweise wird aber auch auf die Grundsätze der *abhanden gekommenen Willenserklärung* verwiesen. Dies ergebe sich insbesondere aufgrund der rechtsgeschäftlichen Wirkung einer solchen Äußerung. Diese seien daher dann nicht bindend, wenn sie nicht bewusst an die Öffentlichkeit gerichtet seien.[23]

Bei den sog. abhanden gekommenen Willenserklärungen handelt es sich um Fälle, in denen – in der Regel verkörperte – Willenserklärungen ohne den Willen des Erklärenden an den vermeintlichen Erklärungsempfänger abgegeben worden sind. Da empfangsbedürftige Willenserklärungen mit dem Willen des Erklärenden in den Verkehr gelangen müssen[24], sind zumindest die Fälle problematisch, in denen ein solcher Wille nicht gegeben ist. Hier besteht die Schwierigkeit, dass der Schein einer gültigen Erklärung entsteht, die der Erklärende nicht setzen wollte.

In solchen Fällen wird teilweise danach differenziert, ob dem vermeintlich Erklärenden ein Verschulden vorzuwerfen ist. Dabei kann dieser Ansicht entnommen werden, dass dies regelmäßig dann anzunehmen sei, wenn die Gründe im Herrschafts- und Organisationsbereich des vermeintlich Erklärenden liegen. Wenn es sich um solche Gründe handelt, soll eine Abgabe anzunehmen sein. Der Erklärende kann die Wirkungen einer solchen Erklärung aber dadurch aufheben, dass er sie anficht und dem Erklärungsempfänger seinen Vertrauensscha-

---

22 Waldenberger, EuZW 1999, S. 296, 300.
23 Grigoleit/Herresthal, JZ 2003, S. 233, 237.
24 Palandt/Heinrichs, § 130, Rn. 4.

den nach § 122 BGB ersetzt.[25] Sollte es an einem solchen Verschulden fehlen, so gilt die Willenserklärung als nicht abgegeben. Aber auch hier wird dem Erklärungsempfänger ein Schadensersatzanspruch entsprechend § 122 BGB zugestanden, der jedoch durch ein mögliches Mitverschulden nach § 254 BGB eingeschränkt sein kann.[26] Es kommt demnach darauf an, inwieweit der Mangel in der Sphäre des Erklärenden beruht.

Eine andere Ansicht verneint mangels entsprechenden Willens grundsätzlich die Abgabe, gesteht dem Erklärungsempfänger aber ebenso einen Schadensersatzanspruch analog § 122 BGB zu.[27]

Eine weitere Ansicht macht die Rechtsfolgen auch davon abhängig, ob der Erklärende den Sachverhalt kannte. Wenn dies der Fall sein sollte, so muss er sich darum bemühen, den ursprünglichen Schein zu zerstören. Anderenfalls hat er für die Folgen seiner Erklärung einzustehen.[28] Aus diesem Grunde ist die Erklärung zumutbar und kann mit der Folge des § 122 BGB angefochten werden.[29]

Im Bereich der sog. abhanden gekommenen Willenserklärung kann demnach grundsätzlich davon ausgegangen werden, dass sich der vermeintlich Erklärende von der Wirkung seiner Erklärung lösen kann. Soweit er von dieser Möglichkeit Gebrauch macht, hat er dem Erklärungsempfänger den Schaden zu ersetzen, den dieser dadurch erlitten hat, dass er auf die Wirksamkeit der Erklärung vertraut hat.

Fraglich ist, ob sich diese Grundsätze auch auf den Bereich der öffentlichen Äußerung übertragen lassen.

Zunächst lassen sich Parallelen entdecken: Die Interessenlage ist sowohl bei der nicht willentlich abgegebenen Willenserklärung als auch bei der hier behandelten Äußerung gleich. Der Erklärende hat ein Interesse daran, nicht an die Folgen seiner Erklärung oder Äußerung gebunden zu sein. Der Empfänger der Willenserklärung oder Äußerung möchte zumindest den Schaden ersetzt bekommen, den er dadurch erlitten hat, dass er auf die Wirksamkeit oder Richtigkeit vertraut hat. Dass er diesen auch ersetzt bekommt, ist gegenüber dem Erklärenden oder Äußernden auch nicht unbillig, da dieser den Rechtsschein – Zurechenbarkeit vorausgesetzt – gesetzt hat. Durch eine Anwendung dieser Grundsätze könnten demnach die Interessen beider Teile ausreichend berücksichtigt werden.

25 Palandt/Heinrichs, § 130, Rn. 4; MüKo/Einsele, § 130, Rn. 14; Larenz/Wolf, § 26, Rn. 5.
26 Larenz/Wolf, § 26, Rn. 5.
27 Erman/Palm, § 130, Rn. 4.
28 Flume, § 14, Ziff. 2.
29 Flume, § 23, Ziff. 1.

Andererseits beziehen sich die eben dargestellten Ansichten auf die Frage, ob die Willenserklärung in solchen Fällen auch zugegangen ist. Im Gegensatz zur öffentlichen Äußerung will derjenige, der eine Willenserklärung abgibt, einen rechtlichen Erfolg herbeiführen. Es geht also darum, ob jemand, der den Schein eines rechtsgeschäftlichen Aktes setzt, letztlich für diesen auch einzustehen hat.[30]

Das Ziel eines rechtlichen Erfolges verfolgt aber der sich Äußernde gerade nicht. Er will vielmehr eine möglicherweise absatzfördernde Wirkung seiner Äußerung nutzen, ohne hieran übermäßig stark gebunden zu sein. Zudem setzt er auch nicht den Schein eines Akts, der rechtliche Folgen nach sich zieht. Die Äußerung führt nicht zu einem Rechtsgeschäft, sondern kann dieses möglicherweise mittelbar beeinflussen, nachdem es bereits zustande gekommen ist. Eine rechtsgeschäftliche Wirkung, die eine Anwendung dieser Grundsätze zulassen würde, besteht demnach nicht.[31]

Ferner ist Gegenstand einer Anfechtung die mangelbehaftete Willenserklärung. Eine solche gibt es aber bei § 434 Abs. 1 S. 3 BGB nicht. Die Äußerung im Sinne des § 434 Abs. 1 S. 3 BGB ist gerade nicht auf einen rechtlichen Erfolg gerichtet und somit auch nicht mit der Willenserklärung vergleichbar.

Zwar würde sich § 122 BGB eignen, da er auf dem Veranlassungsprinzip[32] und der Sphärenhaftung[33] basiert, was eine rechtliche Behandlung solcher Fälle ermöglichen würde. Andererseits will § 122 BGB das Vertrauen des Erklärungsempfängers in die Gültigkeit einer Willenserklärung, also einer rechtlich verbindlichen Erklärung, schützen. Eine solche Erklärung stellt eine Äußerung im Rahmen des § 434 Abs. 1 S. 3 BGB aber gerade nicht dar. Würden in diesem Bereich die Grundsätze der abhanden gekommenen Willenserklärung Anwendung finden, müssten konsequenterweise andere Anfechtungsmöglichkeiten entsprechend anwendbar sein. Zu denken wäre etwa an die unrichtige Äußerung eines eingeschalteten Dritten entsprechend § 120 BGB (*Anfechtung wegen falscher Übermittlung*). Letztlich würde die Äußerung dann aber wie eine Willenserklärung behandelt werden. Dies entspricht aber gerade nicht dem Willen des Gesetzgebers.

Auch wenn die rechtliche Behandlung von abhanden gekommenen Willenserklärungen und nicht willentlich abgegebenen Äußerungen Parallelen aufweisen, können die zu den abhanden gekommenen Willenserklärungen gefundenen Grundsätze nicht auf § 434 Abs. 1 S. 3 BGB übertragen werden.

---

30 Flume, § 23, Ziff. 1.

31 So aber Grigoleit/Herresthal, JZ 2003, S. 233, 237.

32 Palandt/Heinrichs, § 122, Rn. 1.

33 MüKo/Kramer, § 122, Rn. 3.

cc. Inner- und außerbetriebliche Gründe („Sphärenhaftung")

Eine Möglichkeit, solche Fälle zu handhaben, bietet jedoch die Ansicht, die eine Abgabe davon abhängig macht, ob die Gründe hierfür in der Sphäre des Erklärenden liegen.[34] Diese Ansicht knüpft an die Sphäre und somit an den Verantwortungsbereich des sich vermeintlich Erklärenden an.

Meines Erachtens hat dieser Maßstab im Rahmen des § 434 Abs. 1 S. 3 BGB dann zu gelten, wenn es um die Frage geht, ob es sich bei der Äußerung um eine öffentliche oder „nicht-öffentliche" handelt. Hierdurch ließe sich die jeweilige Äußerung zurechnen, wobei insbesondere ein vorwerfbares Verhalten des sich Äußernden berücksichtigt werden könnte. Es muss daher danach differenziert werden, ob der Grund für die „Veröffentlichung" innerbetrieblich oder aber außerbetrieblich gesetzt wurde.

Innerbetrieblich ist ein Grund immer dann, wenn die Ursache für die Veröffentlichung im Organisations- und Herrschaftsbereich des sich Äußernden liegt. Der Geschäftsherr hat aus diesem Grunde Vorrichtungen und Maßnahmen zu treffen, um eine ungewollte Veröffentlichung seiner Äußerung durch sich oder seine Angestellten zu vermeiden. Dies kann er etwa dadurch erreichen, dass er die geplanten öffentlichen Äußerungen nur einem kleinen Mitarbeiterkreis zugänglich macht. Zu denken wäre auch etwa daran, dass er seine Mitarbeiter dahingehend überwacht, ob sich diese gegenüber Außenstehenden über das Produkt äußern. Eine solche Verpflichtung stellt letztlich die Kehrseite der Möglichkeit dar, sich über seine Produkte öffentlich äußern zu dürfen.

Ein internes Gutachten über Produkteigenschaften[35], dass durch die Unachtsamkeit eines Mitarbeiters veröffentlicht wurde, ist daher als eine öffentliche Äußerung im Sinne des § 434 Abs. 1 S. 3 BGB anzusehen. Gleiches gilt etwa dann, wenn sich ein Repräsentant eines Unternehmens öffentlich über Produkteigenschaften äußert. Dem mag entgegengehalten werden können, dass dies auf eine Haftungsausuferung hinauslaufe. Andererseits bedeutet das Vorliegen einer öffentlichen Äußerung nicht unmittelbar, dass der Verkäufer auch nach § 434 Abs. 1 S. 3 BGB haftet. Soweit sich ein Käufer auf solche Äußerungen stützt, kann der Verkäufer versuchen, sich auf die Ausschlussgründe des § 434 Abs. 1 S. 3 a.E. BGB zu berufen. Im Falle des internen Gutachtens könnte der Verkäufer etwa anführen, dass dieses die Kaufentscheidung des Verbrauchers nicht beeinflussen konnte: Die Art und Weise der Veröffentlichung unterscheidet sich signifikant von anderen Werbemaßnahmen. Der Verbraucher hätte erkennen müssen, dass die öffentliche Äußerung nicht geplant bzw. gewollt war. Im Falle

34 So Larenz/Wolf, § 26, Rn. 5.
35 Siehe auch MüKo/Westermann, § 434, Rn. 22 (4. Aufl.).

einer unplanmäßigen Äußerung eines Repräsentanten hingegen muss sich der Verbraucher darauf verlassen können, dass diese gewollt war.

In allen Fällen gilt: Will der Äußernde eine Haftung für solche Angaben vermeiden, muss er ausdrücklich dagegen vorgehen, um den dadurch entstandenen Eindruck über das Produkt zu zerstören.[36]

Sollte es sich demnach um innerbetriebliche Umstände handeln, die dazu geführt haben, dass eine zunächst interne Äußerung nach außen gedrungen ist, handelt es sich um eine öffentliche Äußerung im Sinne des § 434 Abs. 1 S. 3 BGB.

Bei *außerbetrieblichen Umständen* hingegen ist die Rechtslage anders zu beurteilen. Es handelt sich hierbei um solche Umstände, auf die der Unternehmer in der Regel keinen Einfluss ausüben kann. Hierunter fallen beispielsweise durch Dritte vorgenommene Gutachten, wie etwa solche der sog. Stiftung Warentest. Gleiches wäre etwa dann anzunehmen, wenn eigene Angestellte oder betriebsfremde Dritte absichtlich interne Gutachten veröffentlichen, unter der Voraussetzung, dass kein Organisationsverschulden vorliegt. In solchen Fällen handelt es sich nicht um öffentliche Äußerungen im Sinne des § 434 Abs. 1 S. 3 BGB.

3. Wahrnehmung

Daneben stellt sich die Frage, ob die öffentlichen Äußerungen lediglich wahrnehmbar sein müssen oder ob der Käufer diese tatsächlich auch wahrgenommen haben muss.

Aus dem Wortlaut des Gesetzes lässt sich nicht entnehmen, dass der Käufer auch die konkrete öffentliche Äußerung wahrgenommen haben muss. Hiernach kommt es lediglich darauf an, dass sich eine der in § 434 Abs. 1 S. 3 BGB genannten Personen öffentlich geäußert haben muss. Aus diesem Grunde muss die Äußerung für Dritte wahrnehmbar sein, sich also an sie richten.[37] Auf eine tatsächliche Kenntnisnahme durch den Käufer kommt es nicht an.

II. Erscheinungsformen

Wie bereits oben erwähnt, legt sich das Gesetz nicht auf Erscheinungsformen fest. Die Erscheinungsformen können daher vielfältig sein. § 434 BGB nennt

36 So auch Flume, § 14 Ziff. 2 hinsichtlich einer abhanden gekommenen Willenserklärung.

37 Palandt/Putzo, § 434, Rn. 34; Bamberger/Roth/Faust, § 434, Rn. 81.

insoweit Werbeangaben und Produktkennzeichnungen. Es handelt sich dabei um solche Äußerungen, die in der Praxis von größter Relevanz sind.

Produktinformationen über Eigenschaften werden in aller Regel über Massenmedien verlautbart. Dies geschieht in der Regel durch Werbung. Daneben werden solche Informationen aber auch unmittelbar mit dem Produkt verbunden. So etwa im Falle der Etikettierung. Dies kann auf einer freiwilligen Angabe des Herstellers, Gehilfen oder Verkäufers oder aber auf einer gesetzlichen Kennzeichnungspflicht beruhen.[38] Wie sich aus dem Wortlaut des § 434 Abs. 1 S. 3 BGB ergibt, sollen insbesondere die Formen der Werbung und der Etikettierung erfasst werden. Hierdurch wird aber auch deutlich, dass öffentliche Äußerungen nicht hierauf beschränkt sind. Es handelt sich lediglich um Beispiele. Aus diesem Grunde werden nahezu alle Äußerungsformen erfasst. In Betracht kommen daher auch Äußerungen im Rahmen von

- redaktionellen Artikeln
- Pressekonferenzen
- Interviews

und Ähnlichem. § 434 Abs. 1 S. 3 BGB stellt klar, dass sich die öffentliche Äußerungen nicht in Werbung und Kennzeichnung erschöpfen. Öffentliche Äußerungen können dabei viele Plattformen einnehmen. Neben dem Rundfunk oder der Presse können sie auch im Internet, im Rahmen von Werbeveranstaltungen oder Direktwerbemaßnahmen getätigt werden.[39]

B. Werbung

§ 434 Abs. 1 S. 3 BGB nennt Werbung als eine Form, sich öffentlich zu äußern. Werbung ist Gegenstand mehrerer wissenschaftlicher Lehren. Diese fassen naturgemäß die Werbung und deren einzelnen Aspekte nicht einheitlich auf. Beispielhaft seien hier die Bereiche der Rechtswissenschaft, der Betriebswissenschaft sowie der Psychologie genannt. Soweit es das vorliegende Thema angeht, kommt es neben dem Bereich der Rechtswissenschaft insbesondere auf einen Teilbereich der Betriebswissenschaften an, der Werbelehre. Aus diesem Grunde soll daher zunächst dieser Bereich betrachtet werden.

---

38 Wie etwa aufgrund der Richtlinie 2000/13/EG – Richtlinie über die Etikettierung und Aufmachung von Lebensmitteln sowie die Werbung hierfür.

39 Bamberger/Roth/Faust, § 434, Rn. 81.

I. Werbung im Sinne der Werbelehre

1. Einführung

Rechtsprechung und Gesetzgebung reagieren auf bestehende Verhältnisse oder Sachverhalte. Die rechtliche Behandlung von Werbemaßnahmen ist hierbei keine Ausnahme. So wurde etwa im zweiten Verbraucherschutzprogramm der Europäischen Wirtschaftsgemeinschaft[40] das Bedürfnis festgestellt, die Verbraucher gerade im Bereich der irreführenden Werbung stärker zu schützen.[41] Die rechtlichen Aspekte der Werbung werden demnach von den praktischen erheblich beeinflusst. Diese gehen in der Regel von neuen Erkenntnissen der Werbelehre oder aber der Werbepraxis aus. Neue, in der Werbelehre gefundene Praktiken werden am Markt und somit auch am Verbraucher getestet. Sollten diese von der geltenden Rechtslage nicht erfasst werden, liegt es am Gesetzgeber und an der Rechtsprechung, hierauf angemessen zu reagieren. Der Bereich der Werbelehre hat demnach einen Einfluss auf die rechtliche Entwicklung. Aus diesem Grunde soll zunächst eine Begriffsbestimmung aus betriebswirtschaftlicher Sicht vorgenommen werden.

2.Begriffsbestimmung

Werbung ist der Einsatz von Kommunikationsmitteln, um den Absatz des Werbenden zu erhöhen.[42] Dabei können die Aufgaben vielfältig sein. So wird Werbung etwa eingesetzt, um ein neues Produkt auf dem Markt einzuführen (sog. *Einführungswerbung*). Soweit das Absatzvolumen eines bereits eingeführten Produktes erhöht werden soll, kann dies durch Werbemaßnahmen günstig beeinflusst werden (sog. *Expansionswerbung*). Gleiches gilt dann, wenn ein bereits erreichtes Absatzvolumen erhalten werden soll (sog. *Erhaltungswerbung*). Letztlich kann Werbung auch dazu dienen, einem Absatzrückgang in schlechten Konjunkturzeiten entgegenzuwirken (sog. *Stabilisierungswerbung*).[43]

---

40 Abl. EG 1981 Nr. C, S. 133 vom 03.06.1981.

41 So auch die Begründung zur Richtlinie 84/450/EWG des Rates über irreführende Werbung.

42 Huth/Pflaum, Werbelehre, S. 16; Albach, Handwörterbuch der Sozialwissenschaften, Bd. 11, S. 624; Buchner, Management-Enzyklopädie, Bd. 10, S. 196. So auch Gutenberg, der als einer der Ersten den Begriff der Absatzinstrumente positiv definiert. Hiernach stehen dem Unternehmer die Absatzmethode, die Preispolitik, die Produktgestaltung sowie die Werbung zur Verfügung.

43 Albach, Handwörterbuch der Sozialwissenschaften, Bd. 11, S. 624.

Ziel von Werbemaßnahmen ist demnach, den Umsatz von Gütern oder Dienstleistungen des Werbenden zu steigern. Werbung wird dabei vorwiegend im Bereich der Wirtschaft, in Form einer Produktwerbung, wahrgenommen. Sie ist jedoch nicht auf diesen Bereich beschränkt. Die Verbreitung ist größer, als es auf den ersten Blick deutlich wird. Neben Unternehmen, die die Werbung zum Zwecke des Absatzes einsetzen, bedienen sich nahezu alle Lebensbereiche der Werbung. So gibt es etwa wirtschaftliche, soziale, humanitäre[44], politische, gesundheitspolitische[45], wissenschaftliche sowie künstlerische[46] Werbung. Auf den ersten Blick scheint die nicht-wirtschaftliche Werbung nicht in der Weise wahrgenommen zu werden wie etwa eine Produktwerbung. Dies hängt zum einen damit zusammen, dass deren Ausbreitung und Intensität wesentlich geringer ist. Zum anderen ist nicht-wirtschaftliche Werbung oftmals weniger aufdringlich als wirtschaftliche. Trotz dieser Verschiedenheit weisen nahezu alle Bereiche Gemeinsamkeiten auf. Sie wollen den Absatz ihres Produktes auf dem Markt erhöhen. Bei dem Produkt kann es sich um Waren, Dienstleistungen, Spenden oder aber auch den Besuch einer Einrichtung handeln. Eine weitere Gemeinsamkeit ist das Ziel, die Umworbenen durch die Werbung zu erreichen und sie durch die Eindrücke in ihrem Sinne zu beeinflussen.[47] Dies kann etwa durch die Erzeugung eines Kaufreizes geschehen. Bei der sozialen, humanitären sowie gesundheitspolitischen Werbung sind aber auch der Erziehungsaspekt sowie die Bildung eines bestimmten Problembewusstseins festzustellen. Manche Werbende kombinieren auch die verschiedenen Elemente effektiv.

Beispielhaft sei hier das Bekleidungsunternehmen *Benetton* zu nennen. Die Werbung dieses Unternehmens verknüpft Aspekte des Absatzes der eigenen Produkte mit humanitär-sozialen Aspekten. Die Werbekampagnen haben regelmäßig Missstände in der Dritten Welt zum Gegenstand. Die teilweise schockierenden Werbeinhalte finden bei den Umworbenen widersprüchliche Resonanz. Bemerkenswert dabei ist, dass das Unternehmen gänzlich auf eine Darstellung seiner Produkte verzichtet. Lediglich das Firmenlogo findet sich in der Werbe-

44 Beispielhaft können hier die Spendenaufrufe genannt werden.

45 Gerade im Bereich der AIDS-Aufklärung hat das Gesundheitsministerium die Möglichkeiten der Werbung erkannt und intensiv betrieben.

46 Angesichts des Zustandes der öffentlichen Kassen haben auch Kunsteinrichtungen die Möglichkeiten der Werbung entdeckt. Das äußere Erscheinungsbild richtet sich dabei regelmäßig nach dem Inhalt des Kunstinstitutes.

47 Seÿffert, Werbelehre, S. 4. Dieser geht dabei von einer seelischen Beeinflussung aus. Dies würde dazu führen, dass der Umworbene sich des Werbeinhalts bemächtigt und diesen im Sinne des Werbenden weiterverbreitet.

kampagne wieder.[48] Neben der Schaffung eines Problembewusstseins wird auf die zu bewerbende Marke aufmerksam gemacht. Auch wenn keine konkreten Zahlen über einen gesteigerten Absatz nach derartigen Werbekampagnen vorliegen, ist doch anzunehmen, dass der Bekanntheitsgrad der Marke gestiegen sein dürfte. Dies wirkt sich positiv auf den Absatz des Unternehmens aus.

Werbung soll demnach das Verhalten des Umworbenen im Sinne des Werbenden beeinflussen und somit manipulieren. Hierdurch soll die Nachfrage beim Verbraucher erhöht werden, um den Absatz der Produkte zu ermöglichen.[49] Der Werbende kann durch Werbung unmittelbar die Bedingungen beeinflussen, unter denen er seine Ware absetzen kann.[50] Diese Form der Werbung wird als Absatzwerbung verstanden.

Neben den Instrumenten der Absatzmethode, der Preispolitik sowie der Produktgestaltung ist die Werbung ein Instrument, den Absatzmarkt im Sinne des Werbenden zu beeinflussen.[51]

3. Erscheinungsformen

Werbung findet in der Regel durch Kommunikationsmittel statt. Auf diese Weise versucht der Werbende eine Verbindung zu der verfolgten Zielgruppe herzustellen.[52] Anders als bei Kommunikation zwischen Personen, handelt es sich hierbei aber nicht um einen Dialog. Die Kommunikation geht vielmehr einseitig vom Werbenden aus. Er bedient sich hierzu verschiedener Kommunikationsmittel. Hier kommen unter anderem

- Plakate
- Anzeigen
- Werbebriefe
- Werbesendungen in Radio und Fernsehen[53]
- Beilagen in Presseerzeugnissen

---

48 Benetton-Werbung war regelmäßig Gegenstand mehrerer Gerichtsverfahren, bis hin zum Bundesverfassungsgericht.

49 Berger, Management-Enzyklopädie, Bd. 10, S. 202; Albach, Handwörterbuch der Sozialwissenschaften, Bd. 11, S. 624; Behrens, Absatzwerbung, S. 14.

50 Gutenberg, Grundlagen der Betriebswirtschaftslehre, S. 392.

51 Gutenberg, Grundlagen der Betriebswirtschaftslehre, S. 42.

52 Berger, Management-Enzyklopädie, Bd. 10, S. 197; Huth/Pflaum, Werbelehre, S. 18.

53 Einige Fernsehsender haben sich mittlerweile darauf spezialisiert, gewerbsmäßig Ware über dieses Medium zu verkaufen. Da der Käufer die Ware naturgemäß nicht prüfen kann, wird die Ware, insbesondere deren Eigenschaften, in der jeweiligen Sendung beworben.

- direkte Werbegespräche
- Werbeflächen im Internet

in Betracht. Die technische Weiterentwicklung im Bereich der Kommunikation eröffnet den Werbenden immer neue Werbemöglichkeiten. Aus diesem Grunde ist auch nicht davon auszugehen, dass der Umfang der Werbung in Zukunft zurückgehen wird. Meines Erachtens wird sich der Werbeumfang in den kommenden Jahren wesentlich erhöhen. Gerade durch die Vollendung des Binnenmarktes wird es Unternehmern möglich sein, ihre Ware überregional anzubieten. Hierdurch entsteht ein Wettbewerbsdruck, unter dem Warenanbieter ihre Absätze sichern müssen. Es wird demnach wesentlich darauf ankommen, dass die Unternehmer die Absatzbedingungen zu ihren Gunsten beeinflussen. Dies kann maßgeblich durch Werbemaßnahmen bewirkt werden.

II. Werbung im rechtlichen Sinne

1. Allgemeines

Nach der Begriffsbestimmung im Sinne der Betriebswirtschaftslehre ist eine rechtliche Definition der Werbung zu finden. Nicht alles, was als Werbung im Sinne der betriebswirtschaftlichen Lehre aufzufassen ist, muss gleichzeitig auch Werbung im rechtlichen Sinne sein und umgekehrt.

Werbung ist bisher Gegenstand mehrerer gesetzlicher Regelungen gewesen. Beispielhaft seien hier das

- Gesetz gegen den unlauteren Wettbewerb
- Lebensmittel- und Bedarfsgegenständegesetz
- Heilmittelwerbegesetz
- Betäubungsmittelgesetz

genannt.

Daneben behandeln auch EU-Richtlinien den Bereich der Werbung. So etwa die

- Richtlinie über irreführende Werbung – 84/450/EWG
- Richtlinie über die Etikettierung und Aufmachung von Lebensmitteln sowie die Werbung hierfür – 2000/13/EG
- Richtlinie über den Verbrauchsgüterkauf und -garantien – 1999/44/EG.

Dabei fällt auf, dass der Begriff der Werbung als bekannt vorausgesetzt wird. Aus diesem Grunde findet sich in den betreffenden Gesetzen regelmäßig keine Beschreibung oder Definition darüber, was unter diesem Begriff zu verstehen ist.

Der folgende Abschnitt soll sich daher damit befassen, eine juristische Definition dieses Begriffes zu finden.

2. Definition

a. Richtlinie 1999/44/EG

Die Richtlinie zu bestimmten Aspekten des Verbrauchsgüterkaufs und der Garantien für Verbrauchsgüter hat unter anderem zu einer Neugestaltung des Sachmängelgewährleistungsrechts des BGB geführt. Nach Art. 2 Abs. 2 d) RL können Werbeangaben die Vertragsmäßigkeit einer Kaufsache beeinflussen. Dabei wird aber noch nicht deutlich, was unter diesem Begriff zu verstehen ist. Durch die Formulierung des zitierten Absatzes wird vielmehr deutlich, dass Werbeangaben neben einer Etikettierung einen Unterfall öffentlicher Äußerungen darstellen. Der europäische Gesetzgeber stellt an dieser Stelle fest, dass öffentliche Äußerungen in der Praxis insbesondere durch Angaben in der Werbung und der Etikettierung gemacht werden.

Ebenso wenig wie in der Richtlinie selbst findet sich in deren Begründung eine Definition wieder. Dies erklärt sich damit, dass der Begriff der Werbung ursprünglich nicht vorgesehen war. In den ersten Textvorschlägen wurden lediglich öffentliche Äußerungen in den Anwendungsbereich einbezogen.[54] Gemäß Art. 2 Abs. 2 d) RL-Vorschlages sollten öffentliche Äußerungen Einfluss auf die Vertragsmäßigkeit haben.

Gleiches gilt für Art. 6 Abs. 1 RL. Hiernach beeinflussen Werbeaussagen den konkreten Inhalt eines abgeschlossenen Garantievertrages. Auch hierzu findet sich in der Richtlinie und deren Begründung keinerlei Beschreibung wieder.

b.§§ 434, 443 BGB

Durch die Richtlinie 1999/44/EG wurde erstmals der Begriff der Werbung in das BGB eingeführt. Gemäß § 434 Abs. 1 S. 3 BGB können Werbeangaben die zu erwartende Beschaffenheit einer Kaufsache wesentlich beeinflussen. Eine Definition lässt sich im BGB jedoch nicht finden.

---

54 Richtlinienvorschlag zum Verbraucherkauf, ZIP 1996, S. 1845.

Das Gleiche gilt für den Bereich der Gesetzesbegründung. Dort wird insbesondere auf Werbeangaben als Form der öffentlichen Äußerung abgestellt.[55] Auf eine nähere Beschreibung des Begriffs wird jedoch verzichtet.

Neben § 434 Abs. 1 S. 3 BGB behandelt § 443 Abs. 1 BGB ebenfalls Werbeangaben. Hiernach können Werbeangaben den Inhalt eines Garantieanspruchs beeinflussen. Ebenso wenig wie bei § 434 Abs. 1 S. 3 BGB findet sich weder in den einzelnen Absätzen des § 443 BGB noch in der hierzu vorgelegten Gesetzesbegründung eine nähere Beschreibung des Werbebegriffs.

c. Richtlinie 84/450/EWG

Anders sieht es hingegen in der Richtlinie über irreführende Werbung aus: Dort findet sich erstmals eine Definition dessen, was unter dem Begriff der Werbung zu verstehen ist.

Die Richtlinie befasst sich mit Aspekten der irreführenden Werbung. Neben der rechtlichen Handhabung solcher Angaben definiert die Richtlinie in Art. 2 den Begriff der Werbung. Hiernach bedeutet Werbung jede Äußerung bei der Ausübung eines Handels, Gewerbes, Handwerks oder freien Berufs mit dem Ziel, den Absatz von Waren oder die Erbringung von Dienstleistungen, einschließlich unbeweglicher Sachen, Rechte und Verpflichtungen zu fördern.

Die Richtlinie fasst demnach jegliche Äußerung zur Absatzförderung als Werbung auf. Es handelt sich somit um einen weiten Anwendungsbereich des Art. 2 RL. Von der Norm werden aus diesem Grunde sowohl die konkrete, enge Eigenschaftsbeschreibung als auch die bloße Anpreisung erfasst. Ein solcher Anwendungsbereich ist schon deshalb nötig, weil der Verbraucher nur auf diese Weise vor irreführender Werbung geschützt werden kann.

Ähnlich wie die Richtlinie sehen auch § 434 Abs. 1 S. 3 BGB sowie § 443 BGB Werbung als ein Instrument zur Absatzförderung. Dies ergibt sich aus den hierzu vorgelegten Begründungen. Dort wird regelmäßig der Vorteil solcher Werbeangaben für den Wettbewerb betont.[56] Insoweit bestehen zunächst keinerlei Unterschiede. [57]

---

55 BT-Drucks. 14/6040, S. 214.

56 BT-Drucks. 14/6040, S. 214.

57 Die inhaltlichen Anforderungen von Werbeangaben nach § 434 Abs. 1 S. 3 BGB, insbesondere hinsichtlich einer Eigenschaftsbeschreibung, werden in einem gesonderten Teil behandelt.

d. Gesetz gegen den unlauteren Wettbewerb[58]

Da Werbung ein Handeln ist, welches geeignet ist den eigenen Absatz zu Lasten anderer Mitwettbewerber zu fördern[59], handelt es sich bei Werbung regelmäßig um eine Wettbewerbshandlung im Sinne des UWG, so dass diese daher in dessen Anwendungsbereich fällt. Aus diesem Grunde wird die Zulässigkeit von Werbemaßnahmen teilweise ausdrücklich durch das UWG geregelt. So etwa in § 6 für vergleichende Werbung. Aber auch im Bereich des UWG lässt sich keine eindeutige Definition dafür finden, was unter dem Begriff der Werbeangaben bzw. Werbung zu verstehen ist.

e. Rechtsprechung

In der Vergangenheit ist eine Vielzahl von Urteilen ergangen, die Werbeangaben zum Inhalt hatten.[60] Dennoch findet sich in diesen Urteilen keine Begriffsbestimmung.

Dies gilt ausnahmsweise nicht für zwei BGH-Urteile, die sich mit der Zulässigkeit von anwaltlicher Werbung zu befassen hatten.[61] In beiden Fällen wurde den Rechtsanwälten vorgeworfen, standeswidrige Werbung betrieben zu haben. Es ging demnach um Werbeangaben für Dienstleistungen. Hiernach stellt sich Werbung als ein Verhalten dar, das planvoll darauf angelegt ist, andere dafür zu gewinnen, die Leistung des Werbenden oder eines Dritten in Anspruch zu nehmen. Auch hier steht demnach der Absatzcharakter des Verhaltens eindeutig im Vordergrund. Ausschlaggebend ist der Umstand, ob der Werbende durch sein Verhalten zu erkennen gibt, seine Waren oder Dienstleistungen „verkaufen" zu wollen. Ist ein solcher Charakter objektiv zu erkennen, handelt es sich um eine Werbehandlung.

3. Ergebnis

Werbung ist demnach als ein Verhalten zu beschreiben, das den Absatz des Werbenden fördern soll. Auf die Art der Ware kommt es nicht an. Erfasst sind aus diesem Grunde sowohl der Absatz von Waren als auch der von Dienstleistungen.

---

58 Im Folgenden als UWG bezeichnet.

59 Baumbach/Hefermehl, § 5, Rn. 2.11.

60 BGHZ 48, 118; OLG Köln NJW 1972, S. 162; BHG NJW 1973, S. 843; OLG Schleswig MDR 1979, S. 935; OLG Frankfurt NJW 1982, S. 651; OLG Oldenburg MDR 1984, S. 1024; OLG Köln NJW-RR 1990, S. 758.

61 BGH NJW 1990, S. 1739; BGH NJW 1992, S. 45.

tungen. Die Definition ist dabei bewusst weit gefasst. Unter diesem Begriff fallen daher sowohl allgemein gehaltene Anpreisungen als auch konkrete Produktangaben.

III. Wirtschaftliche Bedeutung

Der Werbemarkt wird in der Rechtswissenschaft primär als ein Bereich gesehen, der durch Normen verschiedener Rechtsgebiete geregelt wird. Dem Werbemarkt kommt jedoch in großem Maße eine wirtschaftliche Bedeutung zu. Der schlagwortartige Satz im Handel „Wer nicht wirbt, der stirbt“ verdeutlicht, wie stark ein Unternehmer auf (gute) Werbung und Werbemaßnahmen angewiesen ist. Hieraus folgt, dass der Unternehmer in Werbung zunächst investieren muss. Dies gilt insbesondere für den Binnenmarkt, nachdem Beschränkungen nahezu komplett gewichen sind. Der Unternehmer sieht sich heute nicht ausschließlich einem nationalen, sondern vielmehr einem europäischen Wettbewerb ausgesetzt. Zwar gab es auch vor der Europäischen Union einen solchen Wettbewerb. Dieser war jedoch nicht so stark ausgeprägt, wie es heute der Fall ist. Die Warenfreiheit ermöglicht es nahezu jedem Unternehmer eines Mitgliedsstaates, seine Ware innerhalb der Europäischen Union anzubieten. Dank neuer Telekommunikationstechniken ist der finanzielle Aufwand hierfür überschaubar und kann auch von „kleineren“ Unternehmern aufgebracht werden. Der Handel muss sich diesen neuen Voraussetzungen und nicht nur nationalen Wettbewerbern stellen. Ein wesentlicher Faktor sind hier insbesondere Werbemaßnahmen. Der Handel kann sich durch Werbung von Mitbewerbern absetzen oder von dem Verbraucher stärker oder schwächer wahrgenommen werden. Aus diesem Grunde stellt sich die Werbung auch als ein Markt dar, in dem hohe Umsätze und Gewinne erwirtschaftet werden. Wie in jedem anderen Markt auch wirken sich gesetzliche Regelungen in diesem Bereich unmittelbar auf den Werbemarkt aus.

1. Entwicklung

Seit Bestehen der Bundesrepublik Deutschland lässt sich ein kontinuierliches Wachstum der klassischen massenmedialen Werbung feststellen. Dies wird im Bereich der TV-Werbung besonders deutlich. Deren Anteil am gesamten Werbemarkt erhöhte sich in den letzten 10 Jahren um 7 %, von 14 % auf 21 % im

Jahre 2001.[62] Die Werbeeinnahmen in diesem Bereich sind im gleichen Zeitraum von 16 Mrd. € auf 21,7 Mrd. € gestiegen.

Ähnlich hohe Zahlen finden sich im Bereich der Werbeinvestitionen in Deutschland wieder. Im Jahre 2001 betrugen diese noch 31,51 Mrd. €.

Im Vergleich zu anderen Ländern handelt es sich um beträchtliche Umsatz- und Investitionszahlen. Es verwundert daher nicht, dass Deutschland das drittstärkste Werbeland weltweit sowie das stärkste innerhalb der Europäischen Union ist.[63] Dies kann die folgende Tabelle[64] anhand genauer Zahlen belegen:

Investitionen in Werbung in Deutschland nominal / Mrd Euro / gerundet (1 Euro gleich 1,95583 DM)					
Investitionen in Werbung	Deutschland gesamt Ergebnisse				
	1997	1998	1999	2000	2001
Gesamt Honorare, Werbemittelproduktion, Medien	28,94 + 3,1 %	30,17 + 4,2 %	31,44 + 4,2 %	33,21 + 5,6 %	31,51 - 5,1 %
davon Einnahmen Werbeträger	19,79 + 3,7 %	20,81 + 5,1 %	21,83 + 4,9 %	23,37 + 7,1 %	21,68 - 7,3 %

Diese Zahlen werden durch die Anzahl der Werbeträger in Deutschland nochmals unterstrichen[65]:

62 Tabelle wurde übernommen aus folgender Quelle: Zentralverband der Deutschen Werbewirtschaft (ZAW), unter www.interverband.com.

63 ZAW zur aktuellen Werbekonjunktur, auf www.interverband.com.

64 Quelle: www.interverband.com.

65 Tabelle wurde übernommen aus folgender Quelle: Zentralverband der deutschen Werbewirtschaft (ZAW).

Werbeträger in Deutschland						
Mediengruppe	Anzahl		Veränderung Prozent	Auflage		Veränderung Prozent
	1999	2004		1999	2004	
Tageszeitungen	393	379	- 3,6	29,3 Mio	26,5 Mio	- 9,6
Wochenzeitungen	24	26	+ 8,3	2,2 Mio	2,1 Mio	- 4,5
Anzeigenblätter	1 311	1 306	- 0,4	88,5 Mio	85,6 Mio	-3,3
Publikumszeitschriften	839	850	+ 1,3	138,5 Mio	137,6 Mio	- 0,6
Fachzeitschriften	1 089	1 064	- 2,3	26,3 Mio	23,5 Mio	- 10,6
Kundenzeitschriften	88	85	- 3,4	63,0 Mio	51,1 Mio	- 18,8
Telekommunikations-verzeichnisse	155	242	+ 56,1	36,0 Mio	37,0 Mio	+ 2,7
Massendrucksachen/ Infopost	-	-	-	6,4 Mrd	6,9 Mrd	+ 7,8
TV-Programme bundesweit, landes-weit, regional u. lokal	107	156	+ 45,8	34,7 Mio 36,4 Mio angemeldete TV-Geräte		+ 4,9
Hörfunkprogramme bundesweit, landes-weit, regional u. lokal	236	331	+ 40,3	39,9 Mio 41,6 Mio angemeldete Hörfunk-Geräte		+ 4,3
Online-Angebote	142	398	+ 180,3	6,9 Mrd 68,1 Mrd Seitenkontakte		+887,0
Außenwerbung	419 645	403 454	- 3,9	-		-
Kino (Leinwände)	4 651	4 870	+ 4,7	149,0 Mio 156,7 Mio Kinobesucher		+ 5,2

Entsprechend der allgemeinen wirtschaftlichen Lage musste auch die Werbeindustrie Umsatzeinbußen hinnehmen. Wie aber die folgende Tabelle veranschau-

Werbeträger	2001	Prozent	2002	Prozent	2003	Prozent	2004	Prozent
Tageszeitungen	5 642,16	- 14,0	4 936,70	- 12,5	4 454,90	- 9,8	4 500,50	+ 1,0
Fernsehen	4 469,03	- 5,1	3 956,41	- 11,5	3 811,27	- 3,7	3 860,38	+ 1,3
Werbung per Post	3 255,78	- 3,7	3 334,67	+ 2,4	3 303,87	- 1,0	3 398,43	+ 2,9
Publikumszeitschriften	2 092,45	- 6,9	1 934,79	- 7,5	1 861,50	- 3,8	1 839,20	- 1,2
Anzeigenblätter	1 751,00	- 2,3	1 702,00	- 2,8	1 746,00	+ 2,6	1 836,40	+ 5,2
Verzeichnis-Medien	1 269,40	+ 0,1	1 249,90	- 1,5	1 219,51	- 2,4	1 195,73	- 2,0
Fachzeitschriften	1 074,00	- 15,2	966,00	- 10,1	877,00	- 9,2	865,00	- 1,4
Außenwerbung	759,71	+ 1,8	713,45	- 6,1	709,97	- 0,5	720,11	+ 1,4
Hörfunk	677,98	- 7,5	595,12	- 12,2	579,24	-2,7	619,39	+ 6,9
Online-Angebote	185,00	+ 20,6	227,00	+ 22,7	246,00	+ 8,4	271,00	+ 10,2
Wochen-/Sonntagszeitungen	286,73	+ 3,3*	267,80	- 6,6	225,10	-**	245,80	+ 9,2
Filmtheater	170,22	- 2,8	160,52	- 5,7	160,68	+ 0,1	146,77	- 8,7
Zeitungssupplements	89,50***	-	96,80	+ 8,2	85,50	-11,7	90,00	+ 5,3
Gesamt	21 722,96	- 7,1	20141,16	- 7,3	19280,54	- 4,3	19 588,71	+ 1,6

* Wegen unterschiedlicher Repräsentanz in der Erhebungsgruppe nur bedingt vergleichbar

**Vorjahresvergleich nicht möglich: Ein teilnehmender Verlag deklarierte 2002 versehentlich Umsätze der Wochentagsausgabe auch als Umsätze der Sonntagszeitung. Wegen der Anonymität der Umsatzerhebung ist eine rückwirkende Korrektur nicht möglich.

*** Zeitungssupplements: Ab 2001 werden die Vertriebs- und Anzeigenerlöse miteinander verrechnet und nur als Gesamtergebnis dargestellt

licht, dürfte dieses Tal überwunden sein, so dass mit steigenden Werbeeinnahmen zu rechnen ist[66]:

66 Angaben in Mio. Euro; Tabelle wurde übernommen aus folgender Quelle: Zentralverband der deutschen Werbewirtschaft (ZAW); Netto – nach Abzug von Mengen- und Malrabatten sowie Mittlerprovisionen, sofern nicht anders bezeichnet vor Skonti, ohne Produktionskosten.

2. Erwartete Entwicklung

Wie alle Bereiche der Wirtschaft wurde auch der Werbemarkt von der konjunkturellen Lage Deutschlands erfasst, was an den Werbeinvestitionen abzulesen ist. Diese sind erstmals seit 5 Jahren zurückgegangen. Im Vergleich zum Vorjahr gingen die Investitionen im Jahre 2001 um 5,1 % auf 31,51 Mrd € zurück. Trotz dieses Rückgangs geht die Werbewirtschaft von einem mittlerweile stabilen Markt aus. Fraglich ist jedoch, ob diese Prognose tatsächlich zutrifft. Im Bereich der Werbeprodukte lässt sich kein einheitlicher Trend feststellen. Auch wenn die Investitionen im Bereich der Haushalts- und Genusswaren vermindert wurden, lässt sich nicht voraussehen, wie lange dies anhalten wird.

IV. Rechtlicher Schutz

Aufgrund des wirtschaftlichen Wertes von Werbung ist der Werbende daran interessiert, seine Werbung vor unbefugten Eingriffen Dritter zu schützen. Der wirtschaftliche Wert beruht insbesondere auf den hohen Investitionskosten. Zum einen wären hier die bereits erwähnten Investitionskosten. Neben den Kosten für Werbeflächen in den Print- oder Rundfunkmedien stellen die Erstellungskosten einen erheblichen Kostenfaktor im Bereich der Werbung dar. Die Auftraggeber haben aus diesem Grunde ein großes Interesse daran, dass die von ihnen bezahlten Werbeauftritte und -maßnahmen nicht durch unbefugte Dritte übernommen werden.

Zum anderen ist aber auch die Identifikation der Werbung mit dem Unternehmen ein wirtschaftlicher Wert, den es zu schützen gilt. Gerade bei besonders gelungener und medienwirksamer Werbung besteht die Gefahr, dass diese von Dritten unmittelbar übernommen wird, um für eigene Zwecke zu werben. Oftmals kann der Verbraucher zwischen der Werbung und der Ware eine gedankliche Verbindung herstellen. Diese gedankliche Verbindung können sich Nachahmer zunutze machen.[67] Es besteht die Gefahr, dass der Verkehr die ältere Originalwerbung dem Nachahmer zurechnet. Der Verkehr geht dann irrigerweise davon aus, dass es sich um Werbung für die gleiche Ware oder aber eine andere Ware des gleichen Herstellers handelt. Diesen Irrtum versucht der Nachahmer auszunutzen, um seinen Absatz zu fördern. Dabei macht er sich eine fremde

---

67 BGH GRUR 1961, 244, 245; OLG Hamburg GRUR 1990, 627.

Werbung zu eigen, ohne hierfür eine eigene Leistung erbracht zu haben.[68] Dem Werbenden oder Hersteller gelangt dieses Handeln unmittelbar zum Nachteil. Im Gegensatz zu diesem hat der Nachahmer in der Regel nicht die gleichen wirtschaftlichen Dispositionen getroffen, um etwa Marktforschung zu betreiben oder einzelne Werbemaßnahmen zu treffen. Im Bereich der Werbung spielt dies insbesondere bei übermäßig bekannten Werbemitteln eine große Rolle. Sie weisen Merkmale auf, die im Verkehr allgemein bekannt sind und oftmals auf Sympathien stoßen. Werbeslogans wie etwa „Nicht immer, aber immer öfter..." oder „Nichts ist unmöglich..." sind heute unabhängig von dem ursprünglich beworbenen Produkt bekannt. Der Nachahmer versucht an den guten Ruf einer Ware oder Leistung anzuknüpfen und diesen auf seine Arbeitsergebnisse zu projizieren. Aus diesem Grunde ist der Werbende vor solchen Eingriffen schützenswert. Dieser Schutz kommt dabei unter mehreren Gesichtspunkten in Betracht.

1. Schutz nach dem Gesetz über Urheberrecht und verwandte Schutzrechte (UrhG)

Einen besonders umfangreichen Schutz bietet zunächst das Urheberrecht. Der wesentliche Vorteil besteht vor allem darin, dass das Urheberrecht keinerlei formale „Anmeldungen" kennt. Der Anwendungsbereich ist vielmehr bereits dann eröffnet, wenn der Urheber ein Werk erstellt hat, welches den Anforderungen des § 2 UrhG[69] genügt. Dieser Schutz ist auch nicht auf die Bundesrepublik Deutschland beschränkt. Internationale Vereinbarungen und Verträge ermöglichen dem Rechtsinhaber, seine Rechte auch außerhalb der Bundesrepublik Deutschland wahrzunehmen.[70]

Das Urheberrecht hat sich in den Anfängen insbesondere mit der Literatur sowie der Kunst befasst. In der fortlaufenden Entwicklung wurde der Anwendungsbereich aber auch auf solche Werke ausgedehnt, die keinen Bezug zur Literatur oder der Kunst aufweisen.[71] Das geistige Schaffen sowie dessen Verwertungsmöglichkeiten haben sich im Laufe der Zeit ausgedehnt. Der Schutz des Urheberrechts sollte aus diesem Grunde nicht ausschließlich der Kunst und der Literatur vorbehalten bleiben.

---

68 Gloy-Schmidt-Dietz/Eck, Handbuch des Wettbewerbsrechts, § 43, Rn. 106; Erdmann, GRUR 1996, 550, 557.

69 § 2 Abs. 2 UrhG: „Werke im Sinne dieses Gesetzes sind nur persönliche geistige Schöpfungen."

70 Eine internationale Absicherung ermöglicht die Revidierte Berner Übereinkunft sowie das Welturheberrechtsabkommen.

71 Schricker, Urheberrecht, Einleitung, Rn. 1.

Gleiches gilt auch für den Bereich der Werbung. Werbung stellt sich im Ergebnis regelmäßig als das Produkt geistigen Schaffens dar. Die jeweiligen Texte, Fotografien oder Prospekte sind das Ergebnis von Werbetextern oder Werbefotografen, die im Auftrag ihres Kunden produzieren. Dieser Umstand ist jedoch noch nicht ausreichend, um in den Genuss des Schutzes des Urheberrechts zu kommen. Insoweit muss die Werbung den Anforderungen genügen, die durch das Urheberrechtsgesetz bestimmt werden. Wenn die einzelnen Werbemaßnahmen diesen Anforderungen genügen, fallen sie in den Anwendungsbereich des Urheberrechtsgesetzes.

Dass Werbemaßnahmen grundsätzlich in den Anwendungsbereich des Urheberrechts fallen können, ist sowohl in der Rechtsprechung als auch in der Literatur allgemein anerkannt. Dies gilt namentlich für Werbeprospekte[72], Werbeanzeigen[73] sowie Werbesprüche oder -slogans[74]. Dabei gibt es jedoch keinen „Automatismus", wonach Werbemaßnahmen grundsätzlich Urheberrechtsschutz genießen. Die Bandbreite der Werbemaßnahmen ist vielfältig. Sie reichen von der einfachen Produktdarstellung nebst Preisangabe bis hin zu besonders geistreichen Präsentationen.

Soweit die Werbemaßnahme in den Anwendungsbereich des Urheberrechtsgesetzes fällt, kann der Berechtigte auf mehrfache Weise seine Rechte geltend machen. Insbesondere stehen ihm folgende Ansprüche zu:

- Anspruch auf Schadensersatz (§ 97 Abs. 1 S. 1 3. Alt. UrhG, § 823 Abs. 1 BGB, § 97 Abs. 3 UrhG)
- Bereicherungsanspruch (§ 812 Abs. 1 S. 1 2. Alt. BGB, § 97 Abs. 3 UrhG)
- Ansprüche auf Auskunft und Rechnungslegung (§§ 242, 259, 260 BGB; § 101a Abs. 1 UrhG)
- Beseitigungsanspruch (§ 97 Abs. 1 S. 1 1. Alt. UrhG)
- Unterlassungsanspruch (§ 97 Abs. 1 S. 1 2. Alt. UrhG)

2. Schutz nach dem Markengesetz

Neben dem Urheberrechtsgesetz kommt ebenso der Schutz einzelner Werbemaßnahmen nach dem Markengesetz in Betracht, soweit es sich bei der zu schützenden Werbemaßnahme um eine Marke im Sinne dieses Gesetzes handelt.

---

72 BGH GRUR 1961, 85, 87; GRUR 1987, 44; BGH GRUR 1974, 412.
73 AfP 1997, 645, 646.
74 GRUR 1974, 412; GRUR 1934, 758/759.

Als Marken kommen dabei etwa Logos, besondere Schriftzeichen, also Wort- und Bildmarken in Betracht. Daneben können zumindest kurze Sätze durch das Markengesetz geschützt werden. Zwar ist bei kurzen Sätzen nicht gewährleistet, dass der Verkehr die Wortmarke unmittelbar unterscheiden und sie einzelnen Unternehmensprodukten zuordnen kann. Eine Schutzfähigkeit wird aber dann angenommen, wenn es sich um besonders originelle, prägnante oder kurze Sätze handelt.[75]

Werbemaßnahmen sind demnach grundsätzlich markenrechtsfähig soweit sie originelle und prägnante Merkmale aufweisen sowie maximal aus einem kurzen Satz bestehen. In der Praxis sind dies in aller Regel Werbeslogans, die sich im Verkehr ohne Weiteres einprägen lassen.[76]

Ähnlich wie bei dem Urheberrechtsgesetz kann der Markeninhaber auch hier seine Rechtsposition durchsetzen. Hierzu kann er folgende Ansprüche geltend machen:

- Unterlassungsanspruch (§ 14 Abs. 5 MarkenG)
- Schadensersatzanspruch (§ 14 Abs. 6 MarkenG)
- Anspruch auf Auskunft und Rechnungslegung (§§ 242, 259, 260 BGB)
- Bereicherungsanspruch nach den Grundsätzen der Eingriffskondition (§ 812 Abs. 1 S. 1 2. Alt. BGB)
- Vernichtungsanspruch (§ 18 MarkenG)
- Auskunftsanspruch (§ 19 MarkenG)

75 BGH GRUR 2000, 321, 322, 323.

76 Obwohl kurze Werbetexte demnach grundsätzlich schutzfähig sind, ist das Deutsche Patent- und Markenamt mit der Eintragung von solchen Texten äußert zurückhaltend. Indem auf anpreisende Elemente des Textes abgestellt wird, erfolgt tatsächlich eine inhaltliche Prüfung. Dieser Ansicht folgt das Bundespatentgericht und urteilt in Eintragungssachen ebenso restriktiv (BPatG GRUR 1994, 217; BPatGE 37, 77). Dabei wird insbesondere darauf abgestellt, ob der Werbetext einen derart phantasievollen Überschuss enthält, dass der Verkehr hierin nicht bloß eine beliebige Werbemaßnahme sieht, sondern diese konkret als Hinweis auf ein bestimmtes Unternehmensprodukt wertet. Ausgangspunkt hierfür ist der Gesamteindruck, der durch den Werbetext erweckt wird (Fezer, § 8, Rn. 97b). Diese restriktive Eintragungspraxis verkennt, dass es auf eine inhaltliche Prüfung gerade nicht ankommt. Zudem stellt das Bundespatentgericht zu Unrecht strengere Anforderungen auf als bei einer „normalen" Wortmarke. Wie schon der Regierungsentwurf (BT-Drucks. 12/6581, 70) verdeutlicht, ist bei der Beurteilung der Unterscheidungskraft ein großzügiger Maßstab anzusetzen. Demnach reicht auch eine äußerst geringe Unterscheidungskraft aus, um in den Schutzbereich des Markengesetzes zu fallen.

3. Gesetz gegen den unlauteren Wettbewerb

Neben dem Urheberrechts- oder Markengesetz werden Werbemaßnahmen durch das Gesetz gegen den unlauteren Wettbewerb (UWG) geschützt. Auch hier besteht das Ziel des Werbenden darin, seine Leistung vor unberechtigter Nachahmung durch Dritte zu schützen. Im Bereich des Wettbewerbsrechts kommen dabei insbesondere die Fallkonstellationen der Herkunftstäuschung und der Rufausbeutung in Betracht.

C. Kennzeichnung – Abgrenzung zur Werbung

I. Allgemein

§ 434 Abs. 1 S. 3 BGB nennt neben der Werbung auch die Etikettierung als Unterfall der öffentlichen Äußerung. Wie bereits bei der Werbung findet sich im BGB keine Definition dessen wieder, was unter diesem Begriff zu verstehen ist.

Der Begriff der Etikettierung war dem europäischen Recht jedoch nicht fremd. Bereits 1978 wurde eine Richtlinie erlassen, die sich mit der Etikettierung von Produkten befasst hat.

II. Etikettierung im Sinne der Richtlinie 2000/13/EG[77] (vormals Richtlinie 79/112/EWG)

Wie der europäische Gesetzgeber den Begriff der Etikettierung versteht, wird insbesondere durch die Richtlinie 2000/13/EG deutlich, die auf der Richtlinie 79/112/EWG beruht. Die Richtlinie bezweckt unter anderem den Schutz und die Unterrichtung des Verbrauchers bei Angaben über Lebensmittel.[78] Ferner sollte hierdurch ein weiterer Beitrag zur Vollendung des Binnenmarktes erbracht werden, da insbesondere zum Zeitpunkt der ursprünglichen Richtlinie 79/112/EWG der freie Verkehr durch die jeweils unterschiedlichen Regelungen nicht gewährleistet war.

Unter dem Begriff der Etikettierung bezeichnet die Richtlinie unter Art. 1 Abs. 3 lit. a)

---

77 Richtlinie 2000/13/EG des Europäischen Parlaments und des Rates vom 20. März 2000 zur Angleichung der Rechtsvorschriften der Mitgliedsstaaten über die Etikettierung und Aufmachung von Lebensmitteln sowie die Werbung hierfür, ABl. L109, S. 29.

78 Richtlinie 2000/13/EG, ABl. L 109, S. 29.

„...alle Angaben, Kennzeichnungen, Hersteller- oder Handelsmarken, Abbildungen oder Zeichen, die sich auf ein Lebensmittel beziehen und auf jeglicher Art von Verpackung, Schriftstück, Tafel, Etikett, Ring oder Verschluss angebracht sind und dieses Lebensmittel begleiten oder sich auf dieses Lebensmittel beziehen."

Es handelt sich also um in der Regel vom Hersteller angebrachte Angaben. Anders als Werbeäußerungen sind diese sehr viel konkreter und beziehen sich regelmäßig auf die Inhaltsstoffe und Zutaten der Lebensmittel. Solche Angaben dienen weniger der Werbung des Produktes. Hierdurch soll der Verbraucher vielmehr über den näheren Inhalt, die Grundstoffe, Zutaten etc. informiert werden.

III. Etikettierung im Sinne der Richtlinie 1999/44/EG

Im ersten Richtlinienvorschlag[79] war, wie bei der Werbung[80] auch, der Begriff der Etikettierung nicht vorgesehen. Er wurde erst nachträglich in die Richtlinie eingefügt. Nach Ansicht des europäischen Gesetzgebers war die ursprüngliche Fassung über öffentliche Äußerungen zu weit. Aus diesem Grunde sollte eine Formulierung gewählt werden, die verdeutlicht, dass sich öffentliche Äußerungen auf konkrete Produkteigenschaften beziehen müssen.[81] Um dies zu verdeutlichen, wurde der Text der Richtlinie geändert. Neben dem Begriff der Werbung benennt die Richtlinie jetzt auch die Etikettierung als einen Unterfall der öffentlichen Äußerung. Den Begriff der Etikettierung hat der europäische Gesetzgeber bereits in der Richtlinie 79/112/EWG[82] verwandt und ihn dort auch definiert. Wie eben dargelegt, handelt es sich dabei um sehr konkrete Produktangaben, die regelmäßig enger gefasst sind als Werbeangaben. Indem der europäische Gesetzgeber diesen Begriff eingefügt hat, wollte er offensichtlich verdeutlichen, dass allgemeine werbliche Aussagen nicht in den Anwendungsbereich der Richtlinie fallen sollen. Regelungsgegenstand des Art. 2 Abs. 2 lit. d) RL sollte demnach vielmehr die hinreichend konkrete Produktangabe sein.

---

79 Richtlinienvorschlag zum Verbraucherkauf, ZIP 1996, S. 1845 ff.

80 Siehe 1. Teil, B., II., 2., a., S. 37 f.

81 ABl. C 66 vom 3.3.1997, S. 5, 9.

82 Richtlinie 79/112/EWG des Rates vom 18. Dezember 1978 zur Angleichung der Rechtsvorschriften der Mitgliedstaaten über die Etikettierung und Aufmachung von für den Endverbraucher bestimmten Lebensmitteln sowie die Werbung hierfür, die jedoch nicht mehr in Kraft ist. Statt ihrer gilt jetzt die Richtlinie 2000/13/EG.

IV. Kennzeichnung im Sinne von § 434 Abs. 1 S. 3 BGB

Der deutsche Gesetzgeber hat statt der Etikettierung den Begriff der Kennzeichnung gewählt.

Aus der Regierungsbegründung geht jedoch nicht hervor, dass der Gesetzgeber zum Begriff der Etikettierung bzw. Kennzeichnung eine andere Sichtweise als der europäische Gesetzgeber vertritt. In der Begründung wird lediglich erwähnt, dass Art. 2 Abs. 2 lit. d) RL mit geringen Umformulierungen übernommen werde. Dass der Wechsel von der Etikettierung hin zur Kennzeichnung aus rechtlichen Erwägungen erfolgte, wird nicht erwähnt[83] und kann daher ausgeschlossen werden.

Es handelt sich bei der Kennzeichnung der Kaufsache um eine konkrete Warenbeschreibung. Neben der üblichen Warenbeschreibung auf Etiketten oder anderen Beschreibungen auf der Ware fallen auch DI-Normen sowie Gütesiegel in den Anwendungsbereich.[84]

Einige Stimmen vermuten, dass diese Alternative in der alltäglichen Praxis relativ selten zur Anwendung kommen wird. Entweder der Käufer sieht die Ware vor Vertragsabschluss oder nicht. In ersterem Fall soll die Kennzeichnung Vertragsbestandteil werden, im zweiten Fall hingegen nicht, da sie die Kaufentscheidung nicht beeinflussen konnte.[85] Dem kann nicht uneingeschränkt zugestimmt werden. Zuzustimmen ist der Ansicht, dass die Kennzeichnung bei Vorliegen der Ware unmittelbar zum Vertragsbestandteil wird, auch wenn die Parteien dies nicht unmittelbar vereinbart haben. Sollte der Käufer die Ware aber vor Abschluss des Kaufvertrages nicht gesehen haben, so kommt der Kennzeichnung dennoch eine Bedeutung zu. Wie bereits oben erwähnt, kommt es nicht darauf an, dass der Käufer die öffentliche Äußerung und somit auch die Kennzeichnung wahrgenommen hat. Es ist lediglich darauf abzustellen, ob die Werbung oder Äußerung für unbeteiligte Dritte wahrnehmbar ist.[86]

83 BT-Drucks. 14/6040, S. 214.

84 Palandt/Putzo, § 434, Rn. 35; Erman/Grunewald, § 434, Rn. 22.

85 Bamberger/Roth/Faust, § 434, Rn. 80.

86 Siehe 1. Teil, A., I., 3., S. 31.

V. Zwischenergebnis

Bei der Kennzeichnung im Sinne des § 434 Abs. 1 S. 3 BGB handelt es sich demnach um Produktangaben. Anders als Werbeangaben sind diese in der Regel sehr konkret gefasst.

D. Ergebnis

Werbung ist Gegenstand verschiedenster Richtlinien und Gesetze. Eine Definition hingegen wird selten vorgenommen. Werbung wird grundsätzlich als Absatzförderung verstanden. Dabei ist Werbung Bestandteil eines großen Marktes, in dem hohe Umsätze erwirtschaftet werden. Es handelt sich um einen wachsenden Markt, der aber auch den allgemeinen konjunkturellen Schwankungen unterworfen ist.

Gerade weil Werbung den Absatz des Unternehmers fördern kann, investiert dieser in der Regel in Werbemaßnahmen. Sie stellen daher ein wirtschaftliches Gut dar, das grundsätzlich unberechtigten Einflüssen Dritter ausgesetzt sein kann. Die geltende Rechtslage ermöglicht dem Werbenden jedoch, sich vor solchen Eingriffen zu schützen.

2. Teil: Rechtliche Behandlung – ein Rückblick

A. Allgemeines

Bereits vor der Richtlinie 1999/44/EG und der Schuldrechtsreform wurde das Bedürfnis, Verkäufer für den Inhalt von Werbeangaben haften zu lassen, frühzeitig erkannt.[87] Angesichts der Entwicklungen der Werbe- und Marketingmethoden war es nicht mehr hinnehmbar, den Verkäufer für Werbeangaben nicht einstehen zu lassen.[88] Dies bezieht sich vor allem auf die Frage, inwieweit Werbeaussagen herangezogen werden können, um einen Mangel an der Kaufsache festzustellen. Aus diesem Grunde soll an dieser Stelle untersucht werden, wie solche Werbeaussagen vor der Reform des Schuldrechts behandelt wurden. Die Ausführungen beziehen sich in erster Linie auf das Bürgerliche Gesetzbuch in seiner alten Fassung. Es wird die Frage untersucht, inwiefern sich der Käufer auf die Falschheit von Werbeaussagen berufen konnte, die einen Mangel der Kaufsache zur Folge hatten.[89]

B. Rechtliche Behandlung nach dem Bürgerlichen Gesetzbuch in seiner alten Fassung

I. Culpa in Contrahendo bzw. Prospekthaftung

1. Allgemein

Werbeaussagen werden im Vorfeld eines Vertragsabschlusses getätigt. Sollten Werbeaussagen inhaltlich falsch sein, liegt die vorwerfbare Handlung in einem

87 So etwa Lehmann, NJW 1981, S. 1233 ff.; insbesondere Lehmann, Vertragsanbahnung durch Werbung; Reich/Tonner, JuS 1976, S. 576 ff.

88 MüKo/Westermann, § 459, Rn. 63 (3. Aufl.).

89 Die folgenden Ausführungen beziehen sich ausschließlich auf eine Haftung nach den Grundsätzen der culpa in contrahendo sowie § 459 II BGB a.F.

Zeitraum, der vor dem Vertragsabschluss liegt. Ein vorwerfbares Verhalten vor Vertragsabschluss wurde durch das BGB in seiner alten Fassung nicht geregelt. Die Rechtsprechung hat diese Lücke durch das Institut der culpa in contrahendo geschlossen. Aus diesem Grunde ist zunächst zu prüfen, inwieweit der Käufer Rechte aus diesem Rechtsinstitut geltend machen konnte.

Im Bereich der culpa in contrahendo wurde durch die Rechtsprechung eine Vielzahl von Fallgestaltungen entwickelt. Einer dieser Fälle befasste sich unter anderem mit vorvertraglichen Informationen bzw. dem Schutz vor unrichtigen Informationen. Es handelte sich um den Bereich der *Prospekthaftung*. Auf den ersten Blick scheint es etwas befremdlich, diesen Bereich für die Beurteilung der vorliegenden Frage heranzuziehen. Die Prospekthaftung befasst sich mit der rechtlichen Behandlung von Anlageformen, die sich ursprünglich außerhalb des Bereichs befanden, der etwa durch das Wertpapierrecht geregelt wurde. Dies galt insbesondere für Beteiligungen an

- sog. Publikums-KGs
- Bauherrenmodellen
- Bauträgermodellen
- Mischformen dieser Anlagearten.

Zur Anwerbung von Investoren werden regelmäßig Werbeschriften veröffentlicht, mit denen potentielle Anleger gewonnen werden sollten. Dabei kommt es auf die Richtigkeit solcher Prospekte ganz besonders an, da diese regelmäßig die einzige Informationsquelle des Anlegers sind.[90] Insbesondere besteht für den potentiellen Anleger keine Möglichkeit, festzustellen, ob die Tatsachen richtig und vollständig wiedergegeben werden.

Die Parallele zur Haftung für Werbeangaben besteht darin, dass Abnehmer mit vorvertraglichen Informationen gewonnen werden sollen. Die Abnehmer haben in beiden Fällen regelmäßig keine Möglichkeit festzustellen, ob das begehrte Produkt mit den vorvertraglichen Angaben übereinstimmt. Die Unterschiede beschränken sich daher lediglich auf die Art des verkauften Produktes. Die Sachverhalte an sich, also die vorvertragliche Situation, ist grundsätzlich vergleichbar.

2. Richtigkeit und Vollständigkeit

Die den Anlegern zur Verfügung gestellten Prospekte müssen über sämtliche Umstände, die für den potentiellen Anleger von Bedeutung sind und somit seine

---

90 BGHZ 111, 314, 317.

Entscheidung beeinflussen, sachlich vollständig und richtig informieren. Dies bezieht sich sowohl auf Tatsachen, die vor Erscheinen des Prospektes als auch danach bekannt werden.[91]

Sollte der Verbraucher aufgrund von inhaltlich falschen oder unvollständigen Prospekten einer der genannten Anlageformen beitreten und hierdurch einen Schaden erleiden, so kann dieser den Vertrauensschaden ersetzt verlangen.[92] Der Anleger ist demnach so zu stellen, wie er stehen würde, wenn er nicht auf die Gültigkeit des Geschäfts vertraut hätte.[93]

3. Haftungsschuldner

Im Rahmen dieser Anlageformen sind regelmäßig mehrere Personen auf Anbieterseite tätig. Dies spiegelt sich im Kreis der Haftungsschuldner wieder. Es haften insbesondere Gründer, Gestalter sowie Initiatoren der Gesellschaft.[94] Gleiches gilt für sog. „Hintermänner“, die hinter der Gesellschaft stehen und großen Einfluss ausüben.[95] Eine Haftung kommt zusätzlich bei solchen Personen in Betracht, die aufgrund besonderer beruflicher Stellung oder aufgrund ihrer Fachkunde eine Garantenstellung einnehmen und durch ihr Mitwirken am Emissionsprospekt einen Vertrauenstatbestand schaffen[96].

4. Übertragbarkeit auf das Kaufrecht

Fraglich ist, ob die eben festgestellten Parallelen ausreichen, um die hier dargestellten Grundsätze auf das BGB in seiner alten Fassung zu übertragen. Sicherlich mochte hierfür sprechen, dass auch bei einem alltäglichen Kauf in der Regel kein Beratungsgespräch stattfindet. Der Verbraucher wird sich im Vorfeld über die von ihm gewünschte Ware durch die Werbung erkundigen. Dabei ist zusätzlich zu beachten, dass es die teilweise fortgeschrittene Technik dem Verbraucher oftmals nicht möglich macht, die in der Werbung geäußerten Angaben auf ihre Vollständig- und Richtigkeit zu überprüfen. Der Verbraucher ist aus diesem Grunde in hohem Maße darauf angewiesen, dass die Werbeangaben richtig und vollständig sind.

Trotzdem wurde eine „pauschale“ Übertragung auf das Sachmangelgewährleistungsrecht richtigerweise abgelehnt. Die Grundsätze der Prospekthaftung

---

91 BGHZ 123, 106, 110; BGH NJW 2000, S. 3346, 3347; BGHZ 145, 121, 129.
92 BGHZ 114, 87, 94.
93 BGHZ 57, 137, 139; BGH NJW-RR 1990, 229, 230.
94 BGHZ 79, 337, 340.
95 BGH NJW 2001, 360.
96 BGH NJW 1995, 1025.

wurden primär im Bereich finanzieller Anlagen entwickelt. Es geht dort typischerweise um hohe Vermögenswerte. Eine Falschinformation hat in diesem Bereich zur Folge, dass dem Anleger die wirtschaftliche Existenzgrundlage oder ein großer Teil seines Vermögens entzogen wird. Der Anleger bedarf aus diesem Grunde eines weitaus größeren Schutzes als in anderen Bereichen. Die vorvertraglichen Informationen können vom Anleger aufgrund des komplexen Themas der Anlageform nicht überprüft werden. Zudem wollte die Rechtsprechung ursprünglich einen mit dem Wertpapierrecht übereinstimmenden Lösungsansatz finden.[97] Ferner handelt es sich bei Werbeangaben noch nicht um eine Vertragsanbahnungssituation, in der zwischen den Parteien eine Sonderverbindung entstehen kann. Zudem ist zu beachten, dass die §§ 459 ff. BGB a.F. insoweit eine abschließende Sonderregelung dargestellt haben, über die nicht hinweggegangen werden durfte.[98] Eine Ausnahme hiervon wurde lediglich bei Vorsatz[99] oder dann gemacht, wenn der Verkäufer ausdrücklich oder konkludent eine Beratungspflicht übernommen hatte[100].

5. Ergebnis

Eine Haftung für Werbeangaben nach den Grundsätzen der culpa in contrahendo war demnach nach der alten Rechtlage im BGB nicht möglich. Eine Ausnahme bestand lediglich dann, wenn der Verkäufer vorsätzlich gehandelt oder aber eine Beratungspflicht übernommen hatte.

II. Mangel im Sinne der §§ 459 ff. BGB a.F.

Neben der Haftungsfrage im vorvertraglichen Bereich stellte sich darüber hinaus die Frage, ob der Verkäufer nach dem Gewährleistungsrecht der §§ 459 ff. BGB a.F. für falsche Werbeangaben haftete.

1. § 459 Abs. 2 BGB a.F.

Die Frage der Haftung für Werbeangaben wurde insbesondere unter dem Aspekt der zugesicherten Eigenschaften nach § 459 Abs. 2 BGB a.F. diskutiert. Gemäß

97 BGH NJW 1981, 2810, 2811.
98 BGHZ 60, 319, 320; BGHZ 114, 263, 266; a.A. Ansicht Lehmann, NJW 1981, S. 1233, 1241, der dann aber von einer Verjährung nach § 477 BGB analog ausgeht.
99 BGH NJW 1992, 2564, 2565; BGH NJW 1995, 2159, 2160.
100 BGH NJW 1997, 3227, 3228.

§ 459 Abs. 2 BGB a.F. hatte der Verkäufer dafür zu haften, dass die Kaufsache solche Eigenschaften aufwies, die dem Käufer zugesichert wurden. Der Vorteil hieran war, dass der Käufer bei Fehlen einer Eigenschaft neben den Rechtsbehelfen der Wandelung und Minderung zusätzlich den verschuldensunabhängigen Schadensersatzanspruch nach § 463 BGB a.F. geltend machen konnte. Anders als bei einer Beschaffenheitsvereinbarung nach § 459 Abs. 1 BGB a.F. stand ihm ein weiterer Rechtsbehelf zu. Voraussetzung hierfür war jedoch, dass der Verkäufer dem Käufer die Eigenschaft auch zugesichert hatte.

a. Zusicherung

Von einer solchen Zusicherung wurde dann ausgegangen, wenn der Verkäufer durch seine Erklärung zu erkennen gab, dass er für den Bestand der Eigenschaft und alle Folgen ihres Fehlens einstehen wollte. Diese Erklärung musste Inhalt des Kaufvertrages geworden sein.[101] Somit mussten zwei übereinstimmende Willenserklärungen vorgelegen haben.[102]

Soweit die Parteien sich ausdrücklich auf Werbeangaben bezogen und der Verkäufer die in der Werbung angepriesenen Angaben zusicherte, gab es keine Abgrenzungsschwierigkeiten.

Der problematischere Fall war jedoch auch hier, dass der Käufer sich durch die Werbung zum Kauf animiert fühlte, den Kaufvertrag abschloss und erst im Nachhinein feststellen musste, dass der Kaufsache die beworbene Eigenschaft fehlte. Eine ausdrückliche Zusicherung war in solchen Fällen nicht gegebenen.

Grundsätzlich konnten Eigenschaften auch stillschweigend zugesichert werden. Mangels einer ausdrücklichen Erklärung war darauf abzustellen, wie das Verhalten des Verkäufers ausgelegt werden konnte. Dabei waren die Grundsätze von Treu und Glauben sowie die Verkehrssitte zu beachten.[103] Aus dem Verhalten des Verkäufers musste der Käufer demnach schließen können, dass dieser für den Bestand der Eigenschaften haften wollte. Es kam daher insbesondere auf äußere Umstände an, die auf den Willen des Verkäufers Rückschlüsse zuließen. Solche äußeren Momente konnten etwa Handelsbräuche oder die besondere Inanspruchnahme von Vertrauen sein.[104] Letztlich handelte es sich aber um sehr abstrakte Konstellationen, die bei einem alltäglichen Kaufvertrag nicht vorlagen.

101 Palandt/Putzo, § 459, Rn. 15 (61. Aufl.).

102 MüKo/Westermann, § 459, Rn. 56 (3. Aufl.); Palandt/Putzo, § 459, Rn. 16 (61. Aufl.).

103 Palandt/Putzo, § 459, Rn. 17 (61. Aufl.); Erman-Grundewald, § 459, Rn. 40 (9. Aufl.).

104 Palandt/Putzo, § 459, Rn. 17 (61. Aufl.).

Die hohen Anforderungen verdeutlichen, dass Werbeangaben nicht in den Anwendungsbereich des § 459 Abs. 2 BGB a.F. fielen.

b. Die Kasuistik im Bereich des Gebrauchtwagenhandels

Gerade im Bereich des Gebrauchtwagenhandels hat sich die Rechtsprechung mit dieser Frage beschäftigen müssen. Der Gebrauchtwagenhandel bedient sich – wie alle Bereiche des Handels – der Werbung, um Kunden auf ihr Angebot aufmerksam zu machen. Da es dem Verbraucher bereits im Vorfeld darauf ankommt, ausreichend Informationen über die Pkws zu beziehen, sind die Werbeanzeigen entsprechend konkret formuliert. Sie enthalten oftmals neben den Typ-Angaben und dem Baujahr weitere Angaben, wie etwa Kilometerstand, Farbe, Sonderausstattungen, etc. Auf diese Weise wird dem Verbraucher bereits im Vorfeld ermöglicht, eine gewisse Auswahl an Pkws zu treffen.

Die Rechtsprechung ging in diesem Bereich oftmals zugunsten des Käufers davon aus, dass diese Angaben im Sinne des § 459 Abs. 2 BGB a.F. zugesichert waren.[105]

Ausschlaggebend war dabei unter anderem, dass auf der Verkäuferseite eine gewerblich handelnde Person und auf der Käuferseite eine privat handelnde Person steht. Der Verkäufer erweckt regelmäßig ein Vertrauen in seine Kenntnis und Fähigkeit als Fachmann hinsichtlich seiner Angaben.[106] Aus diesem Grunde schien es der Rechtsprechung leichter zu fallen, Werbeangaben als Zusicherung im Sinne des § 459 Abs. 2 BGB a.F. zu qualifizieren. Daneben bestanden aber auch weitere Motive, die die Rechtsprechung dazu veranlasst haben, von einer Zusicherung im Sinne des § 459 Abs. 2 BGB a.F. auszugehen. Da nach der alten Rechtslage bei gebrauchten Gütern die Möglichkeit bestand, die Gewährleistung auszuschließen, sollte dieser Verbrauchernachteil durch einen großzügigen Anwendungsbereich der §§ 459 Abs. 2, 463 BGB a.F. ausgeglichen werden. Aus diesem Grunde neigte die Rechtsprechung oftmals dazu, von einer entsprechenden Zusicherung auszugehen.[107]

Fraglich ist, ob sich die in diesem Bereich vorhandene Kasuistik ohne Weiteres auf andere Bereiche übertragen lässt. Hiergegen spricht insbesondere die gerade angesprochene Kritik, die Hürden für eine Zusicherung zu niedrig anzusetzen. Die Rechtsprechung wollte unter anderem Unbilligkeiten, die im Bereich des Gebrauchtwagenhandels entstehen können, vermeiden. Zudem handelt es

105 OLG Hamm NJW 1980, 2200; BGHZ 103, 275; BGHZ 122, 256; BGHZ 87, 302; BGH NJW 1981, S. 1268.

106 BGHZ 87, 302, 304.

107 Erman-Grunewald, § 459, Rn. 32 (9. Aufl.); Eggert, NJW 1990, S. 549, 550.

sich regelmäßig um solche Angaben, die unmittelbar durch den Verkäufer gegenüber dem Käufer geäußert wurden. Der „klassische“ Bereich der Massenwerbung, den auch § 434 Abs. 1 S. 3 BGB im Auge hat, wurde gerade nicht erfasst. Dieser unterscheidet sich aber in mehrerer Hinsicht. Zum einen wird dort die Werbung wesentlich professioneller betrieben. Zum anderen handelt es sich regelmäßig um Herstellerwerbung. Dies hat zur Folge, dass der Verkäufer mit dieser nicht in gleicher Weise vertraut ist wie im Bereich des Gebrauchtwagenhandels.[108] Eine Übertragung der in diesem Bereich entwickelten Grundsätze ist daher abzulehnen.

2. Zwischenergebnis

Falsche Werbeangaben fielen grundsätzlich nicht in den Anwendungsbereich der §§ 459 ff. BGB a.F. Eine Zusicherung im Sinne des § 459 Abs. 2 BGB a.F. war nur dann gegeben, wenn es sich um hinreichend konkrete Angaben gehandelt hat, für die der Verkäufer einstehen wollte. Dies musste entweder ausdrücklich geschehen oder aber aus dem Verhalten des Verkäufers unzweifelhaft erkennbar sein.

Beide Konstellationen zeigen, dass die übliche Praxis nicht von dem Anwendungsbereich der §§ 459 ff BGB a.F. erfasst wurde. Es handelte sich dabei um Fälle, in denen sich die Vertragsparteien im Vorfeld des Kaufvertrages gerade nicht auf Werbung beziehen und diese daher auch nicht Bestandteil des Kaufvertrages wird.

Das Bürgerliche Gesetzbuch in seiner alten Fassung sah also keine rechtliche Grundlage vor, den Verbraucher vor falscher Werbung zu schützen.

C. Rechtliche Behandlung nach § 13 a UWG a.F.[109]

I. Allgemein

Im Gegensatz zum BGB in seiner alten Fassung, wurden die Folgen unrichtiger Werbeaussagen bereits durch das UWG in seiner bis zum 07. Juli 2004 geltenden Fassung geregelt.[110]

108 So auch Staudinger-Honsell, § 459, Rn. 149, der dies aber allgemein auf die Fälle der stillschweigenden Zusicherung bezieht.

109 Die Ausführungen beziehen sich auf das UWG in seiner bis zum 07.07.2004 gültigen Fassung.

110 Im Folgenden als UWG a.F. bezeichnet.

Das UWG bezweckt den Schutz von Mitbewerbern und Kunden bzw. Verbrauchern vor unlauteren Verhalten anderer Mitbewerber. Unlauteres Verhalten kann auf vielfache Weise vorgenommen werden. Dabei kommt der Werbung eine besondere Bedeutung zu. Der Handel kann auf diese Weise seinen Absatz positiv beeinflussen. Dies hat zur Folge, dass der Handel im Bereich der Werbung besonders aktiv ist. Art und Umfang der Werbung haben aus diesem Grunde im Laufe der Zeit stark zugenommen. Der Verbraucher war diesem Handeln jedoch zunächst hilflos ausgesetzt. Insbesondere konnte er sich nicht gegen unwahre Werbung zur Wehr setzen. Aufgrund der ständigen Produktwechsel und der intensiven Werbung ist der Verbraucher regelmäßig nicht in der Lage, sich ein konkretes Bild von dem Produkt zu machen. Eine fachgerechte Beratung durch den Handel ist heute oftmals nicht mehr gewährleistet. Produktvielfalt und Selbstbedienungsläden verhindern dies.[111]

Dieser Aspekt wurde durch den Gesetzgeber erkannt und sollte durch § 13 a UWG a.F. entsprechende Beachtung finden. § 13 a UWG a.F. hat erstmals einen Übergang vom kollektiven zum individuellen Verbraucherschutz dargestellt.[112] Der Abnehmer sollte vor unwahren und irreführenden Werbeangaben geschützt werden.[113]

Auch wenn dem Verbraucher hiermit erstmals ein konkretes Instrument an die Hand gegeben wurde, wurde der Sinn und Zweck der Regelung bereits relativ früh bezweifelt.[114]

II. Werbeangaben im Sinne von § 4 UWG a.F.

Für den Schutz nach § 13 a UWG a.F. bedurfte es zunächst einer Werbeangabe. Hierunter verstand man eine Angabe, die zur Gewinnung von Kunden durch Anpreisung einer Ware oder gewerblichen Leistung dient.[115] Unerheblich war, ob der Werbende für die in der Werbung gemachten Angaben einstehen wollte. Der Kunde sollte auch dann geschützt werden, wenn die Werbeangaben nicht den Anforderungen einer Eigenschaftszusicherung oder eines Garantieversprechens genügten.[116]

---

111 BT-Drucks. 10/4741, 18.
112 Teplitzky, Kap. 37, Rn. 2; Großkommentar-Köhler, § 13 a, Rn. 1.
113 BGHZ 123, 330, 333.
114 Staundinger-Köhler, § 13 a UWG, Rn. 2.
115 Staudinger-Köhler, § 13 a UWG, Rn. 7; Köhler/Piper, § 13 a, Rn.3; Großkommentar/Köhler, § 13 a, Rn. 7.
116 BT-Drucks 10/4741, 18.

Es musste sich darüber hinaus um eine Werbeangabe im Sinne des § 4 UWG a.F.[117] handeln. Das heißt, dass sich die Werbeangabe auf geschäftliche Verhältnisse beziehen und in öffentlichen Bekanntmachungen oder in Mitteilungen, die für einen größeren Personenkreis bestimmt waren, erfolgt sein musste.

III. Unwahr und zur Irreführung geeignet

Die Werbeangabe musste zudem unwahr und zur Irreführung geeignet sein. Beide Voraussetzungen mussten kumulativ vorliegen.[118] Ob dies der Fall war, war aus der Sicht der Kunden, die durch die Werbung angesprochen wurden, zu beurteilen.[119] Ausschlaggebend war die Durchschnittsauffassung des angesprochenen Publikums.

IV. Wesentlich

Gemäß § 13 a Abs. 1 UWG a.F. musste die Werbeangabe für den Personenkreis, an den sie sich richtete, für den Vertragsabschluss wesentlich sein. Eine solche Wesentlichkeit lag vor, wenn die Angabe bei verständiger Würdigung für die angesprochenen Verkehrskreise unter Berücksichtigung des konkreten Geschäftszwecks für den Vertragsabschluss ausschlaggebend sein konnte. Es musste sich um eine Angabe handeln, die nach der Auffassung der angesprochenen Verkehrskreise für die Wertschätzung einer Sache von Gewicht war. Dies war insbesondere bei Angaben über Eigenschaften der Ware, wie etwa die Qualität, den Preis oder die Eignung, regelmäßig der Fall. Hierbei kam es nicht auf das Verständnis des konkreten Abnehmers an, der sich auf sein Rücktrittsrecht berief. Abzustellen war vielmehr auf die Durchschnittsauffassung des angesprochenen Verkehrskreises.[120]

---

117 Im Einzelnen wurde an dieser Stelle darüber gestritten, inwieweit die Formulierung „im Sinne des § 4 UWG" zu verstehen ist. Hierauf wird jedoch nicht näher einge gangen. Im Ergebnis wird gefordert, dass die objektiven Tatbestandsmerkmale des § 4 UWG a.F. vorliegen müssen.

118 Staudinger-Köhler, § 13 a, Rn. 16; Gloy, Handbuch des Wettbewerbsrechts, § 22, Rn. 24.

119 RGSt 40, 439, 440; RGSt 47, 161, 163.

120 Köhler/Piper, § 13 a. Rn. 5; Baumbach/Hefermehl, § 13 a, Rn. 5; Großkommentar-Köhler, § 13 a, Rn. 20.

V. Zurechenbarkeit

Entsprechend der Marktsituation wird Werbung nicht einheitlich von einem Marktteilnehmer betrieben. Um diesem Umstand gerecht zu werden, rechnete der Gesetzgeber dem Handel fremde Werbung zu. Betrieb der Verkäufer eigene Werbung, wurde ihm diese unmittelbar zugerechnet. Neben dem Verkäufer sind es aber vor allem Hersteller und Großhändler, von denen die jeweilige Werbung ausgeht. Der Beitrag des Verkäufers, insbesondere des Einzelhandels, beschränkt sich oftmals auf den bloßen Vertrieb der Ware. Zur Steigerung seines Absatzes macht sich der Verkäufer aber regelmäßig die Werbeangaben Dritter zu eigen. Dies kann insbesondere dadurch geschehen, dass er den Werbenden unterstützt. Beispielhaft seien hier die Auslage und das Verteilen von fremden Werbeprospekten genannt. Daneben kommt aber auch ein Dulden von fremden Werbeangaben in der eigenen Sphäre, wie etwa in den Verkaufsräumen in Betracht.[121] Diesem Umstand trug § 13 a Abs. 1 S. 2 UWG a.F. Rechnung. Der Verkäufer hatte aus diesem Grunde nicht nur für eigene Werbung einzustehen. Neben der Haftung für eigene Werbeangaben kam ebenso eine Haftung für fremde Drittwerbung in Betracht. Hier war jedoch danach zu differenzieren, ob der Verkäufer die Unwahrheit oder die Eignung zur Irreführung kannte. Sollte dies der Fall gewesen sein, wurde ihm die fremde Drittwerbung zugerechnet. Gleiches galt dann, wenn er sich die fremde Werbung zu eigen gemacht hatte. In beiden Fällen konnte sich der Verkäufer nicht darauf berufen, dass die Werbung nicht von ihm ausgegangen war.

VI. Zur Abnahme bestimmt

Der Käufer musste durch die Werbeangabe im Sinne des § 4 UWG a.F. zur Abnahme bestimmt worden sein. Hiervon war dann auszugehen, wenn die Werbeangaben für den Vertragsabschluss ursächlich gewesen sind. Dies lag dann vor, wenn ohne die Angabe der Vertrag nicht oder nicht mit diesem Inhalt oder nicht zu dieser Zeit geschlossen worden wäre.[122] Die Werbung musste den Verbraucher also in irgendeiner Weise zu seinen Ungunsten beeinflusst haben. Eine solche nachteilige Beeinflussung lag daher dann nicht vor, wenn der Abnehmer die Werbeangabe nicht kannte, mit der Unwahrheit der Werbeangabe gerechnet hatte oder aber es ihm auf die Unwahrheit der Werbeangabe nicht ankam.[123] In die-

121 Köhler/Piper, § 13 a, Rn. 9.

122 Köhler/Piper, § 13 a, Rn. 6; Baumbach/Hefermehl, § 13 a, Rn. 8; Staudinger-Köhler, § 13 a, Rn. 38.

123 Baumbach/Hefermehl, § 13 a, Rn. 9.

sen Fällen überwog die Kenntnis des Verbrauchers in einer Weise, in der er auf einen Schutz des § 13 a UWG a.F. nicht angewiesen war.

VII. Rechtsfolge

Der Rechtsbehelf des Verbrauchers war auf ein Rücktrittsrecht beschränkt.

Im Rahmen der Gesetzesbegründung wurde darauf verwiesen, dass das Rücktrittsrecht für den Verbraucher praktikabler sei als ein Schadensersatzanspruch. Der Rücktritt reiche aus, um die Interessen der Verbraucher angemessen zu schützen.[124] Eine weitere Begründung fehlt.[125] Dies verwundert umso mehr, als die Beweggründe für die Einführung des § 13 a UWG a.F. in hohem Maße gewichtig erschienen. Insbesondere das große Ungleichgewicht zwischen Handel, Hersteller und Verbraucher hatte den Gesetzgeber dazu bewogen, eine gesetzliche Regelung zu schaffen, die den Verbraucher vor unlauteren Werbemaßnahmen schützen sollte.[126] Gerade die mangelnde Fachberatung sowie die Verdrängung der Verkaufsberatung durch vorvertragliche Werbung haben dieses Ungleichgewicht geprägt. In diesem Zusammenhang wurde darauf hingewiesen, dass die Rechtsbehelfe des BGB in seiner alten Fassung den Verbraucher nur in unzureichendem Maße schützen konnten. Diese Umstände sprachen aber gerade dafür, dem Verbraucher stärkere und umfangreichere Rechtsbehelfe einzuräumen. Für einen Schadensersatzanspruch plädierte aus diesem Grunde auch der ursprüngliche Referentenentwurf. Hiernach sollten dem Verbraucher zunächst ein Schadensersatzanspruch sowie ein Recht zum Rücktritt vom Vertrage zustehen.[127] Dort wurde dem Schadenseratzanspruch die Priorität eingeräumt, was dadurch zum Ausdruck kam, dass dieser innerhalb des § 13 a UWG a.F. an erster Stelle stand. Dies wurde unter anderem damit begründet, dass der Schutz des BGB in seiner alten Fassung oftmals nicht ausgereicht habe, den Verbraucher vor unlauteren Werbeangaben zu schützen. Ferner sei es nicht nachvollziehbar, dass Mitbewerber ihren durch unlauteres Verhalten entstandenen Schaden ersetzt verlangen könnten, dem Verbraucher dieses Recht aber vorenthalten werde.[128] Beides Gründe, die für einen Schadensersatzanspruch gesprochen haben.

Insbesondere das Argument, dem Verbraucher ginge es in erster Linie darum, vom Vertrag zurücktreten zu können, vermag nicht zu überzeugen.[129] Der

124 BT-Drucks. 10/5771, 22.
125 So auch Lehmann, GRUR 1987, S. 199, 211.
126 BT-Drucks. 10/4741, S. 18.
127 WRP 1978, S. 277.
128 So auch der Referentenentwurf, WRP 1978, S. 277, 284.
129 Staudinger-Köhler, § 13 a, Rn. 2.

Verbraucher ist in erster Linie daran interessiert, die versprochene Leistung ordnungsgemäß zu erhalten. Erst in einem weiteren Schritt stellt sich für diesen die Frage, wie er gegen den Verkäufer vorzugehen gedenkt, wenn die Ware die beworbenen Eigenschaften nicht aufweisen sollte.

Insbesondere darf die abschreckende Wirkung für Hersteller und andere Werbende ernsthaft bezweifelt werden.[130] Dies war auch offensichtlich nicht die Intention des Gesetzgebers. Die hier teilweise fälschlicherweise angenommene präventive Wirkung ging vielmehr von § 4 UWG a.F. aus, der falsche und zur Irreführung geeignete Angaben unter Strafandrohung stellte. Eine abschreckende Wirkung wäre ohnehin nur dann anzunehmen gewesen, wenn der Werbende für sein unlauteres Verhalten unmittelbar gegenüber dem Verbraucher wirtschaftlich gehaftet hätte. Die Regelung des § 13 a UWG a.F. stellte sich aber letztlich als ein gesetzliches Stornorecht dar.[131]

Der Gesetzgeber hat demnach die damals bestehende Möglichkeit, den Verbraucher in diesem Bereich besonders zu stärken, ungenutzt verstreichen lassen,[132] was unmittelbar durch die geringe Bedeutung des § 13 a UWG a.F. in der Praxis belegt wird.[133]

D. Ergebnis

Die Konsequenzen falscher Werbeaussagen auf die Kaufsache wurden durch das BGB in seiner alten Fassung nicht geregelt.

Die Rechtsprechung hat im Rahmen der culpa in contrahendo Fallkonstellationen entwickelt, in denen der Anbieter von Leistungen oder Produkten für seine vorvertraglichen Äußerungen einzustehen hat. Es handelte sich dabei um den Bereich des Wertpapierrechts, der zum damaligen Zeitpunkt gesetzlich nicht geregelt war. Die Grundsätze konnten aufgrund dieser Besonderheiten nicht grundsätzlich auf die Haftung für Werbeangaben übertragen werden.

Werbeangaben wurden auch nicht von § 459 Abs. 2 BGB erfasst. Letztlich bedurfte es zweier übereinstimmender Willenserklärungen, die bei Werbeangaben und dem anschließenden Kaufvertrag gerade nicht vorliegen.

---

130 A. A. Staudinger-Köhler, § 13 a, Rn. 2; Teplitzky, Kap. 37, Rn. 2.

131 Lehmann, GRUR 1987, S. 199, 211.

132 Lehmann, GRUR 1987, S. 199 ff. macht hierfür insbesondere wahltaktische Gründe verantwortlich.

133 Köhler/Piper, § 13 a, Rn. 1; so auch Schricker, GRUR Int. 1996, S. 473, 474, der gar von einem Schattendasein des § 13 a UWG spricht.

§ 13 a UWG a.F. räumte dem Verbraucher aber dann ein Rücktrittsrecht ein, wenn die Werbeangaben über die Kaufsache unwahr oder zur Irreführung geeignet waren. Ein Rückgriff auf diese Regelungen war jedoch die Ausnahme.

3. Teil: Richtlinie 1999/44/EG – Entwicklung und Ursprünge

Die Frage, inwieweit Werbeangaben das Kaufvertragsverhältnis beeinflussen konnten, stellte sich nicht nur für den deutschen Verbraucher oder Käufer. Die Regelungen über die Folgen falscher Werbeangaben waren in den einzelnen Mitgliedsstaaten der EU naturgemäß vielfältig. Der Verbraucherschutz war daher auch von Mitgliedsstaat zu Mitgliedsstaat verschieden stark oder schwach ausgeprägt. Verbraucherschutzkonzepte innerhalb der EU, die sich auf nationaler Ebene unterscheiden, behindern aber Bestrebungen, die Rechtsverhältnisse der Mitgliedsstaaten einheitlich zu gestalten. Aus diesem Grunde bedarf es gerade in den Einzelbereichen der Wirtschaft, wozu auch der Verbraucherschutz gehört, einer einheitlichen Regelung. Unabhängig von der Frage, wie stark oder schwach der Verbraucherschutz ausgeprägt sein soll, bezieht sich dies auch auf die Frage, welche Folgen inhaltlich unrichtige Werbeangaben haben sollen.

Die Richtlinie 1999/44/EG will diesem Umstand gerecht werden und beruht daher auf den Bestrebungen, den wichtigen Bereich des Verbrauchsgüterkaufs zu vereinheitlichen.

A. Entwicklung der Richtlinie

I. Allgemeines

Bereits vor Erlass der Richtlinie über den Verbrauchsgüterkauf und -garantien wurden Richtlinien erlassen, die den Aufbau eines europäischen Verbraucherschutzsystems erkennen lassen. Dies gilt insbesondere für die Bereiche

- des Vertragsschlusses[134]
- des Erscheinungsbildes verbraucherrelevanter Vertragstypen[135]

134 Haustürgeschäftewiderrufs-Richtlinie (Abl. Nr. L 372 v. 31.12.1985, S. 31) sowie die Richtlinie über den Fernabsatz (Abl. Nr. C 288 v. 30.10.1995, S. 1).

- der gefährlichen Produkte sowie Dienstleistungen[136]
- des europäisches Rechtssystems[137].

Diese Richtlinien befassen sich jeweils mit eigenen Teilbereichen des Verbraucherrechts. Aus diesem Grunde wurde teilweise zu Recht bemängelt, dass ein allgemeines Verbraucherrecht bisher nicht erkennbar sei.[138]

Ein erster Schritt in Richtung eines allgemeinen Verbraucherrechts stellt insbesondere die Richtlinie über missbräuchliche Klauseln in Verbraucherverträgen[139] dar. Dieser wird durch die Richtlinie zu bestimmten Aspekten des Verbrauchsgüterkaufs fortgesetzt.

II. Die Notwendigkeit eines allgemeinen Verbraucherrechts

Bereits im Ersten Verbraucherschutzprogramm des Rates[140] erkannte man die Notwendigkeit, unter anderem die wirtschaftlichen Interessen der Verbraucher in der Europäischen Gemeinschaft zu schützen. Diese Grundsätze wurden in dem Zweiten Verbraucherschutzprogramm[141] fortgeführt. Hiernach sollen die aufgrund des Ersten Verbraucherschutzprogramms ergriffenen Maßnahmen fortgeführt und ausgebaut werden.[142] Es handelt sich hierbei also um einen Bereich, der ausschließlich die Verbraucherrechte und deren Stärkung im Mittelpunkt hat.

Daneben bestehen aber auch weitere Aspekte, die durch die Stärkung der Verbraucherrechte positiv beeinflusst werden. Dies bezieht sich insbesondere auf einen weiteren bedeutenden Bereich des Gemeinschaftsrechts: die Vollendung des Binnenmarktes.

---

135 Verbraucherkreditrichtlinie (Abl. Nr. L 42 v. 12.2.1987, S. 48), Richtlinie über Pauschalreisen (Abl. Nr. L 158 v. 23.6. 1990, S. 59), Time-Sharing-Richtlinie (Abl. Nr. L 280 v. 29.10.1994, S. 83).

136 Produkthaftungsrichtlinie (Abl. Nr. L 210 v. 7.8.1985, S. 29).

137 Unterlassungsklagenrichtlinie (Abl. Nr. L 166 v. 11.6.1998, S. 51).

138 So etwa Micklitz, EuZW 1997, S. 229.

139 Abl. Nr. L 95 v. 21.4.1993, S. 29.

140 Abl. Nr. C 92 v. 25.4.75, S. 1.

141 Abl. Nr. C 133 v. 3.6.1981, S. 1.

142 Abl. Nr. C 133 v. 3.6.1981, S. 2.

1. Der Verbraucher und die Vollendung des Binnenmarktes

Die Bürger werden Europa erst dann als ein einheitliches Gebiet empfinden, wenn sie als Verbraucher im gesamten Gebiet der europäischen Union den gleichen Rechtsschutz erfahren. Erst wenn dies gewährleistet ist, werden sie Europa als ein einheitliches Gebiet ohne Grenzen wahrnehmen können. Der grenzenlose Binnenmarkt bzw. dessen Vollendung ist dabei ein wesentlicher Indikator für die Einheit Europas. Erst wenn der Verbraucher im gesamten Gebiet der Europäischen Union Waren zu den gleichen Bedingungen erwerben kann und auch tatsächlich erwirbt, kann von einem einheitlichen Binnenmarkt gesprochen werden.[143] Neben der rechtlichen Vollendung bedarf es demnach auch einer Vollendung im alltäglichen Geschäftsleben.[144] Dabei kommt dem Verbrauchsgüterkauf eine große Bedeutung zu. Dieser stellt traditionell das wichtigste Rechtsgeschäft des Verbrauchers in der Europäischen Union dar.[145] Dem Verbraucher fällt aus diesem Grunde eine fundamentale Aufgabe bei der Vollendung des Binnenmarkts zu.[146] Der grenzüberschreitende Kauf von Verbrauchsgütern wird sich nur dann weiterentwickeln, wenn der Verbraucher davon ausgehen kann, dass er in sämtlichen Staaten der europäischen Union die gleichen Bedingungen vorfinden wird.[147]

Somit kann es keinen Verbraucherschutz als Selbstzweck geben.

Von einer Vollendung des Binnenmarktes kann erst dann gesprochen werden, wenn sich auch der Verbraucher im alltäglichen Bereich, wie dem Verbraucherkauf, keinerlei Hürden ausgesetzt sieht. Das Ziel muss demnach deren Abbau sein, da sie den Verbraucher und andere Marktteilnehmer davon abhalten, grenzüberschreitende Kaufverträge abzuschließen. Dies bezieht sich sowohl auf den Verbraucher als auch auf Verkäufer/Gewerbetreibende. Auch diese sollen „ermutigt" werden, ihre Waren nicht regional begrenzt, sondern vielmehr in der gesamten Union anzubieten. Ein einheitliches Verbraucherrecht ist demnach nicht nur ein Indiz für die Vollendung des Binnenmarktes, sondern zwingende Voraussetzung dafür.

---

143 Ähnlich der Richtlinienvorschlag zum Verbraucherkauf in ZIP 1996, S. 1845, 1846.

144 Ähnlich die Begründung der Richtlinie 1999/44/EG in NJW 1999, S. 2421.

145 Reich, NJW 1999, S. 2397, 2398.

146 NJW 1999, S. 2421.

147 So auch die Kommission in ihrem zweiten verbraucherpolitischen Dreijahresaktionsplan 1993-1995, KOM (93) 378, endg. v. 28.7.1993; vgl. ferner Stellungnahme des Wirtschafts- und Sozialausschusses zu dem Richtlinienvorschlag über missbräuchliche Klauseln, Abl. Nr. C 159 vom 17.6.1991, S. 35; Schnyder/Straub, ZEuP 1996, S. 8.

2. Vollendung des Binnenmarktes

a. Binnenmarkt

Art. 14 Abs. 2 EGV definiert den Binnenmarkt als einen Raum ohne innere Grenzen, in dem der freie Verkehr von Waren, Personen, Dienstleistungen und Kapital gewährleistet ist.

Ziel eines solchen Raumes ist es, die wirtschaftliche und soziale Lage zu verbessern sowie weitere Fortschritte auf dem Weg zu einer Europäischen Union zu erreichen.[148]

Diese Ziele finden sich sowohl in dem Vertrag über die Europäische Union als auch in dem Vertrag zur Gründung der Europäischen Gemeinschaft wieder.

Nach Art. 2 EUV soll der Binnenmarkt insbesondere zur Förderung des wirtschaftlichen und sozialen Fortschritts beitragen. Gemäß Art. 2 EGV soll dies durch Beseitigung der Hindernisse für den freien Waren-, Personen-, Dienstleistungs- und Kapitalverkehr zwischen den Mitgliedsstaaten herbeigeführt werden.

Der Binnenmarkt darf dabei jedoch nicht lediglich als ein Wirtschaftsraum verstanden werden, in dem die genannten Güter zum gewerblichen oder persönlichen Zweck ausgetauscht werden können. Durch den Binnenmarkt soll insbesondere der Prozess der politischen Union vorangetrieben werden. Er soll dazu beitragen, dass sich sowohl innerhalb als auch außerhalb Europas eine eigene „europäische Identität" entwickelt.[149]

Die maßgeblichen Ziele eines solchen Binnenmarktes können nur erreicht werden, indem die ausgrenzende Wirkung nationaler Regelungen, Wettbewerbsverfälschungen sowie innergemeinschaftliche Grenzkontrollen beseitigt werden und ein allgemeines Aufenthaltsrecht natürlicher Personen innerhalb dieses Raumes geschaffen wird. Das maßgebliche Kennzeichen eines solchen Binnenmarktes ist demnach nicht ausschließlich die Möglichkeit, Waren, Personen oder Dienstleistungen innerhalb der Mitgliedstaaten ungehindert bewegen zu können. Eines der wichtigsten Merkmale ist vielmehr die Gleichartigkeit der Rechtsordnungen und der Rahmenbedingungen, die es jedem einzelnen Verbraucher ermöglicht, sich bedenkenlos innerhalb des Gemeinschaftsraumes geschäftlich oder privat zu betätigen.

Dieses Ziel kann jedoch nur dann verwirklicht werden, wenn die Beschränkungen des freien Waren-, Dienstleistungs-, Personen- und Kapitalverkehrs so-

148 von der Groeben/Schwarze/Pipkorn/Bardenhewer-Rating/Taschner, Art. 14, Rn. 1.
149 von der Groeben/Schwarze/Pipkorn/Bardenhewer-Rating/Taschner, Art. 14, Rn. 7.

wie Wettbewerbsverzerrungen beseitigt werden und Rechtsvorschriften sowie Tatbestände indirekter Besteuerung angeglichen werden.[150]

Die Idee eines Gemeinsamen Marktes stand schon 1958 in Artt. 2, 3 a)-b) EWGW als grundlegende Aufgabe der Integration fest.[151] Das Konzept zu dieser Verwirklichung wurde bereits in den 70er Jahren durch die Kommission entwickelt.[152] Zudem wurde dieses Ziel in der Einheitlichen Europäischen Akte erstmals rechtlich verankert. In Art. 14 Abs. 1 EGV ist seitdem vorgesehen, dass die Vollendung bis zum 31.12.1992 erfolgt sein muss.[153]

Eine solche Vollendung vollzieht sich schrittweise und bedarf mehrerer einzelner Prozesse. Dies ist auch der Grund dafür, dass das Ziel eines Gemeinsamen Marktes schon weit fortgeschritten, jedoch noch nicht vollendet ist. Die Zollstellen als Grenzen sind beseitigt. Ebenso sind Beschränkungen für den Waren-, Dienstleistungs- und Personenverkehr maßgeblich abgebaut worden.

Naturgemäß hat jeder einzelne Mitgliedsstaat eigene Rechtsordnungen, die auch weiterhin negative Auswirkungen auf den erstrebten gemeinsamen Binnenmarkt haben. Dies galt namentlich auch für den Bereich des Gewährleistungsrechts, der in den einzelnen Mitgliedsstaaten unterschiedlich stark geregelt und ausgeprägt war.

Das gemeinsame Ziel eines einheitlichen Binnenmarktes ist demnach noch nicht vollständig erreicht worden, auch wenn große Hindernisse und Beschränkungen bereits beseitigt worden sind.

b. Schranken und Hindernisse für die Vollendung des Binnenmarktes

aa. Allgemein

Der Vollendung eines solchen Binnenmarktes stehen jedoch Hindernisse entgegen, die teilweise natürlicher, überwiegend aber rechtlicher Art sind.

Zu den natürlichen Hindernissen zählt insbesondere die Sprachenvielfalt innerhalb der Europäischen Union. Diese hindert die Bürger und somit den Verbraucher, sich grenzüberschreitend zu „betätigen“, also grenzüberschreitende Geschäfte zu tätigen. Die Vielfalt der Sprachen führt zu Verunsicherungen, die

---

150 KOM (85) 310 endg., S. 4.
151 Oppermann, Europarecht, Rn. 1313.
152 Streinz, Europarecht, Rn. 947.
153 Zum tatsächlichen Stand der Entwicklung siehe Narjes, in: Festschrift für Deringer, S. 110 ff. sowie Trumpf, Vom Binnenmarkt zur politischen Union, S. 4-17.

nur schwerlich zu beseitigen sind.[154] Dieses Hindernis wird sich nur partiell beseitigen lassen. Naturgemäß finden sich Verbraucher in den Grenzgebieten der jeweiligen Mitgliedsstaaten ohne Weiteres zurecht. Dies liegt darin begründet, dass es in den Grenzgebieten regelmäßig keine starre Sprachgrenze gibt. Anders verhält es sich jedoch mit den Verbrauchern, die nicht in diesen Grenzgebieten ansässig sind. Dort wird dieses Hindernis niemals vollständig beseitigt werden können.

Daneben bestehen oder bestanden jedoch rechtliche Schranken, die zur Vollendung des Binnenmarktes beseitigt werden mussten. Die Vielfalt der Rechtsordnungen der einzelnen Mitgliedsstaaten verhinderte zunächst das Ziel eines gemeinsamen Binnenmarktes. Es handelt sich hierbei um Hemmnisse, die sich sowohl auf Seiten der Verbraucher als auch auf Seiten der Gewerbetreibenden auswirken.

Trotz dieser Vielfalt ist es möglich, diese Beschränkungen zu typisieren:

Zum einem beschränken *materielle Schranken* die Vollendung des Binnenmarktes. Es handelt sich hierbei um praktische Hindernisse, die spürbar und sichtbar sind. Hierzu zählten insbesondere die mittlerweile abgeschafften innergemeinschaftlichen Zollgrenzen.[155] Solche sichtbaren Schranken stellten letztlich den Beweis dafür, dass die Europäische Gemeinschaft noch nicht vollendet war.[156] Neben einer Belastung für den freien Personenverkehr waren insbesondere der Handel und die Industrie hiervon betroffen. Die Zollgrenzen führten gerade im Bereich des Exportgeschäfts zu höheren Kosten und daher zu Wettbewerbsverzerrungen.[157] Diese materiellen, äußeren Schranken sind nahezu abgebaut worden.

Daneben gibt es aber auch sog. t*echnische Schranken.* Es handelt sich hierbei um Gesetze – vom Weißbuch allgemein als Regeln bezeichnet – die insbesondere den Gesundheits-, Umwelt- oder Verbraucherschutz bezwecken. Zwar haben die meisten europäischen Regelungen die gleiche Schutzrichtung. In ihrer Stärke und Ausformung gibt es jedoch große Unterschiede. Auch hier sind hohe Kosten und Wettbewerbsverzerrungen die Folge von europaweit uneinheitlichen Regelungen.[158]

---

154 So auch Schurr, ZfRV 1999, S. 222, 223.

155 Pipkorn/Bardenhewer-Ratin/Taschner, in: von der Groeben/Schwarze, Art. 95, Rn. 16.

156 KOM (85), 310 endg., S. 14, Rn. 47.

157 KOM (85), 310 endg., S. 9, Rn. 24.

158 KOM (85), 310 endg., S. 17, Rn. 58, 60; Pipkorn/Bardenhewer-Ratin/Taschner, in: von der Groeben/Schwarze, Art. 95, Rn. 17.

Zuletzt bedarf es auch einer Lösung zur Beseitigung der *steuerlichen Schranken*. Gerade im Bereich der indirekten Steuern, wie etwa der Umsatzsteuer, besteht ein Bedürfnis, die bestehenden Schranken zugunsten der Vollendung der Europäischen Gemeinschaft abzubauen.[159]

bb. Verbrauchsgüterkauf

Auch der Verbrauchsgüterkauf hat sich als Hindernis für die Vollendung des Binnenmarktes dargestellt. Wie in den meisten Rechtsgebieten hatte jeder Mitgliedsstaat seine eigenen Vorschriften im Bereich des Verbrauchsgüterkaufs. Dieser Bereich der „gesetzlichen Garantie" war für den Verbraucher demnach ebenso unübersichtlich wie nahezu sämtliche einzelstaatlichen Rechtsordnungen. Europarechtliche Regelungen, die sich ausschließlich mit der gesetzlichen Garantie befassen, bestanden vor Erlass der Verbrauchsgüterkaufrichtlinie nicht.[160] Im Bereich des Verbraucherschutzes wurden zwar Richtlinien erlassen, die sich insbesondere mit dem Verbraucherschutz befassen.[161] Diese wirken sich aber zunächst nur mittelbar auf den Bereich der gesetzlichen Garantien aus. Beispielhaft sei an dieser Stelle die Richtlinie über missbräuchliche Klauseln genannt. Diese schützt den Verbraucher vor missbräuchlichen Handelspraktiken. Die Richtlinie nimmt solchen Handelspraktiken den Raum, die den Verbraucher in seinen gesetzlichen Ansprüchen behindern oder beschränken können. Anders als die Richtlinie 1999/44/EG stehen dem Verbraucher jedoch keinerlei Rechtsbehelfe zur Verfügung, derer er sich bei einem Verstoß gegen die Richtlinie bedienen kann. Die Richtlinie erklärt vielmehr solche Klauseln für unverbindlich, die als missbräuchlich anzusehen sind. Dies gilt unter anderem auch dann, wenn der Verbraucher durch eine solche Klausel in seinen gesetzlichen Gewährleistungsrechten eingeschränkt worden ist. Es handelt sich demnach um eine Regelung, die sich zwar unmittelbar auf den Vertrag, aber letztlich nur mittelbar auf den Bereich der gesetzlichen Gewährleistungsvorschriften auswirkt.

---

159 Im Bereich der Mehrwertsteuer ist der europäische Gesetzgeber durch die 6. EG-Richtlinie vom 17.5.1977 (ABl. Nr. L 145 (177)), ergänzt durch die Binnenmarktrichtlinie vom 16.12.1991 (ABl. Nr. L 376) sowie durch die EG-Richtlinie vom 19.10.1992 (Minimalharmonisierung der Mindeststeuersätze – ABl. Nr. L 316) tätig geworden.

160 Grünbuch, S. 68.

161 Richtlinie 85/374/EWG über die Haftung für fehlerhafte Produkte; Richtlinie 13/93/EG über missbräuchliche Klauseln in Verbraucherverträgen; Richtlinie 84/450/EWG über irreführende Werbung.

Die *Vielfalt der Rechtsvorschriften* spürt der Verbraucher insbesondere an den verbraucherrelevanten Rechtsvorschriften in den einzelnen Mitgliedsstaaten. Diese waren ursprünglich naturgemäß sehr vielfältig. Dies gilt auch für den Bereich der Gewährleistung bzw. der sog. gesetzlichen Garantie. Dem Verbraucher waren die einzelstaatlichen Regeln in aller Regel fremd. Aus diesem Grunde steht der Verbraucher Einkäufen im europäischen Ausland grundsätzlich negativ gegenüber. Eine solche Unkenntnis wird ihn in der Regel davon abhalten, seine Waren außerhalb seines Mitgliedsstaates zu beziehen.[162] Dies bezieht sich gerade auf den Bereich des Kaufvertragsrechts, welcher naturgemäß für den Verbraucher von besonderer Bedeutung ist. Hinzu kommt, dass sich die Konflikte im Bereich des Kaufvertrages insbesondere auf den Bereich der Gewährleistungsansprüche beziehen.[163] Ein Aspekt, dem vor dem Hintergrund der Sprachbarriere sowie der fremden Rechtsordnung große Bedeutung zukommt. Zum einen wird es dem Verbraucher in der Regel schwer fallen, seine Ansprüche in einem für ihn fremden Mitgliedstaat ausreichend sprachlich konkret zu formulieren. Hinzu kommt, dass ihm der Inhalt und Umfang seiner Gewährleistungsrechte fremd war. Der Verbraucher wird daher bei einem Kauf in einem anderen Mitgliedsstaat in der Regel davon ausgegangen sein, dass er seine Gewährleistungsrechte aller Wahrscheinlichkeit nach nicht durchsetzen können wird, was ihn von einem Kauf abgehalten haben dürfte. Dies wird durch eine entsprechende Umfrage belegt, die die Europäische Gemeinschaft in Auftrag gab[164]: Ein Viertel der Befragten gab an, dass sie die Ungewissheit über die Verkaufsbedingungen von einem grenzüberschreitenden Kauf abhielte. Ein Drittel gab an, dass sie insbesondere im Bereich der Anspruchsdurchsetzung Vorbehalte hätten und aus diesem Grunde von einem grenzüberschreitenden Kauf Abstand nähmen.

Die Vielfalt der Rechtsvorschriften hält jedoch nicht nur Verbraucher von grenzüberschreitenden Markttätigkeiten ab. Neben den Verbrauchern sind es Gewerbetreibende und Verkäufer, die durch diese Hürden in ihrer Tätigkeit eingeschränkt worden sind. Ebenso wie der Verbraucher ist es dem Handel in der Regel nicht möglich, die einzelnen Rechtsvorschriften zu überblicken. Unterschiedliche einzelstaatliche Rechtslagen führen dazu, dass Verkäufer ihre Waren nicht zu gleichen Bedingungen „EU-weit" anbieten können und dass sie sich völlig unterschiedlichen Wettbewerbsbedingungen ausgesetzt sehen.[165] Aufgrund der Vielfalt der Rechtsvorschriften dürfte es mancher Anbieter gescheut haben, in einem anderen Mitgliedstaat tätig zu werden, da er die verschiedenen

162 NJW 1999, S. 2421; Abl. Nr. L 95 vom 21.4.1993, S. 1.
163 ZIP 1996, S. 1845, 1846.
164 Eurobarometer Nr. 35 vom Juli 1991.
165 Abl. Nr. L 95 v. 21.4.1993, S. 1.

Rechtsordnungen nicht gekannt hat. Dies hatte zur Folge, dass der Handel seine Marktstrategie nicht grenzüberschreitend ausgerichtet hat. Infolge der Unkenntnis wird er sich im Rahmen seiner Tätigkeit auf den heimischen Markt beschränken. Hierdurch entstehen Wettbewerbsverzerrungen, da sich der Handel auf eine regionale Tätigkeit begrenzt.[166]

Die Vielfalt der Rechtsvorschriften stellt sich daher als größtes Hemmnis für den grenzüberschreitenden Kauf von Verbrauchsgütern dar, das sowohl den Verbraucher als auch den Handel von einer grenzüberschreitenden Tätigkeit abhält.

Trotz der verschiedenen länderspezifischen Rechtsvorschriften lassen sich aber auch *Gemeinsamkeiten im Bereich der gesetzlichen Garantie* feststellen. So hat sich sowohl in den kontinentalen als auch in den angelsächsischen Rechtsordnungen ein Gewährleistungsrecht entwickelt, welches eine gesetzliche Garantie zum Inhalt hat.

Dabei hat sich das Gewährleistungssystem regelmäßig an der traditionellen Geschäftsform des Kaufs orientiert. Die maßgeblichen Entwicklungen fanden zu einem Zeitpunkt statt, an dem die Kaufsachen in der Regel keinerlei technische Komplikationen aufwiesen und die Kaufgüter regelmäßig von den Parteien des Kaufvertrages in Augenschein genommen wurden. Es handelt sich also um den „klassischen" Marktkauf, der heute – zumindest bei Verbrauchern – nicht mehr vorkommen wird. Dies beruht auf mehreren Gründen: Zum einen weisen die Kaufgüter teilweise einen sehr hohen Grad an technischer Komplexität auf. Verkäufer und Verbraucher sind daher oftmals nicht in der Lage, den Zustand der Kaufsache „auf den ersten Blick" hin einzuschätzen. Zum anderen ist in Zeiten der Massenproduktion nicht davon auszugehen, dass die einzelnen Kaufgüter von den Parteien vor Abschluss des Kaufvertrages in Augenschein genommen werden.[167] Die Ursprünge des Gewährleistungsrechts lassen sich demnach auf einen Zeitpunkt zurückführen, zu welchem die Ware keinen hohen Grad an Komplexität aufwies. Zudem handelte es sich mangels Massenproduktion um Einzelstücke, die von den Parteien des Kaufvertrages ohne Weiteres in Augenschein genommen wurden. Die einzelnen Gewährleistungssysteme scheinen deshalb überholt und nicht mehr den heutigen Umständen zu entsprechen.

Ein Vergleich der Rechtsordnungen der Mitgliedsstaaten zeigt, dass die meisten Mitgliedsstaaten ihr Gewährleistungssystem angepasst haben, um den Fortentwicklungen des Absatzmarktes Rechnung zu tragen. Dies wird insbesondere dadurch deutlich, dass neben dem „allgemeinen" Recht des Kaufvertrages die Rolle des Verbrauchers in besonderem Maße berücksichtigt wird. So haben

---

166 NJW 1999, S. 2421; Abl. Nr. L 95 vom 21.4.1993, S. 1; Grünbuch, S. 92.
167 Grünbuch, S. 17.

etwa die meisten Staaten ihre gesetzlichen Regelungen verbraucherschützend reformiert. Der Verbraucher soll durch diese Regelungen vor einem möglichen Machtmissbrauch des Verkäufers oder Gewerbetreibenden geschützt werden. Ein besonderes Augenmerk wurde dabei auf die Vertragsgestaltung gelegt. Die Verkäuferseite hat hier oftmals Klauseln verwandt, die den Verbraucher in seinen Vertragsrechten erheblich eingeschränkt haben.[168]

Die Reformbedürftigkeit des Gewährleistungsrechts wurde demnach bereits von der überwiegenden Mehrheit der Mitgliedsstaaten entdeckt und in das jeweilige Rechtssystem eingefügt.

Gemeinsamer Ausgangspunkt aller europäischen Rechtssysteme ist die *Mangel- oder Fehlerhaftigkeit* der Kaufsache. Anknüpfungspunkt sind dabei in der Regel Gebrauchsbeschränkungen. Bei der Bestimmung solcher Gebrauchsbeschränkungen wird auf die vertraglich festgelegte Beschaffenheit oder den vereinbarten Zweck abgestellt. Parteivereinbarungen nehmen daher einen hohen Stellenwert ein.

Die Beurteilung einer solchen Gebrauchsbeschränkung kann aber auch durch weitere Umstände beeinflusst werden. Dies betrifft insbesondere die berechtigten Erwartungen der Käufer, die durch vorvertragliche Äußerungen maßgeblich bestimmt werden können. Dänemark[169] sowie die Niederlande[170]haben diesen Umstand früh erkannt und entsprechend umgesetzt. In den Niederlanden ist der Einfluss vorvertraglicher Informationen bereits vor Erlass der Richtlinie 1999/44/EG in Art. 18 des 7. Buches des Niederländischen Bürgerlichen Gesetzbuches enthalten gewesen.[171] Es werden daher auch solche Umstände miteinbezogen, über die die Parteien zunächst keine Vereinbarung getroffen haben, die aber die Erwartungen des Verbrauchers beeinflussen können.

Ein ähnliches Bild ergibt sich bei der Frage, wer für die Mangelhaftigkeit der Ware einzustehen hat (*Haftungsschuldner*). Auch hier wird zunächst grundsätzlich auf das konkrete Vertragsverhältnis abgestellt. Die Ansprüche des Verbrau-

---

168 Grünbuch, S. 29.

169 Grünbuch, S. 31.

170 Grünbuch, S. 35.

171 Art. 18, 7. Buch: „Bei der Beurteilung der Frage, ob eine aufgrund eines Konsumentenkaufs gelieferte Sache dem Vertrag entspricht, gelten Mitteilungen, die durch oder für einen vorherigen Verkäufer dieser Sache, der in Ausübung eines Berufes oder Gewerbes gehandelt hat, bezüglich der Sache öffentlich bekannt gemacht worden sind, als Mitteilungen des Verkäufers, außer soweit dieser eine bestimmte Mitteilung weder kannte noch kennen musste oder deutlich widersprochen hat." Übersetzung aus: Nieper/Westerdijk, Niederländisches Bürgerliches Gesetzbuch, Bücher 6,7,7a, München 1995.

chers sind vorerst auf ihren unmittelbaren Vertragspartner, den Verkäufer, beschränkt.

Einige Mitgliedsstaaten (Belgien, Frankreich, Luxemburg) sind aber darüber hinausgegangen. Dort hat sich die Erkenntnis durchgesetzt, dass eine Alleinhaftung des Verkäufers gegen den Verbraucher unbillig erscheint. Dem Verbraucher werden daher auch Ansprüche gegen den Hersteller oder einen Vorlieferanten zugestanden.[172] Dies ist vor allem dann von Vorteil, wenn der Verkäufer nicht mehr imstande ist, seinen gesetzlichen Garantiepflichten nachzukommen. Der Verbraucher ist hier nicht dem Insolvenzrisiko des Verkäufers ausgesetzt. Zudem erscheint ein Durchgriffsanspruch dann angebracht, wenn der Mangel ausschließlich aus dem Verantwortungsbereich des Herstellers oder eines Vorlieferanten stammt.

Anders als bei der Begriffsbestimmung des Mangels bestehen hier sowohl gemeinsame als auch unterschiedliche Regelungen. Zwar war das Vertragsverhältnis in allen Mitgliedsstaaten Anknüpfungspunkt für die Frage der Schuldnerschaft. Mitgliedsstaaten, die den Verbraucherschutz stärken wollten, sind jedoch darüber hinausgegangen. Dort können sowohl Vorlieferanten als auch der Hersteller in die Haftung genommen werden.

Auch bei der Frage, wer den gesetzlichen Garantieanspruch geltend machen kann (*Haftungsgläubiger*), teilen sich die Rechtsordnungen in zwei Lager auf.

In Ländern, die den Rückgriff auf den Vorverkäufer oder Hersteller verwehren, ist lediglich der Erstkäufer berechtigt, einen Garantieanspruch geltend zu machen.

Umgekehrt ist in den Ländern, in denen sowohl ein Rückgriff auf den Verkäufer als auch auf den Hersteller möglich ist, auch der Folgeerwerber dazu berechtigt, seine Ansprüche gegenüber dem Verkäufer oder dem Hersteller geltend zu machen.[173] Hier wird der Garantieanspruch nicht unmittelbar dem Vertragsverhältnis zwischen Erstkäufer und Verkäufer zugeordnet. Der Garantieanspruch findet seinen Ursprung vielmehr in dem gekauften Verbrauchsgut. Aus diesem Grunde wird er bei einem Weiterverkauf mit dem Eigentum „übertragen“. Dies hat zur Folge, dass sowohl der Verkäufer als auch der Hersteller innerhalb der gesetzlichen Fristen in Anspruch genommen werden können. Auf die Eigentumsverhältnisse an der Kaufsache kommt es dabei nicht an.

Im Bereich der *einzelnen Garantieansprüche* gibt es bei den Rechtsbehelfen einen „gemeinsamen Grundstandard“. Einige Mitgliedsstaaten sind zusätzlich dazu übergegangen, den Verbrauchern weitere Rechtsbehelfe zuzugestehen.

---

172 Grünbuch, S. 41.
173 Grünbuch, S. 43.

Von einem „gemeinsamen Grundstandard“ kann insoweit ausgegangen werden als dem Verbraucher in allen Mitgliedsstaaten die Möglichkeit der Wandelung und Minderung zusteht. Einige Länder haben jedoch erkannt, dass sich diese Regelungen als zu starr erweisen könnten. Sie haben aus diesem Grunde zusätzlich einen Anspruch auf Nachbesserung eingeführt.

Ein weiteres gemeinsames Element kann in den Regeln über Schadensersatzansprüche gesehen werden. Dies bezieht sich insbesondere auf schuldhafte Sorgfaltspflichtverletzungen des Verkäufers. In solchen Fällen wird dem Verbraucher ein Anspruch auf Schadensersatz zuerkannt.[174]

Einige Länder haben die Rechtsbehelfe der Wandlung und Minderung als überholt angesehen und dem Verbraucher darüber hinaus gehende Rechte zugebilligt. Dem kann insoweit zugestimmt werden, als die Ausübung der Wandelung und Minderung zur Folge hat, dass der Vertrag nicht in der ursprünglich vorgesehenen Weise durchgeführt wird.

Im Falle der Wandelung wird der abgeschlossene Vertrag rückgängig gemacht. Ausgetauschte Leistungen müssen rückabgewickelt werden. Der ursprünglich bezweckte Austausch von Leistungen findet nicht statt.

Bei einer Minderung hat der Verbraucher die Möglichkeit, den ursprünglich vereinbarten Preis entsprechend dem Mangel herabzusetzen. Die mangelhafte Ware verbleibt jedoch in seinem Eigentum. Auch hier findet der ursprünglich geplante Leistungsaustausch nicht in der beabsichtigten Art und Weise statt.

Diese Folgen können dann vermieden werden, wenn dem Verkäufer die Möglichkeit eingeräumt wird, seine Leistung nachträglich ordnungsgemäß zu erbringen. Wenn der Verkäufer diese Möglichkeit wahrnimmt und den Mangel an der Kaufsache beseitigt, findet der Leistungsaustausch in der ursprünglich vorgesehenen Weise tatsächlich statt. Der abgeschlossene Vertrag wird durch die Parteien ordnungsgemäß erfüllt.

cc. Zwischenergebnis

Die Regelungen im Verbrauchsgüterkauf innerhalb der Europäischen Union weisen neben Verschiedenheiten auch Gemeinsamkeiten auf. Nichtsdestotrotz bedarf es eines einheitlichen, gemeinsamen Verbraucherrechts, das den Verbraucher in sämtlichen Staaten der Europäischen Union einheitlich schützt.

174 Grünbuch, S. 52.

c. Lösungen

Früh wurde erkannt, dass sich die jeweils verschiedenen einzelstaatlichen Regelungen als stärkstes Hemmnis eines einheitlichen Marktes erweisen.[175] Die Vollendung des Binnenmarktes kann demnach nur dann erreicht werden, wenn diese Hemmnisse auch im Verbrauchsgüterkauf beseitigt werden. Fraglich dabei ist, auf welche Weise dieses Ziel erreicht werden kann.

Die Kommission erkennt in diesem Zusammenhang drei Möglichkeiten[176] an, wie diese Hindernisse beseitigt werden könnten.

aa. Internationales Privatrecht

Zunächst könnte eine Lösung über das Internationale Privatrecht gefunden werden. Hierfür sprechen mehrere Gründe: In den Mitgliedsstaaten wären keine größeren Veränderungen nötig. Ein Eingriff in die verschiedenen Rechtssysteme wäre nicht erforderlich. Die Mitgliedsstaaten könnten autonom darüber entscheiden, ob sie unabhängig davon eine entsprechende Reform ihres Garantierechts vornehmen. Zudem wäre eine solche Lösung nicht auf Mitgliedsstaaten der Europäischen Union beschränkt. Andere Staaten, die nicht der Europäischen Union angehören, könnten sich bei Bedarf solchen Regelungen anschließen, ohne dass es weiterer Anpassungen bedürfte.

Durch eine Lösung über das Internationale Privatrecht könnten ebenso die zuvor beschriebenen Vorbehalte gegenüber grenzüberschreitenden Käufen beseitigt werden, da der Verbraucher sich sicher sein könnte, seine Garantieansprüche durchsetzen zu können.

Eine Lösung über das Internationale Privatrecht wäre auf verschiedene Weise möglich:

Abzulehnen wäre dabei ein Modell, das grundsätzlich das Recht des Landes für anwendbar erklären würde, in welchem der Kaufvertrag abgeschlossen worden ist (*Recht des Vertragslandes*). Zum einen würde dies der bereits geltenden Rechtslage entsprechen. Zum anderen hat der Verbraucher – wie bereits erwähnt – regelmäßig keine Kenntnis über das jeweilige Garantierecht des „Vertragslandes“. Für ihn würden sich daher auch keine Verbesserungen ergeben.

175 Oppermann, Europarecht, Rn. 1313.

176 Im Rahmen des Grünbuchs über Verbrauchsgütergarantien und Kundendienst schlägt die Kommission drei Wege vor und stellt deren Vor- und Nachteile dar. Diese werden kurz dargestellt.

Ebenso abzulehnen wäre eine *Rechtswahl*, die der Verbraucher und der Verkäufer bei Abschluss des Kaufvertrages treffen könnten. Einer solchen Rechtswahl ist immer ein möglicher Missbrauch durch die Verkäuferseite immanent, der den Verbraucher in seinen Garantierechten beschneiden könnte. Grundsätzlich werden diese Bedenken durch die Richtlinie über missbräuchliche Klauseln bereits berücksichtigt. Dem Verbraucher ist es jedoch nicht zuzumuten, mit einem gewerbsmäßig Handelnden über anwendbares Recht zu verhandeln. Der Verbraucher wird mangels Erfahrung nicht in der Lage sein, die konkreten Konsequenzen einer Rechtswahl abzusehen. Zwar gilt dieses Argument auch grundsätzlich für den Gewerbetreibenden, insbesondere wenn es sich um einen kleinen Betrieb handelt. Im Gegensatz zum Gewerbetreibenden ist der Verbraucher hier schützenswert. Der Gewerbetreibende muss sich hingegen vorhalten lassen, dass es sich hierbei um ein „normales" Geschäftsrisiko handelt, für welches er keinen Schutz durch die Rechtsordnung erwarten kann.

In Betracht käme aber auch, bei Kaufverträgen grundsätzlich das Recht anzuwenden, welches im Heimatland des Verbrauchers Anwendung findet (*Recht des „Verbraucherlandes"*). Der größte Vorteil bestünde darin, dass der Verbraucher zumindest Kenntnis von den Gewährleistungsvorschriften haben würde. Die in der Unkenntnis über die Garantie begründete Unsicherheit wäre beseitigt. Wesentliche Nachteile eines solchen Systems wären jedoch, dass sich der Verkäufer mit dem Garantierecht des fremden Verbrauchers nicht auskennen dürfte. Grundsätzlich ist der Verkäufer als Gewerbetreibender nicht in gleicher Weise schutzbedürftig wie ein Verbraucher. Der Verkäufer würde jedoch bei Abschluss eines Vertrages nicht absehen können, wie und in welchem Umfang er für Mängel an der Kaufsache haften würde. Dies wäre unzumutbar. Zudem wären Fälle denkbar, in denen der Verbraucher durch die Rechtsbehelfe seines Heimatlandes weniger geschützt ist als durch die Rechtsbehelfe des Landes, in dem der Kaufvertrag geschlossen wurde. In solchen Fällen wäre nicht einzusehen, aus welchem Grunde dem Verbraucher das Garantierecht des Landes, in welchem der Vertrag abgeschlossen wurde, nicht zum Vorteil gereichen sollte. In solchen Fällen müsste ihm ein Wahlrecht zugestanden werden.

Erste Lösungsansätze im Internationalen Privatrecht sollten über das *Schuldrechtsübereinkommen von Rom*[177] gefunden werden.

Sinn und Zweck dieses Übereinkommens ist die rechtliche Handhabung von grenzüberschreitenden Verträgen im Bereich des Schuldrechts einschließlich solcher Verträge, die von Verbrauchern abgeschlossen wurden.

---

177 Übereinkommen über das auf vertragliche Schuldverhältnisse anzuwendende Recht, RL 80/934/EWG = EG Abl. 1980 L vom 9.10.1980, S.1.

Das Übereinkommen geht in Art. 3 davon aus, dass die Parteien eines Schuldvertrages das anzuwendende Recht frei bestimmen können. Gemäß Art. 3 können die Parteien die Art und Weise der Rechtswahl frei bestimmen. Die Rechtswahl kann sowohl betreffend dem ganzen als auch einzelner Teile des Vertrages getroffen werden. Ebenso können die Parteien zum Zeitpunkt des Vertragsschlusses oder aber auch nachträglich eine andere Rechtswahl vereinbaren. Sie sind demnach sowohl in zeitlicher als auch in gegenständlicher Hinsicht ungebunden.

Neben dem „allgemeinen" Schuldvertrag berücksichtigt das Übereinkommen aber auch den Fall des Verbraucherkaufs. Für diesen Bereich werden Regeln aufgestellt, die den Verbraucher schützen sollen.

Gemäß Art. 5 Abs. 2 darf dem Verbraucher durch eine Rechtswahl nicht der rechtliche Schutz entzogen werden, den er in seinem Staat genießt, soweit es sich dabei um zwingende Bestimmungen handelt. Dieser Grundsatz gilt dann, wenn der Vertrag vom ausländischen Verkäufer initiiert worden ist. Dies liegt etwa dann vor, wenn ein ausländischer Verkäufer im Land des Verbrauchers Werbung geschaltet oder diesen veranlasst hat, im Ausland einen Kaufvertrag abzuschließen. Der Verkäufer veranlasst demnach den Verbraucher, sich in einen fremden Rechtskreis zu begeben, mit dem Ziel dort einen Vertrag abzuschließen. In diesen Fällen bestimmt das Übereinkommen, dass dem Verbraucher zumindest der Rechtsschutz zugute kommen soll, den er in seinem Heimatland genießt. Im Umkehrschluss heißt das zugleich, dass in allen anderen Fällen eine Anwendung des Art. 5 nicht in Betracht kommt. Sollte der Verbraucher demnach im Ausland Schuldverträge abschließen, ohne hierfür von einem ausländischen Verkäufer veranlasst worden zu sein, kommt er nicht in den Schutz des Art. 5 Abs. 2 des Übereinkommens.

Das Schuldrechtsübereinkommen von Rom stellt einen ersten Versuch dar, grenzüberschreitende Schuldverträge einheitlich zu behandeln. Dabei werden zudem die Belange des Verbraucherschutzes berücksichtigt. Durch ein Umgehungsverbot soll vermieden werden, dass der Verbraucher in das Ausland gelockt wird, um dort Verträge abzuschließen, die ihn in seinen Rechten beeinträchtigen können.

Diesen Vorteilen steht jedoch eine Reihe von *Nachteilen* gegenüber. Das Regelwerk ist gerade für den Verbraucher zu kompliziert, als dass er es fehlerfrei anwenden könnte. Zudem kann es zu Konstellationen kommen, in denen sich der Verbraucher Rechtsnormen aus verschiedenen Ländern ausgesetzt sieht. Dies gilt namentlich für den Bereich des Beweisrechts. So ist etwa nach Art. 14 Abs. 2 des Übereinkommens das Beweisrecht des Landes anzuwenden, in welchem der Rechtsstreit geführt wird. Der Verbraucher sieht sich hier den Normen eines fremden Landes ausgesetzt.

Zudem genießt er den Schutz der Übereinkunft nur dann, wenn die verbraucherschützenden Normen im eigenen Land zwingend sind. Sollten diese abdingbar sein, so wird ihm der Schutz des Art. 5 Abs. 2 des Übereinkommens verwehrt.

Es wurde demnach keine befriedigende Lösung im Bereich des Verbraucherschutzes gefunden.

Dies bezieht sich aber nicht ausschließlich auf das eben erwähnte Schuldrechtsübereinkommen von Rom. Daneben bestehen weitere Nachteile, die gegen eine Regelung des Verbraucherschutzes über das Internationale Privatrecht sprechen. Diese finden ihren Ursprung gerade im Internationalen Privatrecht. Aufgrund der Vielzahl der Rechtssysteme würden Unklarheiten über das anzuwendende Recht niemals völlig ausgeschlossen werden können. Es würden Zweifel über die anzuwendenden Garantievorschriften bestehen bleiben. Desgleichen käme es nicht zu der angestrebten Harmonisierung im Bereich des europäischen Privatrechts. Der Verbraucherschutz in Europa wäre weiterhin nicht gleichermaßen stark ausgeprägt. Es bestünde weiterhin die Möglichkeit, dass sich die jeweiligen Rechtssysteme auseinander entwickeln. Ein gemeinsamer „Grundstandard" wird auf diese Weise nicht herbeigeführt. Das Ziel, die bestehenden Wettbewerbsverzerrungen zu beseitigen, würde ebenso wenig durchgesetzt werden. Jedes Mitgliedsland würde weiterhin über seine eigenen Garantieregelungen verfügen, die dem Handel und insbesondere dem Verbraucher aus anderen Mitgliedsstaaten fremd sind.

bb. Harmonisierung

Als weiterer Lösungsansatz kommt insbesondere die Angleichung des Rechts der Mitgliedsstaaten, also eine Harmonisierung in Betracht. Die einzelstaatlichen Vorschriften müssten dabei so angeglichen werden, dass sich keinerlei Hemmnisse auf den Binnenmarkt auswirken können. Diesen Ansatz verfolgt Art. 95 EGV für den Bereich des freien Warenverkehrs.[178]

Hierbei ist zu beachten, dass der Verbraucherschutz in den Mitgliedsstaaten nicht etwa statisch ist. Er ist vielmehr einer ständigen Entwicklung unterworfen. Dieser notwendige Prozess würde durch eine allgemeine Harmonisierung behindert werden. Es bedarf daher einer Harmonisierung, die punktuell dort ansetzt, wo sich die Rechtsvielfalt auf den Binnenmarkt negativ auswirkt. Eine Harmonisierung sollte sich aus diesem Grunde konkret an dem Konzept des Verbraucherschutzes, also an dem Verbrauchsgüterkauf orientieren.

---

178 Streinz, Europarecht, Rn. 960.

Im Anschluss daran stellt sich jedoch die Frage, wie der *Anwendungsbereich des Verbraucherschutzes* zu bestimmen ist, also an welchen Punkten sich eine Harmonisierung oder ein Verbraucherschutzkonzept orientieren soll. Zudem wird sich ein neues Konzept nur dann durchsetzen, wenn es einfach und vor allem durchführbar ist. Dies ist vor allem dann gewährleistet, wenn es unmittelbar in allen Mitgliedsstaaten Anwendung findet, ohne übermäßig stark in die verschiedenen Rechtssysteme einzugreifen.

Zunächst käme eine Anknüpfung an *subjektive Elemente* in Betracht. Das subjektive Kriterium knüpft dabei an die Person bzw. Eigenschaft einer Vertragsseite an. Auf der einen Seite steht als Vertragspartner der Gewerbetreibende, auf der anderen der Verbraucher als eine Person, die nicht zu gewerblichen Zwecken handelt.[179] Dieser Gedanke entspricht dem Verbraucherschutzkonzept, das der Richtlinie über missbräuchliche Klauseln zugrunde liegt.[180] Fraglich ist, ob ein solches Konzept auch bei einem Verbrauchsgüterkauf Anwendung finden soll. Hiergegen sprechen insbesondere folgende Punkte: Zum einen würden Verkaufsgüter zwei verschiedenen Rechtssystemen untergeordnet. Dies könnte unter Umständen zur Folge haben, dass einige Marktteilnehmer vor neuen Hindernissen stehen würden, da sie aufgrund der „Rechtsspaltung" nicht in der Lage wären, die neuen Regelungen EU-weit zu überblicken.

Zum anderen sollte jedoch beachtet werden, dass ein modernes Konzept der Garantie regelmäßig auf das Verkaufsgut und nicht auf die Eigenschaft der Vertragsparteien abstellt.[181] Ein Verbraucherschutzkonzept, das ausschließlich auf subjektive bzw. personenbezogene Merkmale abstellt, ist demnach abzulehnen.

Aus diesem Grunde bedarf es zumindest auch eines *objektiven Kriteriums.* Dieser Gedanke hat ebenso wie das subjektive Element Eingang in das europäische Verbraucherschutzkonzept gefunden. So stellen etwa die Richtlinie über die allgemeine Produktsicherheit[182] sowie die Produkthaftungsrichtlinie[183] auf objektive Gesichtspunkte ab. Hiernach ist darauf abzustellen, ob das Konsumgut für den Verbraucher bestimmt ist. Als Konsumgut ist dabei zunächst eine bewegliche, neue und haltbare Sache zu verstehen, die für den privaten Ge- und Verbrauch bestimmt ist. Diese Definition stellt somit das objektive Kriterium dar, an dem sich eine Harmonisierung im Bereich des Verbraucherschutzes orientieren soll.

179 Grünbuch, S. 106.
180 So etwa in der Richtlinie über missbräuchliche Klauseln – 93/13/EWG.
181 Grünbuch, S. 107.
182 Richtlinie 92/59/EG.
183 Richtlinie 85/374/EWG.

Der Vorteil eines objektiven Kriteriums ist, dass der Verbraucherschutz dem Verbrauchsgut selbst anhaften würde. Dies würde einen Austausch von Gütern fördern, denen ein Verbraucherschutz immanent wäre. Der Verbraucher wäre dann nicht dem Risiko ausgesetzt, dass der Verbraucherschutz im Laufe einer längeren Lieferkette entfällt, da er ausschließlich an subjektive Elemente geknüpft ist. Eine solche Gefahr würde etwa dann bestehen, wenn die Sache nicht von einem Gewerbetreibenden, sondern von einem Verbraucher erworben werden würde, der die Sache dann weiterverkauft.

Die eben zitierte Konstellation offenbart aber auch den wahrscheinlich größten Nachteil eines Konzeptes, das sich ausschließlich an objektiven Kriterien orientiert. Es verhindert, dass mögliche Differenzierungen vorgenommen werden können. Dies wäre etwa dann notwendig, wenn das Verbrauchsgut zwischen Verbrauchern ausgetauscht wird. Der verkaufende Verbraucher sähe sich Gewährleistungsansprüchen des kaufenden Verbrauchers ausgesetzt. In solchen Fällen wäre es nicht angemessen, wenn der verkaufende Verbraucher gewerbsmäßig Handelnden gleichgestellt wäre.

Die Kommission hält aus diesem Grunde auch an dem zunächst beschriebenen subjektiven Kriterium fest, welches mit dem objektiven kombiniert werden soll.[184] Die von der Kommission ins Auge gefasste Harmonisierung geht demnach sowohl von der Eigenschaft des Käufers als Verbraucher als auch von dem Konsumgut als neue bewegliche und haltbare Sache aus.

cc. Gegenseitige Anerkennung

Auch wenn die Harmonisierung dazu geeignet ist, europaweit einheitliche Regelungen zu erlassen, so ist dieses Instrument der Rechtsangleichung mit Nachteilen behaftet. Der Prozess der Rechtsangleichung ist in der Regel langwierig und kompliziert.[185] Die Mitgliedsstaaten versuchen naturgemäß, ihre nationalen Interessen im Rahmen der Rechtsvereinheitlichung durchzusetzen. Der freie Warenverkehr wird hierdurch beeinträchtigt, da der EU-weite Austausch von Waren von der harmonisierenden Regelung abhängt, um in den betreffenden Mitgliedsstaat importiert werden zu können.[186] Die Probleme einer Rechtsangleichung sind aus diesem Grunde dann zu vermeiden, wenn es auch einfachere Möglichkeiten gibt, die unterschiedlichen Regelungen in Einklang zu bringen. Dieser Gedanke kam erstmals durch das sog. Cassis de Dijon-Urteil zum tragen, aus

184 Grünbuch, S. 107.

185 Siehe hierzu Oppermann, Europarecht, Rn. 1245, der beispielhaft Rechtsgebiete aufzählt, in denen sich der Prozess der Harmonisierung lange und kompliziert gestaltet.

186 von Borries/Petschke, DVBl. 1996, S. 1343, 1348.

dem die Kommission den Grundsatz der gegenseitigen Anerkennung ableitet.[187] Hiernach darf der freie Warenverkehr dann nicht behindert werden, wenn es sich um ein Produkt handelt, das rechtmäßig in einem Mitgliedsstaat hergestellt worden ist.[188] Es ist demnach grundsätzlich davon auszugehen, dass nationale Regelungen über die Herstellung und Vermarktung von Produkten gleichwertig und diese somit in der gesamten Gemeinschaft verkehrsfähig sind.[189] Alle rechtlichen und technischen Regelungen in diesem Bereich sind daher als gleichwertig anzuerkennen.[190] Die beschränkende Wirkung unterschiedlicher Regelungen soll beseitigt werden, ohne dies im Wege der Gesetzgebung harmonisieren zu müssen.[191]

Da dieses Prinzip jedoch nicht dazu geeignet ist, darauf einen einheitlichen Markt zu begründen[192], schließt sich die Frage an, für welche Bereiche es einer Harmonierung oder einer Anwendung dieses Grundsatzes bedarf. Hier kann von einem Grundsatz ausgegangen werden, der dem Subsidiaritätsprinzip ähnlich ist. Eine Harmonisierung hat dort zu erfolgen, wo sie unerlässlich ist. Ansonsten wird das Konzept der gegenseitigen Anerkennung als ausreichend angesehen.[193] Eine Harmonisierung, die sich auf bestimmte Bereiche fokussiert, wäre die Folge. Diese wäre insbesondere dort vorzuziehen, wo es um die Beseitigung unterschiedlicher Sicherheitsstandards oder Schutzniveaus geht, wie im Gesundheits- und Umweltschutz. Sollte es sich aber um Waren handeln, die dem Schutzniveau des Importlandes entsprechen, jedoch nicht mit den nationalen Regelungen „buchstabengetreu" übereinstimmen, bedarf es keiner Harmonisierung. Das Prinzip der gegenseitigen Anerkennung erweist sich dann als effizienter, um den freien Warenverkehr zu gewährleisten.[194] Dies gilt insbesondere für die Bereiche der

187 Streinz/Schroder, EUV/EGV, Art. 28, Rn. 74.

188 EuGH, Slg. 1979, S. 649, 664; so auch Mitteilung der Kommission über die Auswirkung des Cassis de Dijon-Urteils, ABl. 1980 C 256/2.

189 KOM (85), 310 endg. S. 22, Rn. 77; Streinz-Schroeder, EUV/EGV, Art. 28, Rn. 74; Leible in: Grabitz/Hilf, EGV, Art. 28, Rn. 26 (15. EL, Januar 2000).

190 Leible in: Grabitz/Hilf, EGV, Art. 28, Rn. 26 (15. EL, Januar 2000).

191 Streinz, Europarecht, Rn. 973.

192 KOM (85), 310 endg., S. 18, Rn. 64.

193 KOM (85), 310 endg., S. 19, Rn. 65.

194 Streinz, Europarecht, Rn. 980; von Borries/Petscheke, DVBl. 1996. S. 1343, 1349.

- technischen Regelung
- Genehmigungs- und Zulassungsvorschriften
- technischen Prüfungen
- Zertifizierungen und Konformitätsbescheinigungen.[195]

Der Vorteil eines solchen Prinzips ist eine flexible Handhabung, da nicht jeder der genannten Bereiche einer umfassenden Harmonisierung bedarf.

Nichtsdestotrotz bestehen aber auch Bedenken gegen eine übermäßig starke Anwendung des Prinzips der gegenseitigen Anerkennung. So besteht etwa die Gefahr sog. Umkehrdiskriminierungen, da Regionen mit geringeren rechtlichen Anforderungen einen Standortvorteil gegenüber solchen Regionen haben, in denen diese höher liegen.[196] Dies könnte dazu führen, dass sich die betroffenen Mitgliedsstaaten dazu genötigt sehen, sich an das niedrigere Niveau anpassen, um wieder gleiche Wettbewerbsbedingungen herzustellen.[197] Andererseits könnte der freie Wettbewerb ebenso dazu führen, dass sich eine Angleichung an die Regionen vollziehen wird, bei denen die rechtlichen Anforderungen höher liegen, um mit den dortigen Produktstandards und -qualitäten auf dem Markt mithalten zu können.[198]

Der Grundsatz der gegenseitigen Anerkennung ist trotz der teilweise berechtigten Bedenken unerlässlich, um schnell und effektiv auf national unterschiedliche Regelungen zu reagieren. Nur auf diese Weise kann die Vollendung des Binnenmarktes gewährleistet werden, ohne auf den teilweise langwierigen Prozess der Harmonisierung angewiesen zu sein.

Die oben aufgeführten Punkte verdeutlichen aber, dass das Prinzip der gegenseitigen Anerkennung im Bereich des Verbrauchsgüterkaufs keine befriedigende Anwendung finden kann. Eine Vollendung des Binnenmarktes mit Hilfe des Verbrauchers wird erst dann erreicht werden, wenn die Voraussetzungen der „gesetzlichen Garantie“ in allen Mitgliedsstaaten identisch sind. Ein solches Ergebnis kann aber nicht über die gegenseitige Anerkennung erreicht werden.

dd. Zwischenergebnis

Soweit die Verbraucher in den Mitgliedsstaaten für die Vollendung des Binnenmarktes benötigt werden, bedarf es insbesondere einer Harmonisierung der Re-

195 von Borries/Petschke, DVBl. 1996, S. 1343, 1346. Beispielhaft sei hier die Richtlinie über die gegenseitige Anerkennung von Hochschuldiplomen – RL 89/48 – genannt.

196 Streinz, Europarecht, Rn. 978.

197 Bleckmann, Europarecht, Rn. 2182.

198 Oppermann, Europarecht, Rn. 1216.

gelungen über den Verbrauchsgüterkauf. Andere Lösungsansätze, um die unterschiedlichen Regelungen der gesetzlichen Garantie zu überwinden, sind nicht geeignet die gewünschte Vollendung herbeizuführen.

III. Richtlinie über missbräuchliche Klauseln

Den Gedanken der Harmonisierung hat der europäische Richtliniengeber auch an anderen Stellen umgesetzt. Durch die Richtlinie über missbräuchliche Klauseln wurde eine der ersten Grundlagen für ein allgemeines Verbraucherrecht gelegt. Gerade die Anfänge und der erste Entwurf der Richtlinie haben maßgeblich zur Fortbildung eines europäischen Verbraucherrechts beigetragen. Der erste Entwurf und dessen Entwicklung verdeutlichten, dass der Verbraucher nicht lediglich als Käufer anzusehen ist. Ihm kommt im Rahmen der EU eine weitaus wichtigere Rolle zu. Um diesem Umstand gerecht zu werden, bedarf es entsprechender Regeln, die den Belangen des Verbraucherschutzes ausreichend Rechnung tragen.[199]

1. Notwendigkeit

Bereits in dem Ersten und Zweiten Verbraucherschutzprogramm wurde das Bedürfnis des Schutzes der wirtschaftlichen Interessen der Verbraucher festgestellt.[200] Neben einer Reihe von aufgezählten Sachgebieten gab es Bereiche, denen eine gewisse Priorität eingeräumt wurde. Hierin ist unter anderem der Schutz des Verbrauchers vor missbräuchlichen Handelspraktiken enthalten, der auch den Bereich der Vertragsklauseln/-bedingungen erfasst.[201] Diese Erkenntnis beruht auf mehreren Tatsachen: Zum einen sollte der innereuropäische Wettbewerb gefördert werden, da man infolge der unterschiedlichen Rechtsordnungen eine Gefahr der Wettbewerbsverzerrung sah. Ebenso betrachtete man dies als eine Hürde für den Ausbau des Binnenmarktes, da der Verbraucher infolge der Unkenntnis anderer Rechtsordnungen Einkäufe in anderen EU-Mitgliedsstaaten scheuen dürfte.[202] Gleichzeitig erkannte man das Bedürfnis für

199 Gegenstand der Untersuchung sind lediglich die ersten Entwürfe der Richtlinie über missbräuchliche Klauseln.

200 Abl. Nr. C 92 vom 25.4.1975, S. 6 sowie Abl. Nr. C 133 vom 3.6.1981, S. 2.

201 Abl. Nr. C 92 vom 25.4.1975, S. 7.

202 RL-Vorschlag Abl. Nr. C 243 vom 28.9.1990, S. 2; geänderter RL-Vorschlag Abl. Nr. C 73 vom 24.3.1992, S. 7.

ein einheitliches allgemeines Verbraucherrecht. Dieses sah man als Grundvoraussetzung für die Akzeptanz eines einheitlichen Binnenmarkts.[203]

Daneben bemerkte man auch die veränderten Marktbedingungen. Die früher bestehende Kaufsituation, in denen sich Käufer und Verkäufer als gleichwertige Verhandlungspartner gegenüber standen, ist überholt. Für den klassischen Bereich der Verbraucherverträge ist heute vielmehr von einem Ungleichgewicht zu Lasten des Verbrauchers auszugehen. Eine gleichwertige Verhandlungsposition im Vorfeld eines Kaufvertrages ist nicht mehr gegeben.[204] In Zeiten standardisierter Massengeschäfte werden dem Verbraucher in der Regel Verträge vorgelegt, die Klauseln enthalten, die vom Verkäufer vorgegeben werden. Es handelt sich demnach um eine Kaufsituation, die maßgeblich von der Verkäuferseite bestimmt wird. Diese birgt Gefahren zu Lasten des Käufers, die sich insbesondere in der Anwendung nachteiliger Vertragsklauseln realisieren kann. Einer solchen Handelspraxis versucht die Richtlinie über missbräuchliche Klauseln entgegenzuwirken.

2. Der ursprüngliche Richtlinienvorschlag

Am 24. Juli 1990 legte die Kommission daher einen Vorschlag für eine Richtlinie des Rates über missbräuchliche Klauseln in Verbraucherverträgen vor.[205] Dieser Vorschlag ging dabei zunächst über den Bereich missbräuchlicher Klauseln hinaus.

a. Festlegung auf ein Rechtsbehelfssystem

Der ursprüngliche Richtlinien-Vorschlag der Kommission[206] sah neben dem Verbot missbräuchlicher Klauseln auch die Errichtung eines einheitlichen Rechtsbehelfssystems vor. Art. 6 des ersten Richtlinien-Entwurfes sah daher neben dem Begriff der Vertragsmäßigkeit auch ein einheitliches Rechtsbehelfssystem vor, welches dem Verbraucher bei fehlender Vertragsmäßigkeit mehrere Rechtsbehelfe zur Verfügung stellen sollte. So hieß es in Art. 6 Abs. 1 des Richtlinien-Entwurfes, dass „*die Mitgliedsstaaten [...] die erforderlichen Maßnahmen [treffen], um dem Verbraucher als Käufer im Rahmen eines Kaufvertrages über Waren das Recht zu gewährleisten, Waren zu erhalten, die dem Vertrag entspre-*

---

203 Stellungnahme des Wirtschafts- und Sozialausschusses zu dem Richtlinienvorschlag über missbräuchliche Klauseln, Abl. Nr. C 159 vom 17.6.1991, S. 34, 35.

204 Stellungnahme des Wirtschafts- und Sozialausschusses zu dem Richtlinienvorschlag über missbräuchliche Klauseln, Abl. Nr. C 159 vom 17.6.1991, S. 34, 35.

205 Abl. Nr. C 243 vom 28.9.1990, S. 2.

206 Abl. Nr. C 73 vom 24.3.1992, S. 9.

chen und den beim Kauf vorgesehenen Zweck erfüllen sowie sich innerhalb hinreichend langer Fristen über wesentliche Mängel, mit denen die Waren behaftet sind, zu beschweren". Sollte die Ware den Anforderungen des Absatzes 1 nicht genügen, so sollten „*die Mitgliedsstaaten [...] die erforderlichen Maßnahmen [treffen], um dem Verbraucher im Rahmen der Ausübung dieser Rechte die Wahl zwischen folgenden ihm zur Verfügung stehenden Mitteln zu gewährleisten:*

- *Erstattung des vollen Kaufpreises,*
- *Ersatz der Waren,*
- *Nachbesserung der Waren auf Kosten des Verkäufers,*
- *Preisminderung, falls der Verbraucher die Waren behält,*

sowie das Recht, eine Entschädigung für den ihm aus diesem Vertrag entstehenden Schäden zu erhalten [...]".

Die Richtlinie wollte demnach nicht nur den Inhalt von standardmäßig verwendeten Klauseln regeln, sondern dem Verbraucher zusätzlich ein einheitliches Rechtsbehelfssystem zur Verfügung stellen. Diese ersten Schritte waren insoweit konsequent, als die Kommission die Rechte der Verbraucher gegenüber missbräuchlichen Verhaltensweisen stärken wollte und dazu neben einem Verbot nachteiliger Klauseln die Einführung eines Rechtsbehelfssystems durchaus als zweckmäßig erschien. Angesichts dieser Rechtsbehelfe könnten sich Verkäufer dazu veranlasst sehen, keine missbräuchlichen Klauseln zu verwenden. Das bereits angesprochene Ungleichgewicht zwischen Händler und Verbraucher könnte auf diese Weise beseitigt werden. Zudem könnte dies den Verbraucher ermutigen, die Vorteile eines einheitlichen Binnenmarktes zu nutzen.

b. Ablehnung durch den Rat

Dem Rat der Europäischen Gemeinschaften ging dieses Ansinnen jedoch zu weit. Er lehnte die Einführung eines Rechtsbehelfssystems im Wege der Richtlinie über missbräuchliche Klauseln ab. Dies geschah jedoch nicht aufgrund mangelnder Einsicht, dass ein entsprechendes Rechtsbehelfssystem notwendig sei, um den Verbraucher innerhalb Europas zu stärken. Der Rat hielt es vielmehr für angemessen, diesen Sachbereich isoliert zu behandeln, um auf diese Weise eine sachgerechte Lösung zu finden.[207] Daher wurde die Kommission aufgefordert,

207 Richtlinienvorschlag zum Verbraucherkauf, ZIP 1996, S. 1845, was dazu geführt hat, dass die Richtlinie über missbräuchliche Klauseln keine Regelungen enthält, die an die Stelle der missbräuchlichen Klauseln treten sollen.

die Regelungen der Gewährleistung sowie der kommerziellen Garantien in den Mitgliedsstaaten eingehend zu untersuchen und einen entsprechenden Richtlinienvorschlag vorzulegen.[208]

Der Rat hat sich demnach entschieden, den Bereich der Gewährleistung sowie der selbstständigen Garantien zu überprüfen und eine einheitliche europaweite Regelung zu erlassen. In einem weiteren Schritt sollte dieser Bereich mittels einer eigenen Richtlinie vollständig erfasst und geregelt werden. Hierzu wurde eine Untersuchung in Auftrag gegebenen, deren Ergebnisse durch die Kommission in dem so genannten Grünbuch über Verbrauchsgütergarantien und Kundendienst veröffentlicht worden sind. Die im Grünbuch enthaltenen Ergebnisse bilden die Grundlage für die Richtlinie zu bestimmten Aspekten des Verbrauchsgüterkaufs und der Garantien für Verbrauchsgüter.

B. Die Richtlinie 1999/44/EG – Eine kurze Darstellung

I. Begründung

Die Richtlinie will einen Beitrag zur Vollendung des Binnenmarktes leisten.[209] In diesem Zusammenhang weist sie darauf hin, dass dem Verbraucher eine entscheidende Rolle bei der Vollendung des Binnenmarktes zufällt.[210] Aus diesem Grunde müsse der Verbraucher eine aktive Rolle bei der Vollendung des Binnenmarktes übernehmen.[211] Hieran war der Verbraucher jedoch in der Vergangenheit gehindert. Die unterschiedlichen nationalen Regelungen haben ihn davon abgehalten, grenzüberschreitend Waren zu erwerben. Zwar konnte er auch schon vor Erlass der Richtlinie 1999/44/EG ohne Weiteres Waren aus anderen Mitgliedsstaaten erwerben. Von dieser Möglichkeit hat der Verbraucher aber bisher nicht im gewünschten Umfang Gebrauch gemacht. Dies lag insbesondere an den Problemen bei der Durchsetzung von Gewährleistungsrechten sowie der teilweise unterschiedlichen Qualität der Produkte.[212] Gerade hierin ist die Gefahr zu sehen, dass nach Abbau der „physischen“ Grenze neue „künstliche“ Schranken entstehen, die einer Vollendung des Binnenmarktes entgegenwirken.[213] Dies

208 Grünbuch über Verbrauchsgütergarantien und Kundendienst, S. 15; Micklitz, EuZW 1997, S. 229.
209 Erwägungsgrund 2 zur Richtlinie 1999/44/EG, NJW 1999, S. 2421.
210 Erwägungsgrund 4 zur Richtlinie 1999/44/EG, NJW 1999, S. 2421.
211 So auch Hondius, ZEuP 1997, S. 132; Richtlinienvorschlag zum Verbraucherkauf, ZIP 1996, S. 1846.
212 Richtlinienvorschlag zum Verbraucherkauf, ZIP 1996, S. 1846, 1850.
213 Richtlinienvorschlag zum Verbraucherkauf, ZIP 1996, S. 1848.

gilt umso mehr als es sich um einen dynamischen Markt handelt. Der Verbraucher hat aufgrund der neuen Kommunikationsmittel Zugriff auf verschiedenste Märkte. Die Marktbedingungen haben sich infolge dessen verändert und werden sich auch in Zukunft ständig verändern. Anders als früher stehen sich heute bei einem Kauf in der Regel keine gleichwertigen Parteien gegenüber.[214] Konnte man früher von gleichwertigen Parteien ausgehen, so besteht heute regelmäßig ein Über- und Unterverhältnis zwischen Verkäufer und Käufer. Neben der technischen Komplexität heutiger Ware ist dies insbesondere in dem Informationsvorsprung zu sehen, den der Verkäufer aufgrund seiner Nähe zur Ware gegenüber dem Käufer hat. Diese Umstände können zu einem Verbraucherverhalten führen, das sich unmittelbar auf den Binnenmarkt auswirken kann. Statt grenzüberschreitend Kaufverträge abzuschließen besteht die Gefahr, dass der Verbraucher innerhalb der Grenzen „seines" Mitgliedsstaats Waren erwerben wird.

Neben solchen Verbraucheraspekten ist es aber auch der Handel, der die bisherige Rechtsvielfalt zu spüren bekommt. Aufgrund der Unkenntnis über Wettbewerbsregeln, insbesondere solcher, die sich auf Verbraucher beziehen, wird er sich auf seinen nationalen Absatzmarkt beschränken. Zudem hat der Handel in Mitgliedsstaaten, in denen der Verbraucherschutz geringer ist, Vorteile gegenüber dem Handel in solchen Mitgliedsstaaten, in denen dieser höher ist. Uneinheitliche Absatzmärkte führen aus diesem Grunde zu Wettbewerbsverzerrungen.[215]

Ein Beitrag zur Beseitigung der eben beschriebenen Probleme kann im Wege einer Regelung im Verbraucherrecht erfolgen. Der Richtliniengeber hat sich aus diesem Grunde dazu entschieden, einen Grundstandard an Verbraucherrechten im Bereich des Verbrauchsgüterkaufs einzuführen.[216] Dabei wurde bewusst auf eine Vollharmonierung des Kaufrechts verzichtet. Es wurden vielmehr verbraucherschutzbezogene Aspekte geregelt, soweit sie mit dem Kauf einer Sache zusammenhängen.[217]

Ein solches Bedürfnis sah der Richtliniengeber bereits bei Erlass der Richtlinie über missbräuchliche Klauseln. Man entschied sich jedoch, diese Thematik in einer „eigenen" Richtlinie zu behandeln. Die Richtlinie 1999/44/EG wird daher auch zu Recht als Ergänzung der Richtlinie über missbräuchliche Klauseln

---

214 Richtlinienvorschlag zum Verbraucherkauf, ZIP 1996, S. 1846.
215 Erwägungsgrund 3 zur Richtlinie 1999/44/EG, NJW 1999, S. 2421.
216 Richtlinienvorschlag zum Verbraucherkauf, ZIP 1996, S. 1846.
217 Richtlinienvorschlag zum Verbraucherkauf, ZIP 1996, S. 1847.

bezeichnet.[218] Beide Richtlinien stellen den Beginn eines allgemeinen Verbraucherrechts dar.[219]

II. Die Richtlinie und das UN-Kaufrecht

Bei der Entwicklung und dem Erlass der Richtlinie 1999/44/EG hat sich der Richtliniengeber sehr stark an das Wiener UN-Kaufrecht angelehnt. Dies ergibt sich nicht nur durch einen direkten Vergleich beider Regelwerke. Die Richtlinie bezieht sich im Rahmen der einzelnen Begründungen vielmehr konkret auf einzelne Normen des UN-Kaufrechts.[220] Dies mag einen zunächst verwundern, da das UN-Kaufrecht nach Art. 2 lit. a) CISG grundsätzlich nicht auf Verbraucher anwendbar sein soll. Die Richtlinie hat sich dabei insbesondere das im UN-Kaufrecht niedergelegte Prinzip der Vertragsmäßigkeit zu eigen gemacht. Die Vertragsmäßigkeit wird als gemeinsame Basis unterschiedlicher einzelstaatlicher Rechtstraditionen angesehen[221] und bietet somit Gewähr dafür, von der Mehrheit der Mitgliedsstaaten akzeptiert zu werden. Aus diesem Grunde können auch die teilweise geäußerten Bedenken gegen eine Anlehnung an das UN-Kaufrecht nicht geteilt werden.[222] Die Anwendung des UN-Kaufrechts auf Verbraucher ist ausgeschlossen, um Konflikte mit nationalen Verbraucherschutzvorschriften zu vermeiden. Zudem waren zum Zeitpunkt des Inkrafttretens des UN-Kaufrechts grenzüberschreitende Verbraucherkäufe die große Ausnahme.[223] Der Anwendungsausschluss für Verbraucher beruht demnach nicht auf der Sorge, dass Verbraucher und Gewerbetreibende einem gleichen Kaufrecht unterworfen sind. Es handelte sich vielmehr um tatsächliche, praktische Erwägungen, die den Verbraucher benachteiligt hätten.

---

218 Richtlinienvorschlag zum Verbraucherkauf, ZIP 1996, S. 1845.

219 Micklitz, EuZW 1997, S. 229.

220 Richtlinienvorschlag zum Verbraucherkauf, ZIP 1996, S. 1851.

221 Richtlinienvorschlag zum Verbraucherkauf, ZIP 1996, S. 1851.

222 Medicus, ZIP 1996, S. 1925; Schlechtriem, JZ 1997, S. 441, 444; Micklitz, EuZW 1997, S. 230, der der Ansicht ist, dass dies dem Massencharakter des Verbrauchervertrages nicht gerecht wird.

223 v. Caemmerer/Schlechtriem-Herber, Art. 2, Rn. 17; Staudinger-Magnus, Art. 2, Rn. 10, wobei Magnus bereits einen starken Anstieg grenzüberschreitender Verbraucherkäufe feststellt.

Nach Art. 2 Abs. 1 RL ist der Verkäufer verpflichtet, dem Verbraucher dem Kaufvertrag gemäße Güter zu liefern. Die Richtlinie knüpft demnach an den subjektiven Fehlerbegriff an.[224] Um den Grundsatz der Vertragsmäßigkeit zu veranschaulichen, wurde der Art. 2 Abs. 2 RL eingefügt.[225] Dieser stellt keine Bedingung, sondern Vermutungen dar, bei deren Vorliegen von einer Vertragsmäßigkeit auszugehen ist. Der Richtliniengeber wollte durch diese Klarstellung sicherstellen, dass eine Mindestharmonisierung auch tatsächlich erreicht wird.[226]

Insbesondere wollte der Richtliniengeber aber die Anwendung des Grundsatzes der Vertragsmäßigkeit erleichtern, indem widerlegbare Vermutungen aufgestellt werden.[227]

Eines weiteren Nutzens dürfte sich auch der Handel erfreuen, da diese Klarstellungen im Ergebnis zu einer Beweiserleichterung führen können.[228]

Bei einer genaueren Betrachtung des Art. 2 Abs. 2 RL fällt jedoch auf, dass die Richtlinie neben dem subjektiven Element des Fehlerbegriffs auch objektive Umstände berücksichtigen will.

Art. 2 Abs. 2 lit. a) und lit. b) RL knüpfen zunächst an das subjektive Element an, da hier ausschließlich auf die Parteivereinbarung abgestellt wird. Dabei fällt zunächst auf, dass sich Art. 2 Abs. 2 lit. b) RL von Art. 35 Abs. 2 lit. b) CISG unterscheidet. Art. 35 Abs. 2 lit. b) CISG, an den sich Art. 2 Abs. 2 lit. b) RL anlehnt, lässt es für eine besondere Zweckbestimmung ausreichen, dass dem Verkäufer der bestimmte Zweck zur Kenntnis gebracht worden ist. Art. 2 Abs. 2 lit. b) RL hingegen verlangt, dass der Verkäufer der besonderen Zweckeignung zustimmt.[229] Hiermit konnte letzen Endes vermieden werden, dass sich der Handel einer unüberschaubaren Anzahl von vermeintlichen – und höchstwahrscheinlich unberechtigten – Gewährleistungsansprüchen ausgesetzt sieht.

In Art. 2 Abs. 2 lit. c) und lit. d) RL verlässt die Richtlinie diese rein subjektive Sichtweise[230] und zieht auch objektive Merkmale heran, um die Vertragsmäßigkeit zu bestimmen.[231]

---

224 Micklitz, EuZW 1997, S. 231; Medicus, ZIP 1996, S. 1926; Boerner, ZIP 2001, S. 2266; Lehmann, JZ 2000, S. 282.

225 Richtlinienvorschlag zum Verbraucherkauf, ZIP 1996, S. 1850.

226 Lehmann, JZ 2000, S. 282.

227 Erwägungsgrund 8 der Richtlinie.

228 Staudenmayer, NJW 1999, S. 2394.

229 Magnus, in: Europäisches Kaufgewährleistungsrecht, S. 89, der die Änderungen der Richtlinie als unglücklich betrachtet.

230 Anders Micklitz, EuZW 1997, S. 229, 231, dessen Ausführungen sich auf den ursprünglichen Richtlinienvorschlag beziehen. Nach seiner Ansicht handelt es sich

Nach Art. 2 Abs. 2 lit. c) RL muss die Kaufsache einer gewöhnlichen Zweckeignung entsprechen. Art. 2 Abs. 2 lit. d) RL geht noch weiter. Hier werden zur Beurteilung der Vertragsmäßigkeit öffentliche Äußerungen, Etikettierungen sowie Werbeangaben herangezogen, soweit sie die vernünftigen Erwartungen des Verbrauchers beeinflusst haben. Es handelt sich hierbei um die Konstellation, dass objektive Gesichtpunkte im vorvertraglichen Bereich subjektive Erwartungen des Verbrauchers beeinflussen können. Die Richtlinie knüpft damit unmittelbar objektive an subjektive Elemente an.[232] [233]

Bei Art. 2 Abs. 2 lit. c) und lit. d) RL handelt es sich zudem um Umstände, die die Parteien typischerweise nicht im Rahmen einer Parteivereinbarung berücksichtigen werden. Eine Vereinbarung über die gewöhnliche Zweckeignung oder Qualität ist entbehrlich, da dies von den Parteien als selbstverständlich vorausgesetzt wird. Eine Klarstellung war jedoch notwendig, um zu verdeutlichen, dass die Vertragsmäßigkeit auch durch objektive Elemente beeinflusst werden kann.

Einen weiteren Fall der Vertragsmäßigkeit behandelt Art. 2 Abs. 5 RL, der auch als sog. IKEA-Klausel bezeichnet wird. Hiernach entspricht die Ware dann nicht dem Vertrag, wenn sie vom Verkäufer unsachgemäß montiert wurde oder aber die unsachgemäße Montage durch den Verbraucher aufgrund der mangelhaften Montageanleitung beruht. Streng genommen handelt es sich hier um einen Fall der gewöhnlichen Zweckeignung. Ein unsachgemäß montiertes Verbrauchsgut ist für den gewöhnlichen Gebrauch ungeeignet und fällt daher schon in den Anwendungsbereich des Art. 2 Abs. 2 lit. c) RL. Der Richtliniengeber wollte hiermit aber die Fälle erfassen, in denen Dienstleistung (Montage durch den Verkäufer) und der Verkauf einer Sache untrennbar miteinander verknüpft sind. Eine Unterscheidung zwischen reiner Dienstleistung und Verkauf ist in solchen Fällen nicht möglich. Aus diesem Grunde ist auch die teilweise geäußerte Kritik, der Richtliniengeber hätte in Art. 2 Abs. 5 RL auch das Fehlen

---

auch bei Art. 2 Abs. 2 lit. c) RL (im Richtlinienvorschlag noch Art. 2 Abs. 2 lit. b) um ein subjektive Kriterium. Diese Ansicht ist jedoch abzulehnen. Die gewöhnliche Zweckeignung wird von den Parteien grundsätzlich nicht vereinbart. Sie richtet sich vielmehr nach objektiven Gesichtspunkten, die von der Parteiabrede unabhängig sind. So auch Amtenbrinck/Schneider, VuR 1996, S. 367, 373.

231 Schurr, ZfRV 1999, S. 225.

232 So auch Lehmann, JZ 2000, S. 283; Micklitz, EuZW 1997, S. 232, der von einem subjektiv-funktionalen Fehlerbegriff spricht.

233 Die „Gruppierung" des Abs. 2 in lit. a) und b) für subjektive sowie c) und d) für objektive Merkmale scheint auch dem Richtliniengeber aufgefallen zu sein, da im ursprünglichen Richtlinienvorschlag lit. b) und c) in umgekehrter Reihenfolge aufgeführt waren.

oder die Gebrauchsanleitung erfassen müssen, unberechtigt.[234] In solchen Fällen kann der Verbraucher die Kaufsache schon nicht gewöhnlich gebrauchen. Sie eignet sich demnach nicht für die Zwecke, für die sie üblicherweise gebraucht wird. Solche Konstellationen werden von Art. 2 Abs. 2 lit. c) RL erfasst.

Die Richtlinie geht demnach grundsätzlich von dem subjektiven Fehlerbegriff aus, der bisher auch bei den §§ 459 ff. BGB a.F. zur Anwendung kam.

Soweit es sich um Umstände handelt, die typischerweise nicht im Rahmen einer Parteivereinbarung verabredet werden, greift die Richtlinie auf objektive Gesichtspunkte zurück, um die Vertragsmäßigkeit der Kaufsache zu bestimmen.

IV. Haftung für Werbeangaben

Neben der Einführung der Vertragsmäßigkeit behandelt die Richtlinie auch die in der Praxis häufig auftretenden Probleme der Gewährleistung im Zusammenhang mit Werbeangaben. Hierzu hat der Richtliniengeber Art. 2 Abs. 2 lit. d) RL eingeführt, wonach die Kaufsache eine übliche Qualität aufweisen muss, die der Verbraucher aufgrund von Werbeaussagen, öffentlichen Äußerungen oder Etikettierungen vernünftigerweise erwarten darf.

1. Fehlende Begründung

Anders als etwa Art. 2 Abs. 1 RL wird die Einführung einer Haftung für Werbeangaben nicht begründet. Weder die Begründungen des ersten Richtlinienvorschlags noch die Erwägungsgründe der tatsächlich erlassenen Richtlinie begründen die Einführung einer Haftung für Werbeangaben. Es wird lediglich erwähnt, dass sich Art. 2 RL maßgeblich an Art. 35 CISG orientiert[235], der jedoch selbst keine Haftung für Werbeangaben vorsieht.[236]

Auch wenn es grundsätzlich zu begrüßen ist, dass die Richtlinie eine solche Haftung vorsieht, kann sie nicht als Selbstverständlichkeit angesehen werden. Letztlich entspricht dies jedoch dem von der Kommission bevorzugten Vorhaben, die Vertragsmäßigkeit an der berechtigten Erwartung zu messen[237], das auch in Art. 6 der EG-Produkthaftungslinie Einzug gefunden hat.[238] Dieses ins-

234 So etwa Magnus, in: Europäisches Kaufgewährleistungsrecht, S. 88.
235 Begründung zu Art. 2 Abs. 1 und Abs. 2 des Richtlinienvorschlags.
236 Medicus, ZIP 1996, S. 1926; Micklitz, EuZW 1997, S. 229, 231.
237 Micklitz, EuZW 1997, S. 229, 231.
238 Richtlinie des Rates Nr. 85/374 vom 25.07.85 zur Angleichung der Rechts- und Verwaltungsvorschriften der Mitgliedsstaaten über die Haftung für fehlerhafte Produkte.

besondere von Gewerbetreibenden abgelehnte Konzept[239] ist letztlich nicht in die Richtlinie aufgenommen worden. Der Vorteil eines solchen Konzeptes wäre, dass sämtliche Umstände bei der Beurteilung eines Mangels herangezogen werden könnten. Werbeangaben oder die besondere Sachkenntnis des Käufers könnten bei der Beurteilung eines Sachmangels miteinbezogen werden.[240] Insbesondere würden hierdurch die teilweise auftretenden Abgrenzungsprobleme – wie etwa mengenmäßige Differenzen, Falschlieferung und Schlechtlieferung – entfallen. Sowohl subjektive als auch objektive Gesichtspunkte kämen zur Berücksichtigung, was letzten Endes auf einen subjektiv-funktionalen Mangelbegriff hinauslaufen würde.[241] Andererseits kann dieses Ziel auch dann erreicht werden, wenn das Gewährleistungsrecht nicht ausschließlich auf dem Prinzip der berechtigten Erwartungen aufbaut. Wie bereits oben ausgeführt legt auch die Richtlinie einen subjektiv-objektiven Fehlerbegriff zugrunde.

Letzten Endes sollten die im Bereich der Werbung und der gesetzlichen Gewährleistung bestehenden Probleme einer Lösung zugeführt werden, die den Verbraucher in angemessener Weise schützt.[242] Dieses Bestreben macht jedoch eine Begründung im Rahmen des Gesetzgebungs- bzw. Richtlinienverfahrens nicht entbehrlich.

2. Absender der Werbung oder öffentlicher Äußerung

Nach Art. 2 RL sind Werbeangaben und öffentliche Äußerungen des Verkäufers, Herstellers oder dessen Gehilfen zu berücksichtigen. Die Begriffe des Verkäufers und des Herstellers werden dabei von der Richtlinie selbst definiert.

Nach Art. 1 Abs. 2 lit. c) RL ist Verkäufer jede natürliche oder juristische Person, die aufgrund eines Vertrages im Rahmen ihrer beruflichen oder gewerblichen Tätigkeit Verbrauchsgüter verkauft.

Als Hersteller wird nach Art. 1 Abs. 2 lit. d) RL der Hersteller von Verbrauchsgütern, deren Importeur für das Gebiet der Gemeinschaft oder jede andere Person, die sich dadurch, dass sie ihren Namen, ihre Marke oder ein anderes Kennzeichen an den Verbrauchsgütern anbringt, als Hersteller bezeichnet.

Die Begriffe des Verkäufers und Herstellers werden demnach von der Richtlinie hinreichend konkret bestimmt.

---

239 Begründung zu Art.2 des Richtlinienvorschlages.

240 Schnyder/Straub, ZEuP 1996, S. 8, 16.

241 Schnyder/Straub, ZEuP 1996, S. 8, 45, die diesem Konzept ausdrücklich zustimmen.

242 Micklitz, EuZW 1997, S. 229, 231; Lehmann, JZ 2000, S. 280, 283.

Anders jedoch der Begriff des Vertreters. Hierzu findet sich keine Definition in der Richtlinie wieder. Auch ein Blick in die Erwägungsgründe hilft nicht weiter. Der Begriff ist auch dort weder definiert, noch wird er angesprochen.

3. Beschränkung durch die vernünftigen Erwartungen

Werbeangaben haben naturgemäß einen starken Einfluss auf die Erwartungen des Verbrauchers über die Qualität der Kaufsache. Wie stark diese Erwartungen sind, lässt sich jedoch nur sehr schwer oder aber überhaupt nicht bestimmen. Die Richtlinie will ausschließlich solche Erwartungen schützen, die der Verbraucher vernünftigerweise haben kann. Wann Erwartungen vernünftig sind, lässt sich naturgemäß nicht einfach bestimmen. Die Richtlinie verdeutlicht aber, dass der Verbraucher nicht jeder Werbeaussage völlig uneingenommen und „blauäugig" folgen und hieraus völlig übertriebene Erwartungen hegen kann. Dies setzt aber gleichzeitig voraus, dass der Verbraucher aktiv mit Werbeangaben umgehen und sich mit diesen auseinandersetzen kann. Nichtsdestotrotz wird durch diese Formulierung der Anwendungsbereich und somit die Haftung für Werbeangaben begrenzt.

4. Konkrete Eigenschaft

Werbeangaben sind in der Praxis oftmals sehr weit gefasst. Eine Haftung des Verkäufers für solche Werbeaussagen könnte für den Verkäufer unter Umständen sehr umfangreich sein. Eine pauschale Haftung für alle Werbeangaben ist von Art. 2 Abs. 2 lit. d) RL daher auch nicht vorgesehen. Es kommen nur solche Werbeaussagen in Betracht, die sich auf konkrete Eigenschaften der Kaufsache beziehen. Diese Einschränkung wird daher auch den Ansichten entgegengehalten, die eine sehr starke Ausdehnung der Haftung für Werbeangaben befürchten.[243] Eine Haftung für pauschale Werbeangaben und allgemein gehaltene Anpreisungen wird daher durch Art. 2 Abs. 2 lit. d) RL nicht begründet.

5. Exkulpationsmöglichkeiten

Eine Haftung für Werbeangaben kann für den Verkäufer in Einzelfällen unbillig sein. Als Ausgleich für die umfassende Haftung des Letztverkäufers für fremde Werbeangaben versucht die Richtlinie daher einen gerechten Ausgleich herbeizuführen, indem sie die Haftung des Letztverkäufers nach Art. 2 Abs. 3 und

---

243 Schmidt-Ränsch, ZIP 1998, S. 849, 851; Medicus, ZIP 1996, S. 1925, 1926.

Abs. 4 RL beschränkt. Hiernach ist der Verkäufer zum einen von der Haftung dann befreit, wenn der Verbraucher die Vertragswidrigkeit kannte oder vernünftigerweise nicht in Unkenntnis sein konnte. Gleiches gilt dann, wenn der Verkäufer nachweist, dass er die Werbeangaben nicht kannte und auch vernünftigerweise nicht kennen konnte. Eine Haftung wird ferner auch dann ausgeschlossen, wenn die betreffende Äußerung berichtigt wurde oder diese keinen Einfluss auf die Kaufentscheidung des Verbrauchers haben konnte. Auch die beiden letztgenannten Fälle hat der Verkäufer nachzuweisen.

V. Rechtsbehelfssystem

Neben den Voraussetzungen für die Vertragsmäßigkeit regelt die Richtlinie auch die Folgen, falls das Verbrauchsgut diesen nicht genügen sollte. Art. 3 RL bezeichnet dabei die Rechtsbehelfe, die dem Verbraucher zustehen sollen.

Nach Art. 3 Abs. 2 RL sind dies die Rechtsbehelfe der

- Nachbesserung,
- Ersatzlieferung,
- Minderung,
- Vertragsauflösung.

Wie schon durch die Reihenfolge dieser Begriffe in Art. 3 Abs. 2 RL deutlich wird, sind die Rechtsbehelfe „stufenweise“ geltend zu machen.[244] Zunächst stehen dem Verbraucher nach Art. 3 Abs. 3 RL die Nachbesserung oder Ersatzlieferung zur Verfügung. Um Unbilligkeiten zu Lasten des Verkäufers zu vermeiden, gilt dies nur dann, wenn dies nicht unmöglich oder unverhältnismäßig ist.

Erst danach soll der Verbraucher nach Maßgabe des Art. 3 Abs. 5 RL eine Minderung oder aber Vertragsauflösung geltend machen können. Letzteres nach Absatz 6 jedoch nur dann, wenn es sich nicht um eine geringfügige Vertragswidrigkeit handelt.

Nach Absatz 5 setzen die Minderung oder Vertragsaufhebung voraus, dass kein Rechtsbehelf nach Absatz 3 eingreift oder der Verkäufer nicht innerhalb angemessener Frist Abhilfe geschaffen hat oder diese mit erheblichen Unannehmlichkeiten für den Verbraucher verbunden war.

Der Fokus der Rechtsbehelfe ist demnach auf eine Vertragsdurchführung ausgerichtet. Der Verkäufer soll zunächst den Vertrag nachträglich durch Nach-

244 So auch Schmidt-Räntsch, ZIP 1998, S. 849, 851, der dies als eine Hierachisierung der Rechtsbehelfe bezeichnet.

besserung oder Ersatzlieferung erfüllen. Erst wenn dies nicht möglich ist oder dem Verbraucher nicht zugemutet werden kann, kommen Rechtsbehelfe zur Anwendung, die das Vertragsverhältnis ändern (*Minderung*) oder aber ganz aufheben (*Vertragsauflösung*).

VI. Regressmöglichkeit des Letztverkäufers

Wie bereits erwähnt, sind die Marktbedingungen einem stetigen Wandel unterworfen. Ein Ungleichgewicht zu Lasten des Verbrauchers ist nur eine Folge. Daneben hat sich aber auch die Wettbewerbsposition des Verkäufers gewandelt. Anstelle eines Direktvertriebes der Ware gelangt diese heute oftmals über eine lange Vertrags- und Lieferkette zum Verbraucher. Ein Mangel, der seinen Ursprung beim Hersteller hatte, realisiert sich dann beim Verbraucher, der die Ware beim Letztverkäufer erwirbt. Der Letztverkäufer hat hierfür aber zunächst einzustehen, da er Schuldner eines Gewährleistungsanspruches des Verbrauchers ist. Diesem Umstand versucht Art. 4 RL Rechnung zu tragen.

Nach Art. 3 Abs. 1 RL ist der Letztverkäufer grundsätzlich Schuldner des Gewährleistungsanspruches des Verbrauchers. Der Letztverkäufer wird demnach nicht nur bei den „klassischen" Mängeln, sondern vielmehr auch für falsche Werbeangaben in Anspruch genommen. Dies hat zunächst zur Folge, dass der Letztverkäufer die wirtschaftlichen Folgen für die Vertragswidrigkeit zu tragen hat. Für kleine selbstständige Unternehmer bedeutet dies eine hohe finanzielle Belastung. Es besteht die Gefahr, dass der Letztverkäufer letztlich für falsche Werbeangaben einstehen muss und die damit verbundenen finanziellen Nachteile zu tragen hat. Der Letztverkäufer muss aus diesem Grunde die Möglichkeit haben, die hierfür verantwortlichen Personen in Regress zu nehmen.[245]

Ein solcher Regressanspruch kommt aber auch dem Verbraucher zugute. Indem das Liquiditätsrisiko des Letztverkäufers gemindert wird, verringert sich die Gefahr, dass der Verbraucher aufgrund einer Insolvenz des Letztverkäufers seinen Anspruch nicht durchsetzen kann.[246] Aus diesem Grunde sieht Art. 4 RL einen Regressanspruch des Letztverkäufers vor. Hiernach kann der Letztverkäufer den Hersteller oder eine andere Person innerhalb der Vertragskette in Anspruch nehmen.

Die nähere Ausgestaltung eines solchen Regressanspruches bleibt nach Art. 4 S. 2 RL den Mitgliedsstaaten überlassen.

---

245 Richtlinienvorschlag zum Verbraucherkauf, ZIP 1996, S. 1845, 1851.
246 Schurr, ZfRV 1999, S. 222, 227.

C. Ursprünge – Das UN-Kaufrecht

I. Einleitung

Der europäische Gesetzgeber musste bei Erlass der Richtlinie 1999/44/EG eine Vielzahl von Umständen berücksichtigen. Hierzu haben insbesondere die teilweise sehr unterschiedlichen Rechtsordnungen gehört. Der größte Unterschied bestand dabei vornehmlich zwischen dem kontinentalen Recht und dem englischen Common Law.

Um diese Hindernisse zu überwinden, war der Gesetzgeber bestrebt, gemeinsame Grundsätze und Prinzipien herauszufiltern, die als gemeinsame Basis für das neue Recht des Verbrauchsgüterkaufs dienen sollten. Hierzu bediente er sich einer Rechtsordnung, die eine ähnliche Zielsetzung hat und bereits mit dem UN-Kaufrecht umgesetzt wurde. Auffällig wird dies insbesondere durch die Verwendung des – zumindest für das BGB – neuen Begriffs der „Vertragsmäßigkeit“.[247] Es handelt sich hierbei um einen Begriff, der insbesondere im Wiener UN-Übereinkommen, dem CISG, verwendet wird. Diese Vertragsmäßigkeit sieht der Gesetzgeber „als eine gemeinsame Basis der unterschiedlichen einzelstaatlichen Rechtstraditionen“ an. In seiner Begründung zu Art. 2 RL, bezieht er sich dabei ausdrücklich auf das UN-Kaufrecht. Auf diese Ähnlichkeit wird daher auch in der Literatur regelmäßig hingewiesen.[248]

Auf den ersten Blick scheint eine Anlehnung an das UN-Kaufrecht zu verwundern, da dieses nach Art. 2 CISG auf Verbraucherkäufe gerade nicht anzuwenden ist. Auf diesen Umstand wird daher auch teilweise hingewiesen.[249] Dass diese teilweise kritisch formulierten Hinweise unberechtigt sind, wird sich im Laufe der Arbeit noch herausstellen.

Ein „Rückgriff“ auf das UN-Kaufrecht hat sich bei der Ausarbeitung der Richtlinie besonders angeboten. Sowohl das UN-Kaufrecht als auch die Richtlinie 1999/44/EG versuchen verschiedene Rechtssysteme zu vereinheitlichen bzw. sie in einem Regelwerk zu vereinen.

Einer der wesentlichsten Umstände ist jedoch, dass sowohl das CISG als auch die Richtlinie versuchen, verschiedene Rechtssysteme zu vereinheitlichen und sie in einem Regelwerk „unterzubringen“.

Die EG-Richtlinie wurde demnach in weiten Teilen dem Wiener UN-Kaufrecht nachempfunden. Dies bezieht sich auf mehrere Aspekte. Wie bereits

---

247 Richtlinienvorschlag zum Verbraucherkauf, ZIP 1996, S. 1845, 1850.

248 Junker, DZWiR 1997, S. 276; Micklitz, EuZW 1997, S. 229; Reich, NJW 1999, S. 2397; Wolf, RIW 1997, S. 899; Medicus, ZIP 1996, S. 1925.

249 Junker, DZWiR 1997, S. 271, 278; Wolf, RIW, 1997, S. 900.

erwähnt, bedient sich die Richtlinie des Begriffes der „Vertragsmäßigkeit“. Eine weitere Ähnlichkeit besteht im Bereich der Rechtsbehelfe. Auch hier hat sich der Richtliniengeber am UN-Kaufrecht orientiert.

II. Das Wiener UN-Kaufrecht (CISG)

1. Regelungsgegenstand

Das CISG (Convention on Contracts for the International Sale of Goods) regelt den Abschluss und die wesentlichen Rechtsfolgen internationaler Kaufverträge.[250] In den Anwendungsbereich fallen ausschließlich Kaufverträge, die über bewegliche Sachen abgeschlossen werden.

Dies gilt jedoch gemäß Art. 1 CISG nur für Kaufverträge, die von sog. professionellen Verkäufern abgeschlossen worden sind. Der Kauf von Privatpersonen für den privaten Bereich, also Verbraucherkäufe, sind gemäß Art. 2 lit. a) CISG ausdrücklich vom Anwendungsbereich dieses Regelwerks ausgeschlossen.

Neben der Regelung des internationalen Handelsverkehrs kommt dem CISG aber auch eine darüber hinaus gehende Bedeutung zu. Im Vergleich zu anderen Vertragstypen kommt dem Kaufvertrag eine zentrale Bedeutung in nahezu jeder Rechtsordnung zu. Nicht zuletzt aus diesem Grunde hat sich das allgemeine Schuldrecht, insbesondere das Leistungsstörungsrecht, am Kaufvertrag entwickelt.[251]

Auffällig ist zudem, dass das Recht des Vertragsschlusses sowie die Rechtsfolgen einer Leistungsstörung sehr allgemein formuliert sind. Die dort enthaltenen Grundsätze können daher auch auf andere Rechtsbereiche und Vertragstypen ausgedehnt werden.[252] Auf ein spezielles Kaufrecht, welches sich nicht auf andere Bereiche ausdehnen lässt, wurde verzichtet.

2. Entwicklung

Das CISG stellt das Ende einer Entwicklung im Rahmen einer internationalen Rechtsvereinheitlichung dar, deren Ursprünge bis in die 20er Jahre des letzten Jahrhunderts reichen.

Bereits im Jahr 1928 regte Prof. Rabel beim Internationalen Institut für die Vereinheitlichung des Privatrechts, der Unidroit, an, das Recht des Warenkaufes zu vereinheitlichen. Hierzu verfasste er einen Bericht (sog. Blauer Bericht), der

---

250 Staudinger-Magnus, Einleitung zum CISG, Rn. 1,2.
251 Staudinger-Magnus, Einleitung zum CISG, Rn. 1, 2.
252 Staudinger-Magnus, Einleitung zum CISG, Rn. 1.

auf rechtsvergleichender Basis die grundlegenden Linien des Vorhabens beschrieb.[253]

Hierdurch angeregt wurde ein Komitee eingesetzt, welches aus Vertretern der vier privatrechtlichen Hauptsysteme bestand.[254] Dieses Komitee verfasste bis zum Jahr 1939 mehrere Entwürfe, die jedoch infolge des Zweiten Weltkrieges zu keinen weiteren Ergebnissen führten.[255]

Im Jahr 1950 nahm sich die Haager Konferenz des Vorhabens an. Zwar wurde der im Jahr 1939 durch die Kommission verfasste Entwurf eingehend erörtert, jedoch nicht verabschiedet. Stattdessen wurde durch die Haager Konferenz im Jahr 1956 ein eigener Entwurf erarbeitet. Diese fortlaufende Entwicklung fand im Jahr 1964 ein Ende. Auf der Haager Konferenz kam es erstmals zu einem Abschluss der Arbeiten über die Rechtsvereinheitlichung. Es wurde das Einheitliche Gesetz über den internationalen Kauf beweglicher Sachen (im folgenden EKG) sowie das Einheitliche Gesetz über den Abschluss von internationalen Kaufverträgen über bewegliche Sachen (im folgenden EAG) verabschiedet.

Auch wenn es sich dabei um einen vorläufigen Höhepunkt im Bereich der Rechtsvereinheitlichung handeln sollte, blieb der erhoffte Erfolg der Gesetze aus. Lediglich neun Staaten haben die Gesetze ratifiziert.[256] Gerade Entwicklungsländer und sozialistische Staaten haben die Regelungen abgelehnt. Dies war offensichtlich darin begründet, dass diese an dem Entstehungsprozess nicht beteiligt waren. Sie konnten daher keinerlei Einfluss auf den Entwicklungsprozess nehmen. Die getroffenen Regelungen schienen ihnen aus diesem Grunde in zu hohem Maße an die westlichen Industrienationen angelehnt.[257]

Noch bevor das EKG und das EAG in Kraft getreten sind, haben sich auch die Vereinten Nationen mit der Vereinheitlichung des Rechts befasst. Hierzu wurde im Jahr 1966 eigens eine Kommission für internationales Handelsrecht geschaffen, die sog. UNCITRAL. Eine Umfrage hatte ergeben, dass die UN-Mitgliedsstaaten ein starkes Interesse an einem einheitlichen Kaufrecht hatten.[258] Um eine möglichst hohe Akzeptanz der Arbeitsergebnisse zu erreichen, wurde

253 Staudinger-Magnus, Einleitung zum CISG, Rn. 20; v. Caemmerer/Schlechtriem-Schlechtriem, Einleitung, S. 27; Honsell-Siehr, Präambel, Rn. 1.

254 Dölle, Einheitskaufrecht, Einleitung, XXXI.

255 Staudinger-Magnus, Einleitung zum CISG, Rn. 20.

256 Staudinger-Magnus, Einleitung zum CISG, Rn. 21; v. Caemmerer/Schlechtriem-Schlechtriem, Einleitung, S. 26; Honsell-Siehr, Präambel, Rn. 2. Staaten, die beide Gesetze ratifiziert haben: Belgien, Deutschland, Gambia, Großbritannien, Israel, Italien, Luxemburg, Niederlande sowie San Marino.

257 Staudinger-Magnus, Einleitung zum CISG, Rn. 24.

258 Staudinger-Magnus, Einleitung zum CISG, Rn. 24; v. Caemmerer/Schlechtriem-Schlechtriem, Einleitung, S. 26; Honsell-Siehr, Präambel, Rn. 3.

die Zusammensetzung der Kommission genau geregelt. Die verschiedenen Regionen der Welt sollten daher repräsentativ vertreten sein.[259] Auch die UNCITRAL hat in ihren Arbeiten zunächst zwischen dem materiellen Kaufrecht und dem Recht des Vertragsabschlusses unterschieden. In beiden Bereichen hat sich die Kommission dabei sehr stark an dem zeitlich davor verabschiedeten EKG und EAG orientiert.[260] Die Arbeiten mündeten im Jahr 1977 zu jeweiligen Vorentwürfen, die im Jahr 1978 als sog. New Yorker-Entwürfe den Vertragsstaaten zur Stellungnahme übersandt wurden.[261] Die Entwürfe, in denen das materielle Kaufrecht und das Abschlussrecht vereint waren, wurden 1980 im Rahmen der Wiener Konferenz von den 62 teilnehmenden Staaten angenommen.[262] Im Gegensatz zum EKG und EAG erfreute sich das CISG einer überaus starken Akzeptanz. Es wurde bisher von insgesamt 56 Staaten ratifiziert.[263]

3. Sinn und Zweck

Gerade im alltäglichen zwischenstaatlichen Handel erleichtert die Anwendung des CISG den Kauf und die Abwicklung der Kaufverträge, indem es ein für alle beteiligten Parteien einheitliches Recht für anwendbar erklärt. Neben einer solchen Erleichterung und Vereinheitlichung des Warenkaufs verfolgt das CISG aber auch darüber hinausgehende Ziele. Schon die Präambel des CISG weist darauf hin. Hiernach spielen neben der Rechtsvereinheitlichung insbesondere die

- Errichtung einer neuen Weltwirtschaftsordnung
- Entwicklung des internationalen Handels
- Beseitigung von Handelshemmnissen und die Förderung des internationalen Handels

eine wichtige Rolle.

Auch wenn die in der Präambel niedergelegten Ziele allgemein gehalten sind, verdeutlichen sie doch die von den Konventionsgebern verfolgten Absichten. Diese begreifen den internationalen Handel als eine Möglichkeit, die Beziehungen zwischen den einzelnen Vertragsstaaten zu verbessern.[264] Einfacher formuliert: Je leichter der Handel zwischen den einzelnen Staaten ist, umso eher lassen

259 v. Caemmerer/Schlechtriem-Schlechtriem, Einleitung, S. 26.
260 v. Caemmerer/Schlechtriem-Schlechtriem, Einleitung, S. 29.
261 Staudinger-Magnus, Einleitung zum CISG, Rn. 24.
262 Staudinger-Magnus, Einleitung zum CISG, Rn. 26, v. Caemmerer/Schlechtriem-Schlechtriem, Einleitung, S. 27.
263 Staudinger-Magnus, Ratifikationsstand, S. 27 f.
264 Staudinger-Magnus, Präambel, Rn. 2.

sich Hürden, Hemmnisse oder Differenzen vermeiden und abbauen. Die Möglichkeit eines Wirtschaftsraumes, in dem der zwischenstaatliche Handel floriert, kann realisiert werden. Dies führt unmittelbar dazu, dass die beteiligten Vertragsstaaten ihre wirtschaftliche Handlungsfreiheit in nahezu vollem Umfang gebrauchen können. Hierdurch werden mittelbar die Beziehungen zwischen den einzelnen Völkern verbessert.[265] Um die größtmögliche Akzeptanz und Rechtssicherheit zu erreichen, hat sich dies alles unter dem Gesichtspunkt der Gleichberechtigung und der Ausgewogenheit zu vollziehen.[266]

Es handelt sich hierbei um einen Gedanken, der der Richtlinie 1999/44/EG nicht ganz fremd ist. Auch dort wird regelmäßig betont, dass das endgültige Zusammenwachsen von der Vollendung des Binnenmarktes abhängt. Auch im Rahmen der EU bedarf es eines funktionierenden Wirtschaftsraumes, in welchem die angesprochenen Hemmnisse und Hürden abgebaut und vermieden werden. Ebenso kommt es darauf an, dass die am Wirtschaftsleben beteiligten Personen ihre wirtschaftliche Handlungsfreiheit uneingeschränkt ausüben können.

Der Abbau von Handelshemmnissen und die damit einhergehende Vollendung des Binnenmarktes führen zu gleichwertigen Wettbewerbsbedingungen aller Beteiligten. Der zwischenstaatliche Handel, im Rahmen der EU insbesondere zwischen Verbraucher und Unternehmer, kann verstärkt betrieben und somit die innereuropäischen Verhältnisse verbessert werden.

Sowohl das CISG als auch die Richtlinie 1999/44/EG verfolgen demnach im Grunde sehr ähnliche Ziele. Beide erstreben das Bild eines Wirtschaftsraumes, in welchem der Handel nur geringen Hemmnissen unterworfen ist, um einen hohen Austausch von Wirtschaftsgütern zu ermöglichen. Dies kann insbesondere dadurch erreicht werden, dass einheitliche Regelungen geschaffen werden, die für alle Beteiligten gleichermaßen gelten. Einseitig nationale Regelungen haben zugunsten eines einheitlichen Rechts zurückzutreten.

Der europäische Gesetzgeber konnte sich bei der Bearbeitung seiner Richtlinie demnach an einem Regelwerk orientieren, das ähnliche Ziele und Grundsätze vereinigt. Dies gilt umso mehr, als das CISG das Ergebnis einer umfassenden Rechtsvereinheitlichung darstellt, da überwiegend versucht wurde, die maßgeblichen Rechtsordnungen in dem Regelwerk zu berücksichtigen. Dies betrifft dabei auch die europäischen Rechtsordnungen, die bei Erlass der Richtlinie in Einklang zu bringen sind.

265 Staudinger-Magnus, Präambel, Rn. 2.
266 v. Caemmerer/Schlechtriem-Herber, Präambel, Rn. 5.

4. Akzeptanz

Die oben angesprochenen Zielsetzungen führten dazu, dass sich die Konventionsverfasser regelmäßig sehr vielen Kompromissen unterwerfen mussten. Nur auf diesem Wege konnte ein Regelwerk gefunden werden, welches die beteiligten Rechtsordnungen berücksichtigt und von diesen letzten Endes auch akzeptiert werden kann.

Am auffälligsten sind dabei die durch Kompromisse gefunden Formulierungen. Diese sind regelmäßig sehr allgemein und abstrakt gewählt worden. Unbestimmte Rechtsbegriffe lassen eine genaue Definition nicht zu.[267] Begriffe wie „vernünftige Erwartungen", „Wesentlichkeit" oder „Angemessenheit" sind unpräzise und können aus diesem Grunde oftmals zu Rechtsunsicherheiten beitragen. Diese bestehen namentlich darin, dass die Gerichte bei der Definition auf nationale Grundsätze und Regeln zurückgreifen könnten.[268] Der Sinn und Zweck des CISG wäre hierdurch gänzlich ausgehebelt. Solche Formulierungen sind jedoch gerade die Ergebnisse der gefundenen Kompromisse. Diese waren bei der Erstellung des Regelwerks unter mehreren Gesichtspunkten notwendig. Zum einen mussten etwa die Interessen der exportierenden Europaländer sowie die der importierenden Länder der Dritten Welt berücksichtigt werden.[269]

Diese Formulierungen haben jedoch auch einen großen Vorteil. Sie ermöglichen eine flexible Anwendung der Konvention in den betreffenden Vertragsstaaten. Die nähere Ausgestaltung der Begriffe ist dann von den jeweiligen Gerichten vorzunehmen. Den Bedenken gegen die erforderliche Rechtssicherheit kann dadurch begegnet werden, dass die Gerichte die Normen des CISG vertragsautonom, also aus sich selbst heraus auszulegen haben. Nationale Erwägungen haben dabei keine Rolle zu spielen.[270]

Trotz dieser teilweise geäußerten Bedenken wird das CISG überwiegend als gelungen und zukunftsweisend bewertet. Dies wird wohl vor allem auf den Umstand zurückzuführen sein, dass hier nahezu eine Symbiose von Common Law und kontinentalem Recht gefunden wurde. [271]

Dass das CISG überwiegend Akzeptanz gefunden hat, wird dabei durch folgende Beobachtung besonders deutlich: Viele Länder haben das CISG als Grundlage für neue oder aber ergänzende Gesetzgebungsschritte zum Vorbild genommen. Insbesondere die ehemals sozialistisch/kommunistischen Rechtsord-

267 Honsell-Siehr, Präambel, Rn. 5.
268 v. Caemmerer/Schlechtriem-Schlechtriem, Einleitung, S. 29.
269 Honsell-Siehr, Präambel, Rn. 5.
270 v. Caemmerer/Schlechtriem-Schlechtriem, Einleitung, S. 30 f.; Honsell-Siehr, Präambel, Rn. 6.
271 v. Caemmerer/Schlechtriem-Schlechtriem, Einleitung, S. 30.

nungen haben im Rahmen des Wandels die Grundzüge des CISG genutzt, ihre Rechtsordnungen neu zu gestalten, namentlich etwa die Nachfolgestaaten der UdSSR, Jugoslawiens oder der Tschechoslowakei.

Daneben haben sich aber auch westliche Rechtsordnungen Teile des CISG zu eigen gemacht. So steht das niederländische Schuldrecht unter starkem Einfluss des CISG.[272] Gleiches gilt für das skandinavische Recht. Insbesondere das schwedische Kaufrecht orientiert sich sehr stark an dem CISG.[273]

Daneben hat aber auch die Kommission zur Überarbeitung des Schuldrechts in ihrem Abschlussbericht regelmäßig auf die Vorteile des UN-Kaufrechts gegenüber den alten Regelungen des BGBs hingewiesen. Dies wird insoweit besonders deutlich, als die Kommission im Kapitel „Bestandsaufnahme und Mängel" die ursprünglich geltenden Regeln des BGBs darstellt und deren Mängel aufzeigt. Jeweils im Anschluss daran wird das „Regelungsmodell" des UN-Kaufrechts skizziert und dessen Vorteil hervorgehoben.[274] Dabei wird unter anderem besonders darauf abgestellt, dass das UN-Kaufrecht kein isoliertes Gewährleistungsrecht beinhaltet. Die bis dahin erkannten Mängel des deutschen Kaufrechts würden durch das UN-Kaufrecht dadurch vermieden, dass es allgemein von einer Nichterfüllung des Vertrages ausgeht. Nach der Art der mangelhaften Leistung wird nicht differenziert.[275]

Die Konzeption des UN-Kaufrechts, einschließlich der Begrifflichkeiten, hat demnach eine sehr große Akzeptanz erfahren. Anscheinend hat der Ausgleich der „großen Hauptzivilrechtsordnungen" zu einem solch ausgewogenen Regelwerk geführt, dass sich auch nationale Gesetzgeber hiervon haben leiten lassen. Tendenzen, das UN-Kaufrecht in nationales Recht einzufügen, gab es demnach schon vor Erlass und Umsetzung der Richtlinie 1999/44/EG.

5. Die Vertragsmäßigkeit (Art. 35 CISG)

Der Begriff der *Vertragsmäßigkeit* ist der zentrale Begriff des neuen Kauf- und Werklieferungsvertragsrechts.[276] Der durch die Richtlinie vorgegebene Begriff findet sich identisch in Art. 35 CISG wieder. Auch dort ist die Vertragsmäßigkeit zentraler Begriff des Gewährleistungsrechts. Bei genauerer Betrachtung des Art. 35 CISG sowie Art. 2 RL ergeben sich überdies nahezu identische Strukturen. Beide beschreiben in ihrem ersten Absatz die Pflicht des Verkäufers, dem

---

272 A.S. Hartkamp, Einführung in das neue Niederländische Recht, AcP 191 (1991), S. 407.
273 Ring, Einführung in das skandinavische Kaufrecht, S. 78.
274 Abschlussbericht der Schuldrechtskommission, S. 19, 26.
275 Abschlussbericht der Schuldrechtskommission, S. 26.
276 Staudenmayer, NJW 1999, S. 2394; Lehmann, JZ 2000, S. 280, 282.

Vertrag entsprechende Ware zu liefern. Im zweiten Absatz wird hierfür ein objektiver Mindeststandard vorgeschrieben, der Rückschlüsse auf die Vertragsmäßigkeit der gelieferten Ware zulässt.

Im Gegensatz zu Art. 2 RL bezieht sich Art. 35 CISG jedoch nicht auf öffentliche Äußerungen oder Werbeangaben. Diese haben nach dem CISG keinen Einfluss auf die Frage der Vertragsmäßigkeit der verkauften Ware.

a. Vertragliche Vereinbarung (Abs. 1)

Art. 35 I CISG stellt die vertragliche Vereinbarung der am Kaufvertrag beteiligten Parteien in den Vordergrund. Der Vertragsgegenstand, der Vertragsinhalt und somit auch die Frage der Vertragsmäßigkeit werden aus diesem Grunde durch die Parteien bestimmt. Die von den Parteien getroffene subjektive Festlegung bestimmt die Beschaffenheit der zu liefernden Ware. Das CISG geht demnach von einem subjektiven Fehlerbegriff aus.[277] Diese Vereinbarung kann dabei sowohl ausdrücklich als auch stillschweigend erfolgen.[278] Bei Vorliegen eines Mangels braucht daher nicht zwischen einer Vertragswidrigkeit und zugesicherten Eigenschaften unterschieden werden, da die Vertragsmäßigkeit anhand der konkreten Parteivereinbarung beurteilt wird.[279]

Der Vertragsinhalt kann durch die Parteien aber auch ohne eine Vereinbarung bestimmt werden. Dies gilt insbesondere dann, wenn dieser durch Handelsbräuche und Gepflogenheiten bestimmbar ist.[280] Die Vertragsparteien sind dann gemäß Art. 9 CISG an diese Gebräuche und Gepflogenheiten gebunden.

b. Objektive Vertragsmäßigkeit (Abs. 2)

Art. 35 Abs. 2 CISG will einer in der Praxis oftmals anzutreffenden Fallkonstellation Rechnung tragen. Im alltäglichen Geschäftsverkehr bedarf es oftmals schneller Vertragsabschlüsse und -abwicklungen. In solchen Fällen verhandeln die Parteien regelmäßig nicht über die in Absatz 1 genannten Eigenschaften der Ware. Absatz 2 nennt daher solche Bedingungen, die die Parteien üblicherweise im Rahmen der Vereinbarungen absprechen.[281] Er ist daher immer dann ein-

---

277 v. Caemmerer/Schlechtriem-Stumpf, Art. 35, Rn. 18.
278 Staudinger-Magnus, Art. 35 Rn. 13; v. Caemmerer/Schlechtriem-Schwenzer, Art. 35, Rn. 7; Achilles, Art. 35, Rn. 3.
279 v. Caemmerer, Wörterbuch des Völkerrechts Band II, S. 217; Achilles, Art. 35, Rn. 1; BGHZ 132, 290, 296.
280 Enderlein/Maskow/Strohbach, Anm. 1; Staudinger-Magnus, Art. 35, Rn. 14; Reinhart, Art. 35, Rn. 3.
281 Enderlein/Maskow/Strohbach, Art. 35, Anm. 2.

schlägig, wenn die Parteien keinerlei vertragliche Festlegungen getroffen haben.[282] Die Vertragsmäßigkeit der Ware kann in solchen Fällen zunächst nicht aufgrund einer Parteiabrede überprüft werden. Aus diesem Grunde legt Art. 35 Abs. 2 CISG einen objektiven Mindeststandard fest, den die Ware bei Lieferung aufweisen muss.[283] Die hier enthaltenen Regelungen haben dabei ergänzenden Charakter.[284] Der in Art. 35 Abs. 1 beschriebene Grundsatz des subjektiven Fehlerbegriffs wird durch die objektiven Beschaffenheitsangaben ergänzt.[285] Diese betreffen die

- übliche oder besondere[286] Zweckbestimmung
- Übereinstimmung mit Probe / Muster[287]
- ordnungsgemäße Verpackung.

c. Rechtsvergleichende Anmerkungen

Wie bereits aus der geschichtlichen Entwicklung des UN-Kaufrechts deutlich wird, war der Rechtssetzungsprozess starken rechtlichen Einflüssen ausgesetzt. Dies war unabdingbare Voraussetzung dafür, dass das Regelwerk mehrheitlich

---

282 Achilles, Art. 35, Rn. 4; Reinhart, Art. 35, Rn. 4; Enderlein/Maskow/Strohbach, Art. 35, Anm. 2; Staudinger-Magnus, Art. 35, Rn. 17.

283 Staudinger-Magnus, Art. 35, Rn. 17, Honsell-Magnus, Art. 35, Rn. 12.

284 Staudinger/Magnus, Art. 35, Rn. 10.

285 Honsell-Magnus, Art. 35, Rn. 12.

286 Art. 35 Abs. 2 lit. b) ist sehr stark an das angloamerikanische Recht angelehnt. In sec. 14 (3) des englischen sale of goods act heißt es etwa: "Where the seller sells goods in the course of a business and the buyer, expressly or by implication, makes known – (a) to the seller [...] any particular purpose for which the goods are being bought, there is an implied condition that the goods supplied under the contract are reasonably fit for that purpose, whether or not that is a purpose for which such goods are commonly supplied, except where the circumstances show that the buyer does not rely, or that it is unreasonable for him to rely, on the skill or judgement of the seller [...].".
Ähnlich auch sec. 2 – 315 des amerikanischen UCC, wo es heißt: "Where the seller at the time of contracting has reason to know any particular purpose for which the goods are required and that the buyer is relying on the seller's skill or judgement to select or furnish suitable goods, there is unless excluded or modified under the next section an implied warranty that the goods shall be fit for such purpose.".

287 Die Vorlage einer Probe oder eines Musters war bereits vor der Schuldrechtsreform in vielen nationalen Kaufrechten enthalten. So etwa in Deutschland (§ 494 BGB a.F.), Österreich (Art. 8 Nr. 17 4 EVHGB), der Schweiz (Art. 222 OR), Frankreich (Art. 1588 Code Civil), Großbritannien (Sec. 15 Sale of Goods Act 1979) sowie den USA (Sec. 2 - 313 (1) (c) UCC [sog. express warranty]). (Aufzählung bei v. Caemmerer/Schlechtriem-Schwenzer, Art. 35, Fn. 78).

angenommen wird. Aus diesem Grunde soll untersucht werden, inwieweit das UN-Kaufrecht mit den Rechtsordnungen des Common Law und des kontinentalen Rechts identisch oder unterschiedlich ist, um den Einfluss dieser Rechtssysteme auf das UN-Kaufrecht abzusehen. Da der Richtliniengeber unmittelbar auf das UN-Kaufrecht zurückgegriffen hat, wird hierdurch auch deutlich, inwieweit sich die Einflüsse auf die Richtlinie 1999/44/EG ausgewirkt hat.

aa. England und die Vereinigten Staaten von Amerika

Das *Common Law* fasst den Vertrag grundsätzlich als ein Garantieversprechen auf. Beide Parteien sichern sich im Rahmen ihres Vertrages zu, dass sie die jeweilige Leistung erbringen werden. Sollte eine Partei eine ihrer Vertragspflichten nicht erfüllen, stellt dies einen Bruch des Vertrages dar. Der andere Teil kann verlangen, seinen hierdurch entstandenen Schaden ersetzt zu bekommen. Dieses Grundprinzip des Common Law erleichtert die rechtliche Einordnung von Vertragsverletzungen. Die einzelnen Pflichtverletzungen brauchen daher ihrer Art nach nicht typisiert zu werden. Es ist ausschließlich darauf abzustellen, ob der jeweilige Schuldner die von ihm versprochene Leistung erfüllt hat oder nicht. Auf ein mögliches Verschulden kommt es dabei gerade nicht an.[288]

Dieses Konzept verfolgt das Common Law auch im Bereich des Mängelgewährleistungsrechts. Ein gesondertes Gewährleistungsrecht ist nicht vorhanden. Eine Unterscheidung zwischen der Verletzung allgemeiner Vertragspflichten und solchen der Gewährleistung wird nicht gemacht.[289] Bei Mängelansprüchen handelt es sich vielmehr um den „Mustertyp der Vertragshaftung des Common Law“[290]. Der Schuldner verspricht dem Gläubiger im Rahmen eines Kaufvertrages, mangelfreie Ware zu liefern. Wenn er dieses Versprechen nicht einhält und stattdessen mangelhafte Ware liefert, begeht er nach allgemeinen Grundsätzen Vertragsbruch.

Grundsätzlich ist die Rechtslage in den Common Law-Staaten sehr ähnlich, wenn nicht sogar identisch. Trotzdem gibt es gerade zwischen Amerika und England einige Unterschiede, die in jeweils gesonderten Abschnitten erläutert werden sollen.

---

288 Zweigert/Kötz, Einführung in die Rechtsvergleichung, S. 501; v. Bernstorff, Einführung in das englische Recht, S. 55.

289 v. Bernstorff, Einführung in das englische Recht, S. 56; v. Westphalen, Handbuch des Kaufvertragsrechts in den EG-Staaten, S. 399.

290 Rheinstein, Die Struktur des vertraglichen Schuldverhältnisses im angloamerikanischen Recht, S. 155.

In *England* fällt der Warenkauf unter den sog. *Sale of Goods Act 1979*[291]. Aus diesem ergeben sich die Pflichten des Verkäufers hinsichtlich der Art und Güte der Ware. Sie finden ihre Grundlage insbesondere in den sog. sections 13, 14 und 15 des SGA. Es handelt sich dabei um Bestimmungen bezüglich

- des Kaufs nach Beschreibung
- der handelsüblichen Qualität
- des Kaufs nach Muster.

Nach heutiger Ansicht ist im englischen Recht jeder Kauf einer Gattungssache als *Kauf nach Beschreibung* im Sinne des SGA anzusehen.[292] Die Parteien brauchen dabei die Beschreibung nicht explizit im Rahmen des Kaufvertrages zu erörtern. Die Bedingung, die tatsächliche Beschaffenheit der Ware stimme mit der Beschreibung überein, wird vielmehr stillschweigend vorausgesetzt.[293] Ein Mangel liegt daher regelmäßig dann vor, wenn die Kaufsache mit der Beschreibung, und somit mit anderen Kaufsachen der gleichen Gattung, nicht übereinstimmt.[294]

Sec. 14 SGA bestimmt, welche Beschaffenheit die gelieferte Ware aufweisen muss.

Gemäß Absatz 2 wird die Bedingung, die gelieferten Waren seien von *marktfähiger Beschaffenheit*, stillschweigend vorausgesetzt.[295] Als von marktfähiger Beschaffenheit wird nach Absatz 6 die Ware dann angesehen, wenn sie eine Tauglichkeit für solche Zwecke aufweist, für die die Ware üblicherweise gekauft wird.[296] Es kommt demnach auf die Zweckbestimmung der konkreten Art an. Die Ware ist hiernach dann mangelfrei, wenn sie diesen Anforderungen genügt.

Neben einer solchen „allgemeinen" Zweckbestimmung kann der Verkäufer aber auch dafür einstehen müssen, dass die Ware einer konkreten, besonderen Zweckbestimmung genügen muss, sec. 14 (3) SGA. Dies setzt voraus, dass der Verkäufer von diesem besonderen Zweck ausdrücklich oder stillschweigend Kenntnis erhält. Zudem muss der Käufer auf das Urteilsvermögen und die Sachkunde des Verkäufers vernünftigerweise vertrauen dürfen. Soweit dies vorliegt,

---

291 Im Folgenden als SGA bezeichnet.
292 Triebel, Englisches Handels- und Wirtschaftsrecht, § 2, Rn. 236.
293 Jenkins/Henshal/Holland, Handbuch des Kaufvertragsrechts in den EG-Staaten, Rn. 79.
294 Triebel, Englisches Handels- und Wirtschaftsrecht, § 2, Rn. 236.
295 Jenkins/Henshal/Holland, Handbuch des Kaufvertragsrechts in den EG-Staaten, Rn. 80.
296 Jenkins/Henshal/Holland, Handbuch des Kaufvertragsrechts in den EG-Staaten, Rn. 80; Triebel, Englisches Handels- und Wirtschaftsrecht, § 2, Rn. 238.

ist stillschweigend vorauszusetzen, dass die Ware den besonderen Zwecken genügen wird.[297]

Weitere besondere Anforderung bestehen beim *Kauf nach Muster* gemäß Art. 15 SGA. Die Parteien des Kaufvertrags müssen hier darüber einig sein, dass die zu liefernde Ware dem Musterstück zu entsprechen hat. Die bloße Vorlage eines Musterstücks ist hierfür nicht ausreichend.[298]

Gemäß Absatz 2 genügt der Verkäufer seinen Pflichten, wenn

- die Warenlieferung in der Qualität mit dem Musterstück übereinstimmt
- die Gelegenheit eingeräumt wurde, die Warenlieferung mit dem Musterstück zu vergleichen
- die Ware mangelfrei ist.[299]

Die sections 13, 14 des englischen SGA normieren demnach die Anforderungen, denen die Kaufsache bei Lieferung genügen muss. Wie sich aus dem Gesetzestext ergibt, wird dabei von sog. *conditions* ausgegangen. Hiermit werden wesentliche Vertragspflichten bezeichnet, die Gegenstand des Kaufvertrages werden.[300] Dies geschieht zumindest grundsätzlich *implied*, also konkludent. Es handelt sich dabei in der Regel um die Fälle, in denen die Parteien einen Kaufvertrag abschließen, ohne über die Kaufsache oder deren Eigenschaften näher zu verhandeln. Gerade über den Zustand wird in einer solchen Konstellation nicht gesprochen. Es liegt dann jedoch in der Natur der Sache, dass die Parteien davon ausgehen, dass die Kaufsache keinerlei Mängel aufweisen soll. Aus diesem Grunde geht das Gesetz davon aus, dass dieser Umstand von den Parteien vorausgesetzt und somit auch stillschweigend vereinbart wird.

Neben diesen conditions kennt das englische Recht aber auch sog. *warranties*. Auch hierbei handelt es sich um Vertragspflichten. Im Gegensatz zu den conditions stellen warranties aber nur *unwesentliche Vertragspflichten* dar.

Auch in den *Vereinigten Staaten von Amerika* wurden gesetzliche Regelungen erlassen, die sich ausschließlich mit dem Handelskauf befassen. Dies geschah nicht zuletzt, um das Kaufrecht in den einzelnen Staaten zu vereinheitlichen.[301] Es handelt sich hierbei um den sog. *Uniform Commercial Code*[302]. Die-

297 Jenkins/Henshal/Holland, Handbuch des Kaufvertragsrechts in den EG-Staaten, Rn. 81; Triebel, Englisches Handels- und Wirtschaftsrecht, § 2, Rn. 242.
298 Triebel, Englisches Handels- und Wirtschaftsrecht, § 2, Rn. 245.
299 Jenkins/Henshal/Holland, Handbuch des Kaufvertragsrechts in den EG-Staaten, Rn. 83; Triebel, Englisches Handels- und Wirtschaftsrecht, § 2, Rn. 246.
300 v. Bernstorff, Einführung in das englische Recht, S. 44.
301 Elsing, US-amerikanisches Handels- und Wirtschaftsrecht, S. 69.
302 Im Folgenden als UCC bezeichnet.

ser behandelt in seinem Art. 2 die wichtigsten Prinzipien des Kaufrechts, wie etwa das Grundprinzip der sog. *perfect tender rule*. Ferner sind dort die Anforderungen an die Waren sowie die einzelnen Rechtsbehelfe des Verkäufers und Käufers niedergelegt. Dieses Gesetz gilt sowohl für Kaufleute als auch für Nichtkaufleute und ist aus diesem Grunde auf alle Kaufverträge über bewegliche Sachen anwendbar.[303]

Soweit die Sache nicht vertragsgemäß ist und somit einen Mangel aufweist, unterscheidet das UCC zwischen gesetzlicher (sog. *implied warranties*) und vertraglicher (sog. *express warranties*) Gewährleistungshaftung.

Die gesetzliche Gewährleistungshaftung besteht unabhängig von einer vertraglichen Abrede (sog. *implied warranties*). In den einschlägigen Normen werden dabei gleichzeitig die Anforderungen aufgestellt, denen die Kaufsache genügen muss. Dies bezieht sich insbesondere auf

- unbelastete Eigentumsübertragung, § 2 – 312
- gewöhnliche Gebrauchseignung, § 2 – 314
- besondere Zweckeignung, § 2 – 315.[304]

Grundsätzlich haben die Parteien aber auch gemäß § 2 – 313 UCC die Möglichkeit, Eigenschaften und Anforderungen der Kaufsache explizit vertraglich zu vereinbaren (sog. *express warranties*). Diese können ausdrücklich oder konkludent zum Zeitpunkt des Vertragsschlusses oder aber auch noch danach (§ 2 – 209 UCC) vereinbart werden.[305]

Die Beschaffenheit der Ware kann demnach sowohl durch Gesetz als auch durch Parteivereinbarung festgelegt werden. Sollte die Ware einmal nicht diesen Anforderungen genügen, räumt das UCC nach § 2 – 508 dem Verkäufer zusätzlich ein Recht zur zweiten Andienung ein. Ihm soll ermöglicht werden, seine vertraglich versprochene Leistung binnen der vereinbarten Vertragszeit mangelfrei zu erbringen.[306]

Auch das amerikanische Recht geht demnach von dem Konzept der einbezogenen Bedingungen bzw. Zusicherungen aus. Sie werden dort durch Gesetz aber ausschließlich als warranties bezeichnet. Wie im englischen Recht können diese konkludent oder ausdrücklich in den Vertrag miteinbezogen werden. Soweit die

---

303 Elsing, US-amerikanisches Handels- und Wirtschaftsrecht, S. 70.

304 Elsing, US-amerikanisches Handels- und Wirtschaftsrecht, S. 76; Hay, US-Amerikanisches Recht, Rn. 315, 317.

305 Elsing, US-amerikanisches Handels- und Wirtschaftsrecht, S. 78; Hay, US-Amerikanisches Recht, Rn. 315.

306 Elsing, US-amerikanisches Handels- und Wirtschaftsrecht, S. 73; Hay, US- Amerikanisches Recht, Rn. 323.

Parteien keinerlei konkrete Vereinbarung über die Kaufsache treffen, werden die sog. warranties zumindest implied, also konkludent, Bestandteil des Kaufvertrages (sog. *implied warranty*). Wie im englischen Recht umfasst dies in der Regel die Fälle, in denen die Parteien den Kaufvertrag abschließen, ohne über die Kaufsache oder deren Eigenschaften näher zu verhandeln. Daneben können die Parteien die Anforderung über die Kaufsache direkt vereinbaren. Dies kann dadurch geschehen, dass die Parteien dies gemeinsam vereinbaren oder aber der Verkäufer dem Käufer gegenüber konkrete Angaben über die Kaufsache und deren Beschaffenheit macht. Für einen solchen Fall bestimmt § 2 – 313 UCC, dass von einer ausdrücklich zugesicherten warranty auszugehen ist (sog. *express warranty*).

Die Regelung des § 2 UCC ist heute jedoch nur noch ergänzend heranzuziehen. Amerika hat im Jahr 1988 das Wiener UN-Kaufrecht ratifiziert. Das Recht der Kaufverträge richtet sich seitdem nicht mehr nach dem UCC, da dieses durch das Wiener UN-Kaufrecht verdrängt worden ist.[307]

Das Common Law ordnet das Mängelgewährleistungsrecht demnach in sein allgemeines System der Vertragspflichten. Diese Pflichten werden durch Normen konkretisiert, welche sich mit dem Verkauf beweglicher Sachen befassen. Das Gesetz sieht dabei vor, dass Garantieerklärungen über Eigenschaften oder die Beschaffenheit der Kaufsache ausdrücklich oder konkludent in den Vertrag einbezogen werden.

Im Bereich der Vertragsmäßigkeit weisen das Common Law und das UN-Kaufrecht demnach große Gemeinsamkeiten auf. Beide haben kein gesondertes Mangelgewährleistungsrecht. Es wird vielmehr ein System allgemeiner Vertragspflichten konstituiert. Hierdurch kommt zum Ausdruck, dass beide Rechtssysteme der vertraglichen Vereinbarung zwischen den am Kaufvertrag beteiligten Parteien einen hohen Stellenwert einräumen. Aus diesem Grunde kommt es auch zunächst auf den Vertragsinhalt an, um einen Mangel an der Kaufsache bestimmen zu können. Sollten die vertraglichen Vereinbarungen keine konkrete Regelung über die Beschaffenheit der Kaufsache enthalten, greifen sowohl das Common Law als auch das UN-Kaufrecht auf hierfür zugeschnittene Normen zurück. Dies bezieht sich insbesondere auf die Eignung der Kaufsache für den gewöhnlichen oder besonderen Zweck sowie den Kauf nach Probe / Muster.

Diese Gemeinsamkeiten deuten darauf hin, dass die Common Law-Staaten gerade im Bereich der Vertragsmäßigkeit großen Einfluss auf den Inhalt des UN-Kaufrechts haben.

---

307 Hay, US-Amerikanisches Recht, Rn. 230.

bb. Frankreich

Ähnlich wie das deutsche Recht kennt das französische Recht ein gesondertes Kaufrecht, welches auch die Voraussetzungen und Rechtsfolgen der Mängelgewährleistung festlegt. Eine Einbettung in das allgemeine Vertragsrecht, wie etwa in den Common Law-Staaten, wurde nicht vorgenommen.

Gemäß Art. 1641 Code Civil liegt ein Mangel dann vor, wenn sich die Kaufsache für den vertragsmäßigen Gebrauch nicht eignet. Hier wird auch der Fall eingeschlossen, dass der Gebrauch der Sache so eingeschränkt ist, dass der Käufer diese nur zu einem geringeren Kaufpreis erworben hätte.[308]

Ob ein solcher Mangel tatsächlich vorliegt, wird nach objektiven Gesichtspunkten bestimmt. Der Mangel setzt danach voraus, dass die Kaufsache in ihrer Funktionsfähigkeit eingeschränkt ist.[309] Dies muss sich ausschließlich auf eine wesentliche Qualitätseigenschaft beziehen. Solange sich keine Gebrauchsbeschränkung oder Wertminderung feststellen lässt, ist das Vorliegen eines Mangel abzulehnen.[310] Dieses Kriterium wurde in das französische Recht eingefügt, um lediglich sachbezogene Mängel zu erfassen. Immaterielle und somit subjektive Erwägungen sollen dabei gerade keine Rolle spielen. Wenn es dem Käufer auf das Vorliegen solcher Gesichtspunkte ankommt, hat er den Verkäufer hierüber vor Abschluss des Kaufvertrages in Kenntnis zu setzen. Der klassische Fall solcher subjektiven Erwägungen ist die Eignung für spezielle vom Käufer verfolgte Zwecke.[311]

Ähnlich wie im deutschen Recht kann sich der Käufer vom Verkäufer das Vorliegen bestimmter Eigenschaften zusichern lassen. Dies kann zum einen ausdrücklich geschehen. Zum anderen liegt eine solche Zusicherung aber auch bei einem Kauf nach Muster / Probe oder bei einem Typenkauf vor.

cc. Italien

Auch das italienische Recht kennt ein gesondertes Sachmängelgewährleistungsrecht. Nach Art. 1490 codice civile liegt ein Sachmangel dann vor, wenn die Kaufsache einen Qualitätsmangel aufweist. Ferner wird danach unterschieden, ob der Qualitätsmangel die Nutzbarkeit der Sache oder lediglich deren Wert mindert.

308 Wenner/Schödel, Handbuch des Kaufvertragsrechts in den EG-Staaten, Rn. 112.
309 Wenner/Schödel, Handbuch des Kaufvertragsrechts in den EG-Staaten, Rn. 122.
310 Wenner/Schödel, Handbuch des Kaufvertragsrechts in den EG-Staaten, Rn. 123.
311 Wenner/Schödel, Handbuch des Kaufvertragsrechts in den EG-Staaten, Rn. 124.

Die Normen des Gewährleistungsrechts führen in Italien zu einer Fülle von Abgrenzungsschwierigkeiten. Dies bezieht sich insbesondere auf den Gattungskauf. Insoweit lässt sich aus dem codice civile nicht immer eindeutig ersehen, ob es sich tatsächlich um einen Sachmangel oder aber um eine Falschlieferung handelt.[312] Hierauf braucht aber für die vorliegende Arbeit nicht näher eingegangen zu werden.

dd. Zwischenergebnis

Die kontinentalen Rechtsordnungen haben im Gegensatz zum angelsächsischen Rechtssystem ein gesondertes Kaufrecht, welches die Folgen eines Mangels an der Kaufsache regelt. Im Bereich der Frage, wann ein Mangel gegeben ist, gibt es teilweise Parallelen. Besonders deutlich wird dies im französischen Recht, das zunächst auf die Vertragsmäßigkeit der Kaufsache abstellt. Darüber hinaus orientiert sich der Mangel sehr stark an der Funktionsfähigkeit und an Qualitätsmerkmalen. Auch hier sind teilweise Parallelen zum angelsächsischen Recht zu erkennen. Dort werden diese Begriffe unter dem Bereich der handelsüblichen Qualität oder der Zweckeignung abgehandelt. Trotz dieser Gemeinsamkeiten besteht der größte Unterschied aber darin, dass das Common Law den Kaufvertrag nicht anders behandelt als andere Vertragstypen. Die vertragliche Vereinbarung wird in den Vordergrund gerückt. Die kontinentalen Rechtsordnungen hingegen sehen im Kaufvertrag eine Materie, die in einem gesonderten Abschnitt behandelt werden muss. Die dort niedergelegten Grundsätze lassen sich aus diesem Grunde auch nicht auf andere Vertragstypen übertragen.

6. Das Rechtsbehelfssystem

a. Allgemein

Wie bereits oben angedeutet, hat sich die Richtlinie auch im Bereich der Rechtsbehelfe sehr stark an das UN-Kaufrecht angelehnt, was sich bereits aus dem Wortlaut des Art. 3 RL ergibt. Dort werden dem Käufer bzw. Verbraucher das Recht auf

- Nachbesserung und/oder Nachlieferung
- Minderung
- Vertragsauflösung gewährt.

312 Patti/Cubeddu, Handbuch des Kaufvertragsrechts der EG-Staaten, Rn. 137, 138.

Von einem ähnlichen Ansatz geht auch das UN-Kaufrecht aus. Die einzelnen Rechtsbehelfe werden durch Art. 45 vorgegeben. Hiernach werden dem Käufer die Rechte der

- Ersatzlieferung oder Nachbesserung (Art. 46)
- Vertragsaufhebung (Art. 49)
- Minderung (Art. 50)

gewährt. Eine Ähnlichkeit zur Richtlinie lässt sich demnach nicht verkennen.

Bereits der Wortlaut verdeutlicht die – zumindest grammatikalische – Nähe zum UN-Kaufrecht.[313] Aus diesem Grunde sollen im Folgenden die einzelnen Rechtsbehelfe des UN-Kaufrechts erörtert werden.

Das UN-Kaufrecht enthält kein gesondertes Gewährleistungsrecht. Man hat sich vielmehr für ein allgemeines System der Vertragspflichten entschlossen.[314] Der Bereich der Vertragspflichten ist dabei weit gefasst und erschöpft sich nicht in dem Begriff der Mängelgewährleistung. Die Verletzung einer dieser Vertragspflichten hat zur Folge, dass dem Käufer die oben bezeichneten Rechtsbehelfe zur Verfügung stehen. Diese sehen zunächst vor, dass die Parteien den Vertrag im Wege einer Ersatzlieferung oder Nachbesserung durchführen. Das System der Rechtsbehelfe orientiert sich demnach an dem Prinzip der Vertragsdurchführung.

Bei der Rückabwicklung von bereits abgeschlossenen und teilweise abgewickelten Verträgen kann es regelmäßig zu Problemen kommen. Dies gilt vor allem dann, wenn die Verträge zwischen großen Distanzen abgeschlossen werden. Beispielhaft seien hier nur die hohen Kosten und Risiken eines Rücktransports genannt, die bei einer Rückabwicklung des Kaufvertrages entstehen können.[315] Eine Vertragsdurchführung weist solche Kosten und Risiken typischerweise nicht auf. Aus diesem Grunde verfolgen die Rechtsbehelfe zunächst die Vertragsdurchführung. Erst in einem weiteren Schritt kommt eine Vertragsaufhebung oder Minderung in Betracht.

b. Vertragsverletzung als Ausgangspunkt

Gemeinsamer Ausgangspunkt für sämtliche Rechtsbehelfe ist die Vertragsverletzung durch den Verkäufer. Dabei kommt es weder auf die Art der Verletzung

---

313 Auf diese Übereinstimmung weist auch die Kommission in ihrer Begründung zur Richtlinie hin, ZIP 96, S. 1851.

314 Dölle, Vorb. zu Art. 33 ff.

315 Staudinger-Magnus, Vorb. zu Art. 45 ff., Rn 6.

noch auf die Frage an, ob es sich bei der verletzten Pflicht um eine Haupt- oder Nebenpflicht aus dem Vertrag handelt.[316] Folgende Pflichten können dabei vom Verkäufer im Rahmen des Kaufvertrages verletzt werden:

Die Pflicht zur

- Lieferung (Art. 30, 31)
- Lieferung im vertragsmäßigem Zustand (Art. 30, 35)
- Verschaffung des Eigentums (Art. 30), frei von Rechten und Ansprüchen Dritter (Art. 41)
- Verschaffung der durch Vertrag oder Handelsbrauch bestimmten Dokumente.

Daneben können aber auch solche Pflichten verletzt werden, die die Parteien im Rahmen ihrer Vereinbarung getroffen haben und die somit nicht gesetzlich normiert sind. Gleiches gilt etwa für solche Pflichten, die sich erst im Rahmen einer ergänzenden Vertragsauslegung ergeben können. Hierunter fallen etwaige Schutz-, Aufklärungs- oder Warnpflichten.[317]

Unbeachtlich ist auch, ob der Verkäufer die Pflichtverletzung zu verschulden hat. Das UN-Kaufrecht macht die Anwendbarkeit der Rechtsbehelfe hiervon gerade nicht abhängig. Indem sich die Rechtsbehelfe nur an dem Merkmal der Pflichtverletzung orientieren, folgen sie einem objektiven Maßstab. Lediglich in dem Fall, dass der Verkäufer die Pflicht unverschuldet verletzt haben sollte, befreit ihn Art. 79 von Schadensersatzansprüchen der Käuferseite.[318]

Eine Differenzierung nimmt das UN-Kaufrecht hingegen bei der Frage vor, wie wesentlich sich die Pflichtverletzung gestaltet.[319] Hiernach bestimmt sich unter Umständen die Anwendbarkeit oder der Ausschluss einzelner Rechtsbehelfe. Gerade im Interesse der Vertragsausführung ist es dem Käufer beispielsweise verwehrt, bei geringen Pflichtverletzungen eine Vertragsaufhebung zu fordern.[320]

316 Staudinger-Magnus, Vorb. zu Art. 45 ff., Rn. 3, Art. 45, Rn. 8, 9; v. Caemmerer/Schlechtriem-Huber, Art. 45, Rn. 2.
317 v. Caemmerer/Schlechtriem-Huber, Art. 45, Rn. 3.
318 Staudinger-Magnus, Art. 45, Rn. 11; v. Caemmerer/Schlechtriem-Stoll, Art. 79, Rn. 14.
319 Staudinger-Magnus, Art. 45, Rn. 10. Weitere Ausführungen hierzu später.
320 Hierzu mehr bei den einzelnen Rechtsbehelfen.

III. Zwischenergebnis

Sinn und Zweck des UN-Kaufrechts war es, ein einheitliches Kaufrecht zu bestimmen, das den zwischenstaatlichen Handel erleichtern sollte. Anders als die ersten Versuche in diesem Bereich erfreut sich das UN-Kaufrecht einer großen Akzeptanz. Zentraler Begriff des Kaufrechts ist dabei die Vertragsmäßigkeit, die wesentlich durch die Parteivereinbarung bestimmt und durch objektive Anhaltspunkte ergänzt wird.

Die Folgen einer falschen Werbeaussage werden durch das UN-Kaufrecht nicht geregelt. Sie bestimmen sich vielmehr nach allgemeinen Regeln. Die Parteien müssen sich daher zu irgendeinem Zeitpunkt auf Werbeaussagen bezogen haben, wenn diese Vertragsbestandteil werden sollen.

Das Rechtsbehelfssystem des UN-Kaufrechts bezweckt zunächst die Vertragsdurchführung. Hierfür sprechen insbesondere die oftmals weiten Transportwege und die damit verbundenen Transportkosten. Die Rückabwicklung des Vertrages ist daher erst in einem weiteren Schritt vorgesehen.

D. Ergebnis

Die Vollendung des Binnenmarktes hängt im Wesentlichen von der Teilnahme des Verbrauchers am Wirtschaftsverkehr ab. Dies ist jedoch nur dann gewährleistet, wenn der Verbraucher in seiner Rechtsposition geschützt und gestärkt wird.

Bisher hat es aber an einem allgemeinen Verbraucherrecht gemangelt. Einen ersten wesentlichen Schritt stellt in diesem Zusammenhang die Richtlinie über missbräuchliche Klauseln dar. Der erste Entwurf dieser Richtlinie ging weit über den geplanten Anwendungsbereich hinaus. Neben dem eigentlichen Anwendungsbereich wurde ein umfangreiches Verbraucherrecht vorgeschlagen, das den Verbraucher in seinen Rechten maßgeblich schützen wollte. Die Vertragsmäßigkeit war ebenso in den Vorschlag aufgenommen worden wie ein Rechtsbehelfssystem, das die Folgen einer Vertragswidrigkeit regeln wollte.

Dieser Vorschlag wurde jedoch abgelehnt. Die Richtlinie wurde auf ihren ursprünglichen Anwendungsbereich reduziert. Daneben wurde das ursprüngliche Ansinnen weiterverfolgt. Der Bereich der Vertragsmäßigkeit sollte durch eine eigene Richtlinie geregelt werden. Hierzu wurden in den einzelnen Mitgliedsstaaten Untersuchungen angestellt, deren Ergebnisse in dem Grünbuch über Verbrauchsgütergarantien und Kundendienst zusammengefasst wurden.

Die Ergebnisse mündeten letztlich in der Richtlinie 1999/44/EG. Zentraler Begriff der Richtlinie ist die Vertragsmäßigkeit. Diese wird sowohl durch subjektive als auch durch objektive Merkmale bestimmt. Zu diesen objektiven Merkmalen können auch Werbeaussagen zählen, soweit sie sich auf den Kaufentschluss des Verbrauchers ausgewirkt haben.

Die Richtlinie orientiert sich sehr stark an Zweckmäßigkeitsgesichtspunkten, was insbesondere durch das Rechtsbehelfssystem zum Ausdruck kommt. Im Vordergrund steht insbesondere der Parteiwille, also die Durchführung des Vertrages. Erst in einem weiteren Schritt ist es möglich, die zu erbringende Leistung zu mindern oder gar aufzuheben.

Bei der Konzeption der Richtlinie konnte der Richtliniengeber auf bereits bestehendes Recht, das UN-Kaufrecht, zurückgreifen. Letztlich verfolgen beide Regelwerke identische Ziele. Unterschiedliche nationale Regelungen hemmen den Handel und somit auch das Zusammenwachsen verschiedener Nationen und Rechtsordnungen. Die Beseitigung dieser Hemmnisse ist aus diesem Grunde vorrangiges Ziel

Die Vertragsmäßigkeit ist auch im UN-Kaufrecht der zentrale Begriff des Gewährleistungsrechts. Die Rechtsbehelfe bezwecken ebenso zunächst die Vertragsdurchführung und erst in einem weiteren Schritt die Minderung oder Vertragsaufhebung.

Auf die gemeinsamen Ziele und den Erfolg des UN-Kaufrechts weist der Richtliniengeber im Rahmen seiner Begründung auch regelmäßig hin.

Nicht begründet hingegen wird die Haftung für Werbeangaben. Das UN-Kaufrecht sieht eine solche Regelung nicht vor. Falsche Werbeangaben haben daher auch nur dann eine Konsequenz, wenn sie von den Parteien zum Inhalt des Vertrages gemacht worden sind.

4. Teil: Informationshaftung nach § 434 Abs. 1 S. 3 BGB[321]

Die durch den deutschen Gesetzgeber umgesetzte Richtlinie 1999/44/EG normiert unter anderem eine Haftung für Werbeangaben, ohne eine solche Haftung näher zu begründen. Wie aber bereits im 1. Teil der Arbeit dargestellt[322], besteht durchaus ein Bedürfnis, den Handel für unrichtige Werbeangaben einstehen zu lassen.

A. Die Bedeutung von Werbeangaben und vorvertraglicher Information

Die Bedeutung von Werbeangaben und vorvertraglicher Information hat in den letzten Jahren stark zugenommen. Dies hängt unter anderem damit zusammen, dass die Entwicklung von Produkten, gerade im technischen Bereich, sehr viel schneller voranschreitet als vor etwa 10 oder 20 Jahren. Der Handel ist oftmals nicht in der Lage, dem einzelnen Verbraucher die technischen Einzelheiten der Produkte zu erklären. Daneben lässt sich im Handel aber auch ein teilweise sehr aggressiver Wettbewerb feststellen. Zwar müssen sich Werbemaßnahmen auch heute noch an den Regelungen des UWG messen lassen. Nicht zuletzt durch das Europarecht wurde das „Werberecht" aber liberalisiert. Beispielhaft sei die Möglichkeit der vergleichenden Werbung genannt, die erst seit kurzem möglich ist.

Die technische Entwicklung in einigen Bereichen und der Wettbewerb haben demnach dazu geführt, dass Werbeangaben und vorvertragliche Information an Bedeutung gewonnen haben.

Äußerungen eines Marktteilnehmers, die nach außen für Dritte wahrnehmbar sind, können für den Käufer und somit Verbraucher von großer Bedeutung sein. Da für den Unternehmer der Verkauf seiner Ware oder Dienstleistung im Vordergrund steht, bedient er sich der Werbung als einer der möglichen Formen öffentlicher Äußerung, um seine Ware oder Dienstleistung am Markt zu positionieren. Er profitiert demnach von der absatzfördernden Werbung, unabhängig davon, ob diese von dem Unternehmer selbst oder von Dritten stammt.

Neben einer solchen Marketingstrategie kommen aber auch andere Formen öffentlicher Äußerungen in Betracht. Neben der Information über Eigenschaften und Vorteile der Ware sind auch Äußerungen über mögliche Gefahren der Sache für den Verbraucher oder aber den Zustand der Ware selbst möglich. Der Be-

321 Die Begriffe der öffentlichen Äußerung, der Werbung sowie Etikettierung sind bereits im 1. Teil der Arbeit beschrieben und definiert worden.

322 Siehe 1. Teil, A., S. 19 ff.

reich der öffentlichen Äußerungen und deren Nutzen sind demnach vielfältig. Sowohl der Unternehmer als auch der Verbraucher können hiervon profitieren.

Dabei fällt es dem Handel naturgemäß leichter, Zugang zu wichtigen Produktinformationen zu erhalten.[323] Neben dem üblichen Marktüberblick des Handels für die von ihm vertriebenen Produkte verfügt dieser oftmals über Werbematerial, das ihm die Hersteller überlassen. Der Verkäufer hat demnach in der Regel einen Informationsvorsprung gegenüber dem Käufer. Im Gegensatz hierzu steht der Verbraucher außen vor. Zum einen kann er oftmals nicht einordnen, wer Urheber der Werbemaßnahmen ist. Gerade in den Printmedien ist es in der Regel der Handel, der für ganze Warensortimente wirbt. Gleichzeitig werben aber auch Hersteller für ihre (meist) hochpreisigen Produkte. Zum anderen verlässt sich der Verbraucher auf die Angaben in der Werbung, da er nicht in der Lage ist, diese zu überprüfen. Der Verbraucher sieht sich demnach der Werbung des Handels ausgesetzt und muss aus diesem Grunde geschützt werden.[324]

B. Einfluss von Werbeangaben auf die Beschaffenheit nach § 434 Abs. 1 S. 2 Nr. 2 BGB

I. Allgemein

Werbeangaben beeinflussen die Erwartung der Käufer in das Produkt. Dies gilt insbesondere dann, wenn es sich um Umstände handelt, die die Parteien nicht im Rahmen des Kaufvertrages ausdrücklich geregelt haben. Soweit die Parteien alle Umstände über die Kaufsache vereinbart haben, lässt sich ein Mangel relativ schnell und einfach feststellen. Wenn eine solche Vereinbarung fehlt, gestaltet sich dies schwieriger. In solchen Fällen bestimmt § 434 Abs. 1 S. 2 Nr. 1 und 2 BGB, wann die Kaufsache bei Fehlen einer solchen Vereinbarung frei von Mängeln ist.

Nach § 434 Abs. 1 S. 3 BGB gehören zu der Beschaffenheit nach § 434 Abs. 1 S. 2 Nr. 2 BGB auch Eigenschaften, die der Käufer nach den öffentlichen Äußerungen [...] über bestimmte Eigenschaften der Sache erwarten kann. Dem Wortlaut nach bezieht sich Satz 3 demnach nur auf die Beschaffenheit nach Satz 2 Nr. 2 und nicht auch auf die Eignung zur gewöhnlichen Verwendung, die durch § 434 Abs. 1 S. 2 Nr. 1 BGB geregelt wird.

Eine Trennung zwischen dem Einfluss der Werbung auf die Beschaffenheit oder die gewöhnliche Verwendung wird jedoch nicht immer vorgenommen. So

323 Grigoleit/Herresthal, JZ 2003, S. 233, 236.
324 Grigoleit/Herresthal, JZ 2003, S. 233, 237.

wird teilweise vertreten, dass öffentliche Äußerungen die Soll-Beschaffenheit der Eignung zur gewöhnlichen Verwendung um solche erhöhen, die sonst nicht zu einer derartigen Beschaffenheit gehören.[325] Im Ergebnis wirkt sich dies jedoch nicht aus. Zum einen handelt es sich auch bei der gewöhnlichen Verwendung um eine objektive Festlegung der Vertragsmäßigkeit. Zum anderen wird die gewöhnliche Verwendung durch die übliche Beschaffenheit mitbestimmt.

Mangels einer weiteren Differenzierung durch den Gesetzgeber wirken sich öffentliche Äußerungen sowohl auf die übliche als auch auf die zu erwartende Beschaffenheit aus.[326] Innerhalb des Begriffs der Beschaffenheit ist demnach nicht mehr zu differenzieren.

II. Beschaffenheit nach Satz 2 Nr. 2

1. Beschaffenheit

Der Begriff der Beschaffenheit wurde durch den Gesetzgeber ausdrücklich offen gelassen.[327] Er wollte hierdurch betonen, dass er die Beschaffenheit nicht auf bestimmte Merkmale beschränken will.[328] Der Gesetzgeber wollte anscheinend nochmals die Bedeutung der Parteivereinbarung im Sachmängelgewährleistungsrecht hervorheben. Diese lässt sich gerade nicht durch Typisierungen einschränken, sondern unterliegt vollumfänglich den Wünschen der Parteien.

Unabhängig von einer möglichen Vereinbarung ist aber unter dem Begriff der Beschaffenheit der tatsächliche Zustand der Sache anzusehen, der maßgeblich durch die ihm anhaftenden Eigenschaften beeinflusst wird. Dies bezieht sich sowohl auf solche Umstände, die der Kaufsache unmittelbar anhaften als auch auf solche, die außerhalb der Kaufsache liegen. Hierzu zählen daher etwa auch tatsächliche, rechtliche und wirtschaftliche Bezüge, die ihren Grund im tatsächlichen Zustand der Sache haben. Aus diesem Grunde können hierzu auch physische Eigenschaften, die Beziehung zur Umwelt, aber auch die Herkunft der Kaufsache zählen.[329] Anknüpfungspunkt ist dabei der tatsächliche physische Zustand. Tatsächliche, rechtliche sowie wirtschaftliche Bezüge gehören dann zu

325 Palandt/Putzo, § 434, Rn. 31.
326 Bamberger/Roth/Faust, § 434, Rn. 75.
327 Palandt/Putzo, § 434, Rn. 9.
328 BT-Drucks. 14/6040, S. 214.
329 Erman/Grunewald, § 434, Rn. 2 ff.; Palandt/Putzo, § 434, Rn. 11; Bamberger/Roth/Faust, § 434, Rn. 19.

der Beschaffenheit, wenn sie ihren Ursprung im tatsächlichen Zustand der Kaufsache haben.[330]

Der Begriff der Beschaffenheit wird in der Literatur sehr stark an die Eigenschaft im Sinne des § 459 Abs. 2 BGB a.F. angelehnt.[331] Es lässt sich aus diesem Grunde eine Tendenz feststellen, dass zumindest zusicherungsfähige Eigenschaften nach altem Recht Beschaffenheiten nach neuem Recht darstellen. Den Begriff der Beschaffenheit hat der Gesetzgeber aber ausdrücklich offen gelassen. Aus diesem Grunde darf der Begriff auch nicht zu eng definiert werden.[332] Er kann auch durch Umstände beeinflusst werden, die über den Begriff im Sinne des § 459 Abs. 2 BGB a.F. hinausgehen.

2. Die übliche Beschaffenheit

Bei der Frage, ob die Beschaffenheit üblich ist, wird ein objektiver Maßstab zugrunde gelegt[333], bei dem auf den Erwartungshorizont eines vernünftigen Durchschnittskäufers abgestellt wird[334]. Diesen objektiven Maßstab bestimmen andere Stücke der gleichen Gattung.[335] Die Kaufsache muss daher nach § 243 Abs. 1 BGB mittlerer Art und Güte sein.[336] In der Praxis wird an dieser Stelle ein konkreter Vergleich erfolgen: Bei gebrauchten Sachen wird die Gattung nach gleichem Alter bestimmt.[337] Bei technischen Anlagen wird auf die Genehmigungsfähigkeit abgestellt.[338]

3. Die zu erwartende Beschaffenheit

Neben der üblichen Beschaffenheit muss die Kaufsache aber auch die Beschaffenheit aufweisen, die der Käufer erwarten kann. Der zu erwartenden Beschaf-

---

330 Palandt/Putzo, § 434, Rn. 11; Bamberger/Roth/Faust, § 434, Rn. 22.

331 Siehe hierzu etwa Henssler/von Westphalen, § 434, Rn. 9 ff.

332 So ähnlich Erman/Grunewald, § 434, Rn. 3.

333 Das neue Schuldrecht/Haas, Kap. 5, Rn. 105; Henssler/von Westphalen, § 434, Rn. 27.

334 Bamberger/Roth/Faust, § 434, Rn. 57.

335 Bamberger/Roth/Faust, § 434, Rn. 58; Erman/Grunewald, § 434, Rn. 20.

336 Oetker/Maultzsch, Vertragliche Schuldverhältnisse, S. 42.

337 Bamberger/Roth/Faust, § 434, Rn. 64; Erman/Grunewald, § 434, Rn. 20; Oetker/Maultzsch, Vertragliche Schuldverhältnisse, S. 42.

338 Bamberger/Roth/Faust, § 434, Rn. 66.

fenheit kommt eine eigenständige Bedeutung im Rahmen des § 434 Abs. 1 S. 2 Nr. 2 BGB zu, deren Fehlen einen Mangel hervorrufen kann.[339]

Die zu erwartende Beschaffenheit bestimmt sich nach dem Erwartungshorizont eines Durchschnittskäufers.[340] Es geht an dieser Stelle also um eine allgemeine Erwartungshaltung, die, da es sich um einen Durchschnittskäufer handelt, durch eine „objektive Berechtigung" begrenzt wird.[341] Es kommt daher nicht darauf an, welche Erwartungen der Käufer tatsächlich hat, sondern welche er haben darf.[342] Hierdurch wird vermieden, dass der Käufer zu hohe Anforderungen an die Kaufsache stellt. Will er diese befriedigt wissen, so muss er versuchen, sie zum Inhalt einer Beschaffenheitsvereinbarung nach § 434 Abs. 1 S. 1 BGB zu machen.[343]

Es bleibt abzuwarten, ob dieser Alternative eine eigene Bedeutung zukommen wird. Denn die zu erwartende Beschaffenheit wird sich in aller Regel nach der üblichen Beschaffenheit richten. Was nicht üblich ist, wird ein Durchschnittskäufer auch nicht erwarten können.[344]

4. Der Preis als Beschaffenheit

Bereits oben wurde der Fall genannt, dass ein Elektronikhändler eine Spielkonsole in seinen Prospekten erheblich unter dem üblichen Ladenpreis angeboten hat.[345] Es stellt sich die Frage, ob der Händler in solchen Fällen an diesen niedrigen Preis gebunden ist. Dies wäre nach der geltenden Rechtslage nur dann möglich, wenn die Werbeangabe Einfluss auf die Beschaffenheit nach § 434 Abs. 1 S. 2 Nr. 2 BGB gehabt hätte. Es müsste sich bei dem Preis also um eine Beschaffenheit gehandelt haben. Als Preis soll dabei der Marktpreis verstanden werden und nicht etwa der Preis, der sich aus dem Substanzwert der Kaufsache ergibt. Hiergegen mag sprechen, dass dieser zwar von der Beschaffenheit abhängt und durch diese maßgeblich beeinflusst wird. Die konkrete Preisbildung findet jedoch am Markt statt und liegt somit außerhalb der Kaufsache.[346] Hierbei

---

339 Henssler/von Westphalen, § 434, Rn. 29; Bamberger/Roth/Faust, § 434, Rn. 54; Ermann/Grunewald, § 434, Rn. 21.

340 BT-Drucks 14/6040, S. 214; Bamberger/Roth/Faust, § 434, Rn. 72.

341 Das neue Schuldrecht/Haas, Kap. 5, Rn. 105.

342 Bamberger/Roth/Faust, § 434, Rn. 74.

343 Palandt/Putzo, § 434, Rn. 30; Henssler/von Westphalen, § 434, Rn. 29.

344 So ähnlich Bamberger/Roth/Faust, § 434, Rn. 72.

345 Siehe 1. Teil, A. I., 2., c., aa., S. 25.

346 Bamberger/Roth/Faust, § 434, Rn. 23, der wiederum auf Soergel/Huber, § 459 BGB a.F., Rn. 63 verweist; Palandt/Putzo, § 434, Rn. 11, der auf die Entscheidung BGHZ 114, 263 verweist, die zu § 459 BGB a.F. erlassen wurde.

ist jedoch zu beachten, dass sich diese Ansicht auf das alte Sachmängelgewährleistungsrecht stützt. Dort wurde dieser Aspekt insbesondere im Bereich der Eigenschaft diskutiert. Wie aber oben dargelegt, ist der Begriff der Beschaffenheit nicht mit dem der Eigenschaft nach § 459 Abs. 2 BGB a.F. gleichzusetzen. Zwar gibt es einige Überschneidungen. Der Beschaffenheitsbegriff ist aber weiter zu fassen. Es ist daher fraglich, ob die Argumente zu § 459 BGB a.F. ohne Weiteres übernommen werden können.

Hat der Käufer einen Anspruch darauf, die Ware zu dem angegebenen bzw. beworbenen Preis zu erhalten? Hiergegen könnte sprechen, dass der Preis grundsätzlich kein Merkmal ist, das sich aus der physischen Eigenschaft der Kaufsache ergibt. Andererseits wurde die Haftung für Werbeangaben eingeführt, damit sich der Käufer auf diese verlassen kann. Wieso sollte dies dann bei einer Preisangabe anders sein, wenn der Käufer seinen Kaufentschluss aufgrund des niedrigen Kaufpreises gefasst hat?

Der Kaufpreis findet aber seinen Ursprung außerhalb der Kaufsache. Dies spricht zunächst nicht dagegen, ihn als Beschaffenheit einzuordnen. Dennoch hat die Preisbildung nur mittelbar etwas mit der Kaufsache zu tun. Der Kaufpreis richtet sich in der Regel nach Angebot und Nachfrage. Die Besonderheiten der Kaufsache haben hier nur geringen Einfluss. Der Ursprung für die Kaufpreisbildung liegt demnach so weit außerhalb der Kaufsache, dass dieser nicht als Beschaffenheit anzusehen ist.

5. Zwischenergebnis

Es handelt sich also bei der üblichen und zu erwartenden Beschaffenheit um objektive Gesichtspunkte, die die Vertragsmäßigkeit der Kaufsache bestimmen. Wie sich bereits aus dem Wortlaut des § 434 BGB ergibt, kommt es darauf nur dann an, wenn die Parteien weder eine Beschaffenheit vereinbart (§ 434 Abs. 1 S. 1 BGB) noch eine bestimmte Verwendung der Kaufsache vorausgesetzt haben (§ 434 Abs. 1 S. 2 Nr. 1 BGB).

III. Einfluss durch öffentliche Äußerungen

Nach § 434 Abs. 1 S. 3 BGB gehören zu der Beschaffenheit nach Satz 2 Nr. 2 auch Eigenschaften, die der Käufer nach den öffentlichen Äußerungen erwarten kann. Dabei stellt sich die Frage, ob sich Satz 3 nur auf die zu erwartende oder aber auch auf die übliche Beschaffenheit bezieht. Satz 3 nimmt zunächst keine

Einschränkung vor. Nach dem Wortlaut bezieht er sich auf beide Varianten. Ausgenommen von Satz 2 Nr. 2 ist lediglich die Verwendung.

1. Anwendungsbereich des § 434 Abs. 1 S. 3 BGB

Von § 434 Abs. 1 S. 3 BGB ist zunächst einmal der Fall zu unterscheiden, dass die Parteien die öffentlichen Äußerungen beim Vertragsschluss kannten und diese auch dem Vertrag zugrunde gelegt haben. Dann würde eine Beschaffenheitsvereinbarung vorliegen, deren Inhalt durch die öffentliche Äußerung bestimmt wird.[347] In den Fällen handelt es sich um eine Beschaffenheitsvereinbarung im Sinne des § 434 Abs. 1 S. 1 BGB, deren Inhalt über die Vertragsmäßigkeit der Kaufsache entscheidet. Klassicherweise handelt es sich um die Fälle, in denen sich der Verkäufer etwa Prospekten bedient[348] oder sich die Parteien auf die Werbeangaben auf eine andere Art und Weise bezogen haben. Es geht bei § 434 Abs. 1 S. 3 BGB demnach um die Fälle, in denen sich die Parteien des Kaufvertrages gerade nicht ausdrücklich auf Werbeangaben beziehen.

2. Der Einfluss auf objektive Gesichtspunkte

Bereits nach dem Wortlaut des § 434 BGB können öffentliche Äußerungen nur objektive Gesichtspunkte beeinflussen. Öffentliche Äußerungen beeinflussen also die objektive Festlegung der Beschaffenheit nach § 434 Abs. 1 S. 2 Nr. 2 BGB. Dies gilt unabhängig von einem Verhalten der Vertragsparteien.[349]

a. Die Art und Weise des Einflusses

In welcher Art und Weise ein solcher Einfluss erfolgt, wird unterschiedlich eingeschätzt.

Teilweise wird eine Konkretisierung der gewöhnlichen Beschaffenheit angenommen[350], ohne dass dieser Aspekt näher behandelt wird. Fraglich ist aber, ob

---

347 Das neue Schuldrecht/Haas, Kap. 5, Rn. 109.

348 Bamberger/Roth/Faust, § 434, Rn. 75.

349 Das neue Schuldrecht/Haas, Kap. 5, Rn. 110.

350 Henssler/von Westphalen, § 434, Rn. 31, der sich hier auf Haas, in: Das neue Schuldrecht, Kap. 5, Rn. 110 bezieht. Zum einen versteht Haas öffentliche Aussagen nicht als Konkretisierung der „gewöhnlichen" Beschaffenheit. Zum anderen gibt es den Begriff der gewöhnlichen Beschaffenheit in diesem Zusammenhang nicht; Grigoleit/Herresthal, JZ 2003, S. 233, 236; Lehmann, DB 2002, S. 1090, 1092; so wohl auch Schlechtriem, in: Die Schuldrechtsreform vor dem Hintergrund des Gemeinschaftsrechts, S. 216.

öffentliche Äußerungen tatsächlich die Beschaffenheit nach § 434 Abs. 1 S. 2 Nr. 2 BGB konkretisieren. Hierfür mag sprechen, dass öffentliche Äußerungen konkrete Angaben enthalten, die die Beschaffenheit der Kaufsache nach § 434 Abs. 1 S. 2 Nr. 2 BGB grundsätzlich beeinflussen können. Insoweit kann von einer Konkretisierung gesprochen werden. Meines Erachtens ist aber der Begriff der Konkretisierung in diesem Zusammenhang missverständlich. Er setzt schon sprachlich etwas Allgemeines voraus, was konkretisiert werden kann. Das müsste dann die übliche und zu erwartende Beschaffenheit sein. Es ist aber ebenso vorstellbar, dass die übliche oder zu erwartende Beschaffenheit konkreter sein kann als eine mögliche Werbeangabe. Hier würde dann das Allgemeine nicht genauer konkretisiert werden. Letztlich dürfte es sich hierbei aber nur um ein rein sprachliches Problem handeln, das sich nicht weiter auswirkt. Von einer Konkretisierung ist daher zumindest in den Fällen auszugehen, in denen die öffentliche Äußerung konkrete Angaben über die Kaufsache macht. Beispielhaft ist der Fall der öffentlichen Äußerung über technische Angaben.

Eine weitere Ansicht will öffentliche Äußerungen in eine konkludente Beschaffenheitsabrede einbeziehen. Dies soll unabhängig davon gelten, ob sich die Parteien ausdrücklich auf die öffentliche Äußerung bezogen haben.[351] Gegen Letzteres spricht schon, dass im Falle des § 434 Abs. 1 S. 2 Nr. 2 BGB keine Parteiabrede besteht.[352] Dies gilt unabhängig davon, ob es sich um eine ausdrückliche oder konkludente Beschaffenheitsabrede handeln soll. Zudem setzt eine Vereinbarung voraus, dass die Parteien von den Werbeangaben Kenntnis haben und diese zum Vertragsgegenstand machen wollen. Im Gegensatz zum Käufer kann beim Verkäufer hiervon nicht immer ausgegangen werden. Demnach ist nicht davon auszugehen, dass öffentliche Äußerungen konkludent in eine Beschaffenheitsabrede einbezogen werden.

b. Folgen des Einflusses

Bei der Frage, inwieweit öffentliche Äußerungen die Beschaffenheit beeinflussen können, ist ein Vergleich zwischen der objektiv bestimmbaren Beschaffenheit und derjenigen Beschaffenheit anzustellen, die der Sache durch öffentliche Äußerungen zugesprochen wird. Es geht daher um den Unterschied zwischen der tatsächlichen Beschaffenheit, die nach Satz 2 Nr. 2 objektiv bestimmt werden kann, und der jetzt möglicherweise „fiktiven" Beschaffenheit, die durch öf-

351 Grigoleit/Herresthal, JZ 2003, S. 233, 236; Schlechtriem, in: Die Schuldrechtsreform vor dem Hintergrund des Gemeinschaftsrechts, S. 216.

352 Siehe 4. Teil, B., III., 1., S. 127.

fentliche Aussagen hervorgerufen wird. Dies bezieht sich nicht nur auf Fälle, in denen die Beschaffenheit aufgrund der Werbung höher eingestuft werden muss. Ebenso erfasst sind die Fälle, in denen aufgrund der Werbung geringere Anforderungen an die Beschaffenheit zu stellen sind.[353] Die Werbung kann daher auch dazu führen, dass der Käufer davon ausgehen muss, dass die Kaufsache eine geringere Qualität aufweist als sie nach Satz 2 Nr. 2 BGB üblich ist oder erwartet werden konnte.

Ausgehend von der oben gefundenen Bestimmung der üblichen Beschaffenheit können sich diese Folgen aber nur auf die zu erwartende Beschaffenheit im Sinne des § 434 Abs. 1 S. 2 Nr. 2 BGB beziehen. Die übliche Beschaffenheit knüpft an „Sachen gleicher Art“ an. Ein Einfluss durch Umstände, die nicht an „Sachen gleicher Art“ anknüpfen, kann daher nicht möglich sein.

C. Der Inhalt öffentlicher Äußerungen

Die zu erwartende Beschaffenheit kann aber nicht durch jede beliebige öffentliche Äußerung beeinflusst werden.

§ 434 Abs. 1 S. 3 BGB erfasst nicht jede Werbeaussage bzw. öffentliche Äußerung in seinem Anwendungsbereich. Bereits nach seinem Wortlaut müssen sich öffentliche Äußerungen auf „bestimmte Eigenschaften“ beziehen. Was unter diesem Begriff zu verstehen ist, wird freilich weder in der Richtlinie noch im BGB näher definiert. Ebenso wenig lässt sich aus den Erwägungsgründen zu der Richtlinie oder aus der Begründung zum ersten Richtlinienentwurf ersehen, was unter dem Begriff der bestimmten Eigenschaft zu verstehen ist.

I. Eigenschaft im Sinne von § 459 Abs. 2 BGB a.F.

Vor der Schuldrechtsreform hat § 459 Abs. 2 BGB a.F. den Begriff der *Eigenschaft* im Gewährleistungsrecht verwandt. Hiernach ist eine Eigenschaft jedes der Kaufsache auf gewisse Dauer anhaftende Merkmal, das für deren Wert, ihren vertraglich vorausgesetzten Gebrauch oder aus sonstigen Gründen für den Käufer erheblich ist.[354] Bei der Frage, was unter diesem Begriff zu verstehen ist, übt sich die Literatur in Zurückhaltung. Aus diesem Grunde lassen sich auch keine Fallgruppen entdecken, die Eigenschaften beschreiben. Anders hingegen ist es bei den Merkmalen, die nach Ansicht der Literatur und der Rechtsprechung kei-

353 So auch Bamberger/Roth/Faust, § 434, Rn. 76.
354 Palandt/Putzo, § 459, Rn. 20 (61. Aufl.).

ne Eigenschaften im Sinne des § 459 Abs. 2 BGB a.F. darstellen sollen. Hier werden regelmäßig der Preis oder der Wert der Sache angeführt.[355]

Diese Definition berücksichtigt die Wertschätzung und Interessen des Käufers für die Kaufsache in ausreichendem Maße. Fraglich ist jedoch, ob diese im Rahmen des § 434 Abs. 1 S. 3 BGB herangezogen werden kann. Hiergegen spricht insbesondere, dass der Eigenschaftsbegriff des § 459 Abs. 2 BGB a.F. sehr stark durch das Element der Zusicherung geprägt war. Ferner soll der Eigenschaftsbegriff des § 434 Abs.1 S. 3 BGB nicht die Wertschätzung des Käufers für die Kaufsache berücksichtigen. Durch den Begriff der bestimmten Eigenschaft wollte der Gesetzgeber nicht an § 459 Abs. 2 BGB a.F. anknüpfen. Ihm ging es vielmehr darum klarzustellen, dass reißerische Anpreisungen gerade nicht in den Anwendungsbereich des § 434 Abs. 1 S. 3 BGB gehören sollen.[356]

Die im Rahmen des § 459 Abs. 2 BGB a.F. gefundene Definition kann daher nicht ohne Einschränkung für den Anwendungsbereich des § 434 Abs. 1 S. 3 BGB übernommen werden.

II. Eigenschaft und der Bereich der Kfz

Die Literatur versucht eine Lösung zu finden, orientiert sich aber sehr stark an dem Eigenschaftsbegriff des § 459 Abs. 2 BGB a.F., so dass teilweise zu hohe Anforderungen daran gestellt werden, was als bestimmte Eigenschaft anzusehen ist.[357] Sie verweist regelmäßig auf die im Kfz-Bereich (insb. zum Verbrauch eines Kfz) ergangene Rechtsprechung[358]. Diese führt aber nur vermeintlich zu einer angemessenen Lösung. Die dort enthaltenen Grundsätze können nicht ohne Weiteres auf die Haftung nach Art. 2 Abs. 2 lit. d) RL übertragen werden.[359] Der Kfz-Bereich weist Besonderheiten auf, die zu berücksichtigen sind. Es handelt sich um einen technisch hoch entwickelten Bereich, der vom Verbraucher bzw. Käufer nicht überblickt werden kann. Zudem hat der Händler gegenüber dem Käufer einen Informationsvorsprung. Ebenso hat die Rechtsprechung in der

355 Palandt/Putzo, § 459, Rn. 20 (61. Aufl.).

356 Siehe hierzu BT-Drucks. 14/6040, S. 214.

357 Siehe hierzu etwa Magnus, in: Europäisches Kaufgewährleistungsrecht, S. 87; Schmidt-Ränsch, ZIP 1998, S. 849, 851.

358 So etwa auch die Gesetzesbegründung, BT-Drucks. 14/6040, S. 214; Westermann, NJW 2002, S. 241, 245; BGH ZIP 1996, S. 597; BGH ZIP 1997, S. 1547.

359 Siehe hierzu auch Magnus, in: Europäisches Kaufgewährleistungsrecht, S. 87, der die Subsumtion derartiger Fälle ebenso wenig als selbstverständlich ansieht und deshalb davon spricht, dass diese Fälle wohl mit Mühe unter die Vertragsmäßigkeit im Sinne von Art. 35 CISG fallen würden.

Vergangenheit im Bereich des Gebrauchtwagenhandels oftmals versucht, Unbilligkeiten auszugleichen. Dort erscheint eine Haftung für Werbeangaben ohnehin gerechtfertigt, da die Werbeangaben bei Gebrauchtwagen in der Regel von dem Verkäufer selbst ausgehen.

Aber auch der Bereich des Neuwagenskaufs weist Besonderheiten auf. Ein starker Verbraucherschutz ist schon deshalb erforderlich, weil es um den Verkauf hochpreisiger Güter geht, die der Verbraucher oftmals im Wege eines Darlehens finanziert. Zudem macht sich der Verkäufer grundsätzlich die Prospekte und Werbeangaben der Hersteller zu eigen. Soweit es sich um einen Vertragshändler handelt, wovon bei einem Neuwagenverkauf grundsätzlich auszugehen ist, ergibt sich dies insbesondere schon aus dem Automobil-Vertragshändler-Vertrag. Hier ist der Verkäufer teilweise schon aufgrund dieses Vertrages verpflichtet, Werbematerial des Kfz-Herstellers auszulegen.[360] Allein deshalb bestehen bereits keine Bedenken, den Verkäufer für Werbeangaben haften zu lassen. Die zum Kfz-Verkauf ergangene Rechtsprechung führt hier daher zu keinerlei Ergebnissen.

III. Nachprüfbarkeit

Abzustellen ist vielmehr auf die objektive Nachprüfbarkeit der Werbeaussage.[361] Die Werbeangabe muss sich auf nachprüfbare Umstände beziehen.[362] Erst wenn diese als falsch oder wahr beurteilt werden können, handelt es sich um Eigenschaften im Sinne des § 434 Abs. 1 S. 3 BGB. Hierunter fallen der klassische Kfz-Verbrauch, konkrete Maße, der Stromverbrauch etc.[363] Richtig ist aus diesem Grunde auch, dass allgemeine Anpreisungen nicht in den Anwendungsbereich des § 434 Abs. 1 S. 3 BGB fallen.

Daneben wird aber auch eine teilweise sehr enge Sichtweise vertreten. Hiernach soll die Werbung grundsätzlich so konkret sein, dass sie einer vertraglichen Vereinbarung entspreche. Dies wird damit begründet, dass Werbung gerade dazu dient, die fehlende Vereinbarung zu ersetzen.[364] Eine derart enge Sichtweise ist jedoch abzulehnen. Zum einen können Werbeaussagen auch dann nachge-

---

360 Kloubert, Vertragsgestaltung von Automobil-Vertragshändler-Verträgen, S. 45. Siehe auch Semler, in: Münchener Vertragshandbuch, Teil 2, S. 26.

361 BT-Drucks. 14/6040, S. 214.

362 Bamberger/Roth/Faust, §434, Rn. 83; Erman/Grunewald, § 434, Rn. 24, der hier „ernsthafte“ Angaben fordert, was etwas ungenau ist; Boerner, ZIP 2001, S. 2264, 2266.

363 Erman/Grunewald, § 434, Rn. 24.

364 Lehmann, DB 2002, S. 1090, 1092.

prüft werden, wenn sie nicht einer konkreten Vereinbarung entsprechen. Zum anderen ist nicht ersichtlich, wann eine Werbeaussage einer konkreten Vereinbarung entspricht. Letztlich würde auch diese Ansicht darauf abstellen, ob die Werbeaussage nachprüfbar wäre.

Werbeangaben bedürfen vielmehr gerade keiner hinreichenden Konkretisierung, um in den Anwendungsbereich § 434 Abs. 1 S. 3 BGB zu gelangen. Zu denken ist insbesondere an den Bereich der Alleinstellungs- und Spitzengruppenwerbung. Der Werbende behauptet in diesem Bereich, dass sein Produkt für sich alleine eine Spitzenstellung auf dem Markt einnimmt[365] oder aber zu einer Spitzengruppe gehört[366]. Es handelt sich um Fälle, in denen der Hersteller zwar nicht mit konkreten Produktangaben wirbt, seine Aussage jedoch darauf schließen lässt, dass der Käufer erwarten kann, dass das Produkt eine besondere Beschaffenheit aufweist. Hierzu gehören insbesondere Aussagen, dass das Produkt zur „Spitze" gehöre oder das „Beste" der Produktgruppe sei. Beispielhaft sei etwa der häufig zitierte Slogan, dass es sich um den „Mercedes unter den Rasierern" handele, genannt. Gleiches gilt etwa für die Aussage, der gekaufte Computer sei ein sog. „High End-Gerät".[367] Hier kann der Käufer grundsätzlich höhere Anforderungen an die Beschaffenheit der Sache stellen. Solche Aussagen sind objektiv nachweisbar und daher hinreichend bestimmt.[368] Würde ein Verkäufer seinem Käufer beim Kauf mitteilen, dass es sich bei der Kaufsache um das zur Zeit beste Produkt handele, so wird man den Verkäufer hierfür ohne Weiteres haften lassen. Wichtig hierbei ist aber, dass sich diese „allgemeineren" Aussagen auf die Beschaffenheit der Kaufsache beziehen.[369] Aussagen wie etwa, dass es sich um das meistverkaufte Produkt handeln würde, nehmen daher keinen Einfluss auf die Beschaffenheit nach Satz 2 Nr. 2.

Demnach fallen auch allgemein gehaltene Werbeaussagen in den Anwendungsbereich des § 434 Abs. 1 S. 3 BGB, soweit sie objektiv nachprüfbar sind[370] und sich auf die Beschaffenheit des Produktes beziehen. Eine solche Ansicht widerspricht auch nicht der Gesetzesbegründung. Dort wird nämlich insbesondere darauf abgestellt, dass die Werbeaussagen auch tatsächlich nachprüfbar sind. Erst wenn keine Bezugnahme auf nachprüfbare Aussagen über die Beschaffenheit vorliegt, kann die Werbeaussage keinen Einfluss auf die Beschaf-

365 Baumbach/Hefermehl, § 5, Rn. 2.135.

366 Baumbach/Hefermehl, § 5, Rn. 2.137, Rn. 5.73.

367 Beide Slogans aus Das neue Schuldrecht/Haas, Kap. 5, Rn. 108.

368 Das neue Schuldrecht/Haas, Kap. 5, Rn. 108; Bamberger/Roth/Faust, § 434, Rn. 83.

369 Hierauf weist Weiler, WM 2002, S. 1784, 1788 besonders hin.

370 A.A. Oetker/Maultzsch, Vertragliche Schuldverhältnisse, S. 43; a.A. wohl auch Henssler/von Westphalen, § 434, Rn. 33; Schellhammer, MDR 2002, S. 241, 245.

fenheit haben.[371] Die Ansichten, die eine solche Haftung ablehnen, verkennen, dass sich die Frage der Nachprüfbarkeit nicht allein danach richtet, wie genau oder konkret (Daten; DI-Normen, etc.) die einzelnen Werbeaussagen formuliert sind. Es kommt lediglich darauf an, ob die Aussage nachgeprüft werden kann. Dies hängt nicht ausschließlich damit zusammen, wie konkret der Werbende das Produkt in der Werbung beschreibt.

IV. Zwischenergebnis

Unter dem Begriff der bestimmten Eigenschaften sind demnach nachweisbare Tatsachen zu verstehen, die sich auf das Verbrauchsgut beziehen.[372] Durch das Erfordernis der „konkreten bzw. bestimmten Eigenschaft“ wird der Anwendungsbereich des Art. 2 Abs. 2 lit. d) RL und des § 434 Abs. 1 S. 3 BGB auf solche Werbeangaben reduziert, die objektiv nachweisbar[373] sind. Sie werden im Ergebnis so detailliert sein, dass sie sich letztlich als eine Beschaffenheitsvereinbarung darstellen lassen, da sie die unterbliebene Beschaffenheitsvereinbarung ersetzen.[374] Neben den detaillierten Werbeaussagen kommen aber auch allgemein gehaltene Äußerungen in Betracht, soweit sie einen Inhalt haben, der sich objektiv nachprüfen lässt. Ob hierdurch jedoch die Gefahr eine Haftungsausweitung tatsächlich beschränkt wird, ist fraglich.

D. Einfluss der Werbung auf die Käufererwartungen

I. Allgemeines

Nachdem festgestellt wurde, welche objektiven Gesichtspunkte einer Kaufsache durch eine hinreichend konkrete öffentliche Äußerung beeinflusst werden können, stellt sich die Frage, ob der Käufer eine solche Beschaffenheit nach der öffentlichen Äußerung auch tatsächlich erwarten darf.

Nach § 434 Abs. 1 S. 3 BGB gehören nur solche Eigenschaften zur Beschaffenheit nach § 434 Abs. 1 S. 2 Nr. 2 BGB, die der Käufer aufgrund öffentlicher Äußerungen erwarten kann. Dieses Tatbestandsmerkmal lässt dabei verschiede-

---

371 BT-Drucks. 14/6040, S. 214.
372 Weiler, WM 2002, S. 1784, 1788.
373 Lehr/Wendel, EWS 1999, S. 321, 323, die von einer Messbarkeit oder Quantifizierbarkeit ausgehen.
374 Lehmann, DB 2002, S. 1090, 1092; Grigoleit/Herresthal, JZ 2003, S. 233, 237.

ne Interpretationen zu. So kann es etwa dahin gedeutet werden, dass es auf die *individuell-konkrete* Erwartung des Käufers ankomme. Daneben kommt aber auch in Betracht, dass diese Erwartung *abstrakt-generell* bestimmt werden muss.

Der Richtliniengeber selbst hat sich für Letzteres entschieden. Indem er nur vernünftige Erwartungen berücksichtigen will, setzt er einen Maßstab an, der sich von der individuell-einseitigen Sichtweise des Verbrauchers abwendet hin zur abstrakt-generellen Sichtweise. Die Richtlinie hat hierdurch einen objektiven Maßstab vorgegeben, der durch das europäische Verbraucherleitbild ausgefüllt wird.[375] Die vernünftigen Erwartungen sind demnach anhand des europäischen Verbraucherleitbildes zu bestimmen. Diese Sichtweise ist auch im Rahmen des § 434 Abs. 1 S. 3 BGB zugrunde zu legen. Maßstab ist daher der „vernünftige" Durchschnittskäufer.[376]

Teilweise wird die Ansicht vertreten, dass das Gesetz grundsätzlich Differenzierungen hinsichtlich der Erwartungshaltung des Käufers zulasse. Diese seien bei einem Unternehmer anders einzuschätzen als bei einem Verbraucher.[377] Dem widerspricht jedoch, dass die durch die Werbung hervorgerufene Erwartungshaltung dann gerade nicht mehr bestimmt werden kann. Wenn etwa der Gesichtspunkt des Gewerbes herangezogen werden soll, dann können gleichermaßen auch andere individuell-konkrete Aspekte herangezogen werden. Dies würde auf eine konkret-individuelle Sichtweise hinauslaufen, die der Gesetzgeber gerade nicht bezweckt hat. Ausschlaggebend ist vielmehr der Durchschnittskäufer. Hier besteht aber die Gefahr, dass diese in den Mitgliedsstaaten unterschiedlich beurteilt werden können. Dies beruht insbesondere auf den teilweise sehr unterschiedlichen Verbraucherleitbildern. Mitgliedsstaaten, die bereits vor Erlass der Richtlinie Regelungen über die Haftung von Werbeangaben eingeführt hatten (wie etwa die Niederlande), dürften bei der Beurteilung der vernünftigen Erwartungen zu einem anderen Ergebnis kommen als etwa Mitgliedsstaaten, die bisher einen weniger progressiven Verbraucherschutz im Bereich der Werbung betrieben haben. Gerade zwischen dem deutschen und dem europäischen Verbraucherleitbild gibt es auch heute noch Unterschiede, die die Vollendung des Binnenmarkts gefährden können. Unterschiedliche Verbraucherleitbilder führen zu unterschiedlichen Beurteilungen von Werbeangaben. Wenn die Differenzen zwischen den Mitgliedsstaaten zu groß sind, besteht die Möglich-

375 Lehmann, JZ 2000, S. 280, 284; Weiler, WM 2002, S. 1784, 1790.

376 BT-Drucks. 14/6040, S. 214; Bamberger/Roth/Faust, § 434, Rn. 75; Palandt/Putzo, § 434, Rn. 37; Henssler/von Westphalen, § 434, Rn. 38; so auch Mees, WRP 2002, S. 135, 136; Grigoleit/Herresthal, JZ 2003, S. 233, 237; Peifer, JR 2001, S. 265, 268; MüKo/Westermann, § 434, Rn. 23 (4. Aufl.).

377 Jorden/Lehmann, JZ 2001, S. 952, 955.

keit, dass sich dies unmittelbar auf die Bewegung von Wirtschaftsgütern innerhalb des Binnenmarktes und somit auf die Wettbewerbsfreiheit auswirkt.[378]

II. Einfluss des Wettbewerbsrechts auf § 434 Abs. 1 S. 3 BGB

Die Erwartungen des Durchschnittskäufers wurden bisher im deutschen Recht insbesondere im Wettbewerbsrecht zugrunde gelegt. Aus diesem Grunde kann auf die dort angewandten Maßstäbe zurückgegriffen werden.[379] Der Erwartungshorizont eines Durchschnittskäufers ist identisch mit dem eines Verbrauchers bei irreführender Werbung.[380] Dies ist auch insbesondere dadurch gerechtfertigt, dass die Richtlinie das europäische Verbraucherleitbild zugrunde legt, welches maßgeblich anhand des europäischen Wettbewerbsrechts ermittelt wurde. Es ist daher zu erwarten, dass deutsche Gerichte bei der Frage des Erwartungshorizonts im Rahmen des § 434 Abs.1 S. 3 BGB auf die zu § 3 UWG a.F. ergangene Rechtsprechung zurückgreifen oder sich zumindest an ihr orientieren werden.

III. Europäisches Verbraucherleitbild

Die Rechtsprechung des EuGHs geht bei dem Verbraucher von einer Person aus, die vernünftig, kritisch und grundsätzlich beurteilungsfähig ist.[381] Dabei wird insbesondere betont, dass Produktinformationen nicht alleine zur Absatzförderung von Unternehmen bestimmt sind. Sie können vielmehr auch dem Verbraucher notwendige Informationen liefern, die dieser benötigt, um über Nutzen und Lasten eines Kaufgegenstandes aufgeklärt zu werden. Produktinformationen können daher insbesondere auch dem Verbraucherschutz dienen. Nicht zuletzt das Erste und Zweite Verbraucherschutzprogramm haben dies betont.[382]

Das europäische Verbraucherleitbild weist dem Verbraucher demnach eine Verantwortung zu, wonach Werbeangaben nicht einfach hingenommen werden dürfen. Es liegt vielmehr an ihm, sich mit diesen in angemessener Weise auseinanderzusetzen. Diese Sichtweise schränkt die Gefahr einer erheblichen Auswei-

---

378 Baumbach/Hefermehl, Einl. UWG, Rn. 649 (22. Aufl.).

379 Bernreuther, WRP 2002, S. 368, 387; MüKo/Westermann, § 434, Rn. 23 (4. Aufl.).

380 Bernreuther, WRP 2002, S. 368, 371.

381 EuGH GRUR Int. 1990, S. 955, 956; GRUR Int. 1991, S. 215, 216; GRUR Int. 1995, S. 677, 678 f.

382 EuGH GRUR Int. 1990, S. 955, 956.

tung der Haftung ein. Indem dem Verbraucher ein eigener Verantwortungsbereich zugewiesen wird, ist der Bereich der berechtigten Erwartung enger gefasst.

IV. Deutsches Verbraucherleitbild

Das Verbraucherleitbild der deutschen Rechtsprechung ist hingegen ein anderes. Hier geht man davon aus, dass der Verbraucher Werbeangaben grundsätzlich flüchtig, unkritisch und ungezwungen aufnimmt. Der Wille, sich mit der Werbung näher auseinanderzusetzen wird ihm abgesprochen.[383] Teilweise wird die Ansicht vertreten, dass sich das Verbraucherleitbild der deutschen Rechtsprechung an das des EuGHs angleicht.[384] Vergleicht man die dieser Ansicht zugrunde gelegte Rechtsprechung[385], so kann dem nicht uneingeschränkt gefolgt werden. Zutreffend ist, dass diese Rechtsprechung grundsätzlich das Verbraucherleitbild des EuGHs zugrunde legt. Sie stützt sich dabei aber insbesondere auf das sog. „Orient-Teppichmuster“-Urteil[386]. Die Besonderheit bei diesem Urteil ist, dass es sich auf nicht geringwertige Ware bezieht, was der BGH in seinen Urteilsgründen auch ausdrücklich betont.[387] Hieraus kann nicht abgeleitet werden, dass dieses Verbraucherleitbild grundsätzlich bei allen Rechtsgeschäften zugrunde gelegt wird. Es lässt vielmehr den Umkehrschluss zu, dass dieser Maßstab bei geringwertigen Waren nicht anzusetzen ist. Der BGH geht demnach von einem situationsabhängigen Verbraucher aus. Dies steht aber im Widerspruch zur Rechtsprechung des EuGHs, der sein Verbraucherleitbild auch bei geringwertiger Ware anwendet, was unter anderem durch das sog. „Mars-Urteil“[388] besonders deutlich wird. Hier bewertet der EuGH die Verpackung von Schokoladenriegeln anhand des von ihm entwickelten Verbraucherleitbildes. Dieses soll demnach auch dann gelten, wenn es sich um geringwertige Wirtschaftsgüter des Alltags handelt.

---

383 BGH GRUR 1952, S. 582, 583; BGH GRUR 1957, S. 128, 130; BGH GRUR 1969, S. 415, 416; BGH GRUR 1970, S. 425, 426.

384 Palandt/Heinrichs, Einf v § 145, Rn. 13; Emmerich, S 182.

385 Hier wird insbesondere BGH NJW 2001, S. 153; BGH WM 2001, S. 1962, 1964 sowie BGH GRUR 2000, S. 619, 621 zugrunde gelegt. Teilweise auch BGH GRUR 1996, S. 502, 505 sowie BGH GRUR 1997, S. 304/306, wobei sich auch diese Urteile nicht für einen Vergleich eignen. Es handelt sich dort um die rechtliche Zulässigkeit von Werbemaßnahmen für Heizöl-Produkte. Die Besonderheit in diesem Bereich liegt darin, dass solche Produkte typischerweise hochpreisig sind und einmal jährlich gekauft werden. Zudem ist der Anbieterkreis beschränkt.

386 BGH GRUR 2000, S. 619 ff.

387 BGH GRUR 2000, S. 619, 621.

388 EuGH WRP 1995, S. 677 ff.

Der Ansicht, die eine Annäherung an die EuGH-Rechtsprechung feststellen möchte, kann daher nur in sehr eingeschränktem Maße zugestimmt werden. Hieraus folgt, dass die deutsche Rechtsprechung vielmehr ihrem bisherigen Verbraucherleitbild folgt[389] und sich nur in Ausnahmefällen an das Modell des EuGHs annähert.

Im Gegensatz zum europäischen Verbraucherleitbild nimmt man dem Verbraucher die eigene Verantwortung für die Beurteilung von Werbeangaben ab. Dies muss durch einen stärkeren Schutz des Verbrauchers ausgeglichen werden, was zu einer stärkeren Haftung für Werbeangaben Dritter führen kann.

Bedenkt man das Verbraucherleitbild des EuGHs, so ist nicht anzunehmen, dass der Richtliniengeber die eben skizzierte Folge bezweckt. Er legt seinen Überlegungen grundsätzlich das europäische Verbraucherleitbild zugrunde. Dieses sollte daher auch der Maßstab für die vernünftigen Erwartungen des Verbrauchers sein.

Nach alldem bleibt abzuwarten, ob die Mitgliedsstaaten ihre national geprägten Verbraucherleitbilder beibehalten werden oder ob sich ein einheitlich europäisches Leitbild entwickeln wird. Teile der Literatur erwarten bereits jetzt keine Differenzen zwischen deutscher und europäischer Rechtsprechung.[390] Um eine zu große Ausuferung der Haftung zu vermeiden, sollte in diesem Zusammenhang aber ein restriktiver Maßstab angesetzt werden, der sich nicht an überzogenen Anforderungen orientiert.[391]

Sollte davon ausgegangen werden, dass der Verbraucher Werbung grundsätzlich flüchtig und unkritisch aufnimmt und sich der Werbung nur in Ausnahmefällen kritisch und prüfend annehmen wird, kann dies aber nicht gewährleistet werden.

V. Erwartungen beim Kauf von gebrauchten Verbrauchsgütern

Der Werbende bezieht seine Werbeangaben in aller Regel auf Neuwaren. Die Wirkungen einer solchen Werbung können jedoch darüber hinausgehen. Sie können insbesondere fortwirken.[392] Dies kann etwa der Fall sein, wenn der Käufer eine gebrauchte Sache erwirbt, für die noch immer geworben wird oder wenn es sich um eine intensive und mit großem Interesse verfolgte Werbekampagne

389 So auch Lehmann, JZ 2000, S. 280, 284, 285 (in Fußnote 49).

390 Mees, WRP 2002, S. 135, 137; Bernreuther, WRP 2002, S. 368, 372.

391 Lehmann, JZ 2000, S. 280, 284; siehe hierzu auch die Stellungnahme und Bedenken des Rechtsausschusses des Bundesrates – ZIP 1996, A 104.

392 So auch Weiler, WM 2002, S. 1784, 1788.

gehandelt hat. Auch hier kann die Erwartungshaltung des Käufers durch die Werbeangabe geprägt sein.

Erwirbt der Käufer eine gebrauchte Sache, so liegt auf der Hand, dass seine Erwartungen nicht die gleichen sein können wie beim Kauf einer neuen Sache. Ausschlaggebend hierfür ist, dass die Beschaffendheit der Kaufsache maßgeblich von ihrem physischen Zustand abhängt. Dieser ist naturgemäß dem Verschleiß unterworfen und unterscheidet sich von Neuware.[393] Neue und gebrauchte Sachen stellen daher grundsätzlich keine Sachen gleicher Art dar. Der Verbraucher kann demnach nicht davon ausgehen, dass die Kaufsache die Beschaffenheit einer neuwertigen Ware aufweist.

Etwas anderes hat aber dann zu gelten, wenn es sich um eine Beschaffenheit handelt, die keinem Verschleiß unterliegt. Da die Beschaffenheit in solchen Fällen nicht durch den Verschleiß beeinflusst werden kann, sind die Erwartungen des Käufers gerade nicht niedriger anzusetzen. Gleiches gilt etwa auch dann, wenn die Werbung gerade die Langlebigkeit eines Produktes besonders heraushebt.[394] Auch hier kann der Durchschnittskäufer erwarten, dass die gebrauchte Ware mit den Werbeangaben übereinstimmt.

Der Erwartungshorizont des Durchschnittskäufers bei Gebrauchtware hängt demnach davon ab, ob die Beschaffenheit durch das Alter oder den Verschleiß beeinflusst wird.

Relevant wird dies insbesondere beim Gebrauchtwagenkauf. Der Käufer hat aufgrund der Werbung, insbesondere in Form von Prospekten, regelmäßig konkrete Erwartungen an das Fahrzeug, so etwa bei dem Verbrauch. Dieser wird üblicherweise in den Händlerprospekten angegeben. Der Verbrauch hängt unter anderem auch vom Verschleiß des Fahrzeuges ab. Je älter das Fahrzeug ist, umso stärker kann der Verbrauch abweichen. Können dabei die Erwartungen des Käufers eines 15 Jahre alten Fahrzeugs noch von Werbeangaben beeinflusst sein? Hier wird deutlich, dass sich die Erwartungen beim Kauf einer gebrauchten Sache, anders als bei Neuware, nicht abstrakt bestimmen lassen. Es ist vielmehr eine Einzelfallbetrachtung vorzunehmen, die durch Alter, Zustand und Abnutzung beeinflusst werden kann.[395] Dies ergibt sich unter anderem auch aus dem Umstand, dass es sich nicht um einen Gattungskauf, sondern um einen Stückkauf handelt.[396] Fraglich ist aber, ab welchem Zeitpunkt diese Einzelfallbetrachtung vorzunehmen ist. Meines Erachtens kann während der ersten zwei Jah-

393 Weiler, WM 2002, S. 1784, 1788.

394 Weiler, WM 2002, S. 1784, 1788. Die Voraussetzungen einer Haltbarkeitsgarantie werden dabei außen vor gelassen.

395 Weiler, WM 2002, S. 1784, 1788.

396 Westermann, NJW 2002, S. 241, 244.

re eines Produkts der gleiche Maßstab angesetzt werden wie bei einer Neuware. Wie oft das Produkt in dieser Zeit weiterveräußert wurde, ist dabei unbeachtlich. Die ersten zwei Jahre entsprechen der regelmäßigen Verjährung der Mängelansprüche des § 438 Abs. 1 Nr. 3 BGB. Beim Kauf einer Neuware ist während dieser Zeit die Erwartung eines Durchschnittskäufers anzuwenden. Es ist daher nicht gerechtfertigt, diesen Erwartungshorizont herabzusetzen, wenn die Kaufsache weiterveräußert wird. Für die ersten zwei Jahre eines Produktes kann demnach die Erwartung des Durchschnittskäufers einer Neuware angenommen werden. Dem kann zwar entgegenhalten werden, dass es dort zu Schwierigkeiten kommt, wo der Käufer eine etwa 1 ½ Jahre alte Kaufsache erwirbt. In der Praxis dürften an dieser Stelle aber keine Probleme auftreten. Hier würde für ein halbes Jahr der Erwartungshorizont des Durchschnittskäufers einer Neuware zur Anwendung kommen. Erst ab dem zweiten „Produktjahr" wäre die Anwendung dieses Maßstabs nicht mehr gerechtfertigt. Ab diesem Zeitpunkt wäre eine Einzelfallbetrachtung vorzunehmen.

Der Gesetzgeber hat die Haftung für Werbeangaben bei gebrauchten Sachen nicht geregelt. Lediglich bei den Gewährleistungsfristen findet sich eine Regelung (§ 475 Abs. 2 BGB). Wie gezeigt, war eine solche Regelung aber nicht nötig. Die Haftung für Werbeangaben bei gebrauchten Gütern ist auch von den Käufererwartungen abhängig. Dabei ist für die ersten zwei Produktjahre davon auszugehen, dass der Erwartungshorizont des Durchschnittskäufers einer Neuware anzusetzen ist. Gleiches gilt dann, wenn die Beschaffenheit nicht durch einen Verschleiß oder das Alter beeinflusst werden kann. Nach diesen zwei Jahren ist eine Einzelfallbetrachtung dann vorzunehmen, wenn die Beschaffenheit durch das Alter, den Verschleiß, etc. beeinflusst werden kann.

E. Ergebnis

Öffentliche Äußerungen, namentlich Werbung, kann die Beschaffenheit einer Kaufsache beeinflussen, die der Käufer hiernach erwarten kann. Voraussetzung ist aber, dass es sich um hinreichend konkrete und nachprüfbare öffentliche Äußerungen handelt. Die „berechtigten" Erwartungen sind dabei anhand des europäischen Verbraucherleitbildes zu bestimmen.

F. Urheber der Äußerungen

Der Verbraucher nimmt beschaffenheitsbeeinflussende öffentliche Äußerungen wahr, ohne nach der Urheberschaft zu differenzieren. Sowohl die Richtlinie als auch das BGB nennen verschiedene Personen, die Urheber von öffentlichen Äußerungen sein können. In Betracht kommen daher der Verkäufer, der Gehilfe sowie der Hersteller. Anders als bei dem Begriff der öffentlichen Äußerung finden sich in der Richtlinie einzelne Definitionen zu den Urhebern wieder. Eine Definition der Urheber öffentlicher Äußerungen im Rahmen des § 434 Abs. 1 S. 3 BGB kann daher nicht isoliert vorgenommen werden. Sowohl die Richtlinie als auch deren Einflüsse sind zu berücksichtigen.

Im Folgenden werden daher die möglichen Urheber öffentlicher Äußerungen im Sinne des § 434 Abs. 1 S. 3 BGB untersucht. Da sich eine auf § 434 Abs. 1 S. 3 BGB beschränkende Definition verbietet, wird in den einzelnen Bereichen zunächst eine Definition anhand der Richtlinie 1999/44/EG gefunden. Hieran schließt sich dann jeweils eine Definition im Hinblick auf § 434 Abs. 1 S. 3 BGB an.

I. Verkäufer

1. Verkäufer im Sinne des Art. 1 Abs. 2 lit. c) RL

Art. 2 RL nennt als einen der möglichen Absender von Werbeangaben den Verkäufer selbst. Dies erscheint selbstverständlich, da die Haftung dann unmittelbar auf einem eigenständigen Handeln des Verkäufers beruht. Fraglich ist aber zunächst, was unter „Werbung des Verkäufers" zu verstehen ist. Diese Frage drängt sich an dieser Stelle auf, da der Ursprung von Werbeangaben für Verbraucher nicht immer zweifelsfrei zu bestimmen ist.

Nach Art. 1 Abs. 2 lit. c) RL ist jede natürliche oder juristische Person, die aufgrund eines Vertrages im Rahmen ihrer beruflichen oder gewerblichen Tätigkeit Verbrauchsgüter verkauft, Verkäufer. Die Richtlinie hat diesen Begriff definiert, um ausschließlich gewerbliche Verkäufer und nicht auch Privatpersonen in den Anwendungsbereich der Richtlinie aufzunehmen.[397]

a. Verkäufer oder Letztverkäufer

Art. 2 Abs. 2 lit. d) RL stellt im Zusammenhang mit öffentlichen Äußerungen zunächst auf den gewerblichen Charakter des Handelns ab. Auf einen Abverkauf an einen Verbraucher kommt es nicht an. Aus diesem Grunde ist zu prüfen, welcher Verkäufer als Urheber öffentlicher Äußerungen in Betracht kommt. Neben dem Verkäufer des Verbrauchers könnten auch öffentliche Äußerungen des

397 Richtlinienvorschlag, ZIP 1996, S. 1845, 1849.

Verkäufers dieses Verkäufers die zu erwartende Beschaffenheit beeinflussen. Der Wortlaut der Richtlinie nimmt keine Einschränkung vor. Demnach ist nicht auszuschließen, dass Urheber öffentlicher Äußerungen alle Verkäufer, also auch Zwischenhändler oder Lieferanten, sein können. Hierfür spricht sehr stark, dass auf einen Verkauf an einen Verbraucher gerade nicht abgestellt wird. Zudem bezeichnet die Richtlinie einen solchen Verkäufer in Art. 4 RL als Letztverkäufer. Wenn der Richtliniengeber ausschließlich den Letztverkäufer als Urheber einer Werbeaussage im Auge hatte, so hätte er diesen Begriff im Rahmen des Art. 2 Abs. 2 lit. d) RL verwenden können. Ferner sieht Art. 4 RL die Möglichkeit vor, dass ein früherer Verkäufer die Vertragswidrigkeit verursacht haben kann. Diese kann auch durch Werbeangaben beeinflusst werden. Auch dies lässt grundsätzlich die Annahme zu, dass Werbeaussagen des Vorverkäufers in den Anwendungsbereich des Art. 2 Abs. 2 lit. d) RL zu fassen sind. Der Letztverkäufer würde demnach auch für Werbeaussagen von „Vorverkäufern“, also Zwischenhändlern, haften. Hiergegen mag sprechen, dass dies eine große Haftungserweiterung für den Letztverkäufer bedeutet. Neben der Hersteller- und Gehilfenwerbung soll der Verkäufer jetzt auch für Werbeangaben eines Vorverkäufers haften. Andererseits wird der Verbraucher regelmäßig nicht erkennen können, ob die Werbeaussage auch tatsächlich von dem Letztverkäufer stammt. Hierauf kommt es ihm im Zweifel auch nicht an. Ferner bestünde die Gefahr, dass die Werbung eines Verkäufers durch einen gewerblichen Weiterverkauf plötzlich nicht mehr relevant wäre. Eine Haftung würde vom Zufall abhängen. Letztlich profitiert der Letztverkäufer auch von einer Werbung seines eigenen Verkäufers. Unbilligkeiten können darüber hinaus über die Exkulpationsmöglichkeiten der Richtlinie gelöst werden.

Die von der Richtlinie genannten Urheber sprechen daher zunächst gegen eine restriktive Sichtweise des Verkäuferbegriffs. Art. 2 Abs. 2 lit. d) RL geht ohnehin davon aus, dass der Verkäufer für öffentliche Äußerungen Dritter einzustehen hat. Wenn er aber schon für öffentliche Äußerungen von Herstellern oder Gehilfen haften soll, ist nicht einzusehen, warum eine Haftung für Werbeangaben anderer Verkäufer, wie etwa Lieferanten, von vorneherein ausgeschlossen sein soll, zumal der Wortlaut keine Einschränkung vornimmt.

Hiergegen spricht aber, dass die Richtlinie grundsätzlich von einem Abverkauf an den Verbraucher ausgeht. Der Richtliniengeber wird daher auch im Rahmen von Art. 2 Abs. 2 lit. d) der Richtlinie von einem identischen Verständnis ausgehen.

Art. 2 Abs. 2 lit. d) RL bezieht sich daher ausschließlich auf den gewerblich handelnden Verkäufer, der ein Rechtsgeschäft mit einem Verbraucher abschließt. Die Richtlinie geht damit vom so genannten Letztverkäufer aus.

b. Eigene Werbung

Werbeangaben des Verkäufers können auf mehrere Weisen erfolgen: Zunächst einmal kann der Verkäufer eigene Werbemaßnahmen treffen. Es handelt sich dabei um solche Absatzmaßnahmen, die auf einem eigenverantwortlichen Verhalten des Verkäufers beruhen. Dies kann insbesondere durch die eigene Formulierung oder Gestaltung erfolgen. Gleiches gilt für die Fälle, in denen der Verkäufer Art und Umfang des Wirkungsgrades selbstständig bestimmt.

Der häufigste Fall einer solchen Werbung dürfte insbesondere Ladenketten betreffen, die regional oder sogar bundesweit einheitlich auftreten.[398] Solche Unternehmen haben regelmäßig zentral gesteuerte Werbemaßnahmen, die selbst gestaltete und formulierte Werbung zum Inhalt haben. Im Gegensatz hierzu bedient sich der „kleine" Einzelhändler in der Regel nicht selbst gestalteter Produktwerbung. Wenn dies doch einmal der Fall sein sollte, so beschränken sich die Werbemaßnahmen auf kleine Anzeigen in regionalen Zeitungen oder die Verteilung von Handzetteln.

c. Nutzung fremder Werbung

Daneben kommt aber auch die Möglichkeit in Betracht, dass der Verkäufer im Rahmen absatzfördernder Maßnahmen auf Werbematerial eines Dritten, wie etwa des Herstellers, zurückgreift. Dies kommt vor allem dann vor, wenn der kleine Einzelhändler nicht auf ausreichend finanzielle Mittel zurückgreifen kann, um eigenständige Werbemaßnahmen zu betreiben. Hier bietet es sich an, sich der Werbung Dritter – soweit unter dem Gesichtspunkt des Wettbewerbsrechts und des Gewerblichen Rechtsschutzes zulässig – zu bedienen. Zusätzlich gibt es Vertriebsformen, wie etwa das Franchising, bei denen absatzfördernde Maßnahmen zentral gesteuert werden, um ein einheitliches Bild im Markt herbeizuführen.[399] Aus diesem Grunde werden Werbemaßnahmen zentral und unter großem Einfluss des Franchise-Gebers durchgeführt.[400]

In den hier dargestellten Fällen handelt es sich nicht um Werbung des Verkäufers, sondern in der Regel um solche des Herstellers. Soweit sich der Verkäufer bei Vertragsabschluss auf solche Werbung beruft, wird diese unmittelbar Vertragsinhalt. Die Vertragsmäßigkeit richtet sich dann nach Art. 2 Abs. 1 RL.

398 Hierunter fallen etwa die Elektronik-Handelsketten „Media Markt" und „Saturn Hansa". Beide Handelsketten veröffentlichen ihre Werbeprospekte bundesweit in Tageszeitungen, wo sie einen regelrechten Preiskampf ausfechten.

399 Schmidt, Handelsrecht, S. 772.

400 Reimann/Wagner, in: Münchener Vertragshandbuch, Band 3, 1. Halbband, Wirtschaftsrecht, S. 511.

In anderen Fällen liegt jedoch keine Verkäuferwerbung im Sinne des § 2 Abs. 2 d) RL vor. Es handelt sich dort um Herstellerwerbung.[401]

2. Verkäufer im Sinne des § 434 Abs. 1 S. 3 BGB

a. Allgemein

§ 434 Abs. 1 S. 3 BGB gilt unabhängig von einem Verbrauchsgüterkauf. Der deutsche Gesetzgeber hat die Richtlinie zwar umgesetzt, diese aber über den Bereich des Verbrauchsgüterkaufs hinaus ausgeweitet. Die Begriffsbestimmungen der Richtlinie können daher auch nicht ohne Weiteres übernommen werden. Der Richtliniengeber hat die Begrifflichkeiten sehr stark an dem Verbraucherkauf ausgerichtet. Auch die hierzu erschienene Literatur hat sich sehr stark daran orientiert. Es wird daher zu prüfen sein, ob die gefundenen Definitionen des Richtliniengebers und der Literatur auf § 434 Abs. 1 S. 3 BGB übertragbar sind.

b. Der Verkäufer

Im Gegensatz zur Richtlinie findet sich im BGB keine Definition des Verkäufers wieder. Lediglich der Unternehmer ist in § 14 BGB bestimmt. Hiernach ist jede natürliche oder juristische Person, die bei Abschluss eines Rechtsgeschäfts in Ausübung ihrer gewerblichen oder selbstständigen Tätigkeit handelt, ein Unternehmer. Ähnlich wie die Richtlinie in Art. 1 Abs. 2 lit. c) RL, stellt § 14 BGB bei einem Unternehmer auf einen gewerblichen Charakter ab.

Fraglich ist, ob die Definition des Verkäufers nach Art. 1 Abs. 2 lit. c) RL auf § 434 Abs. 1 S. 3 BGB übertragen werden kann. Hierfür spricht zunächst, dass § 478 Abs. 1 BGB den Verkäufer als Unternehmer bezeichnet. Das Gesetz knüpft demnach ausdrücklich an § 14 BGB an. Andererseits stellt sich dann die Frage, wieso der Gesetzgeber bei § 434 Abs. 1 S. 3 BGB nicht an den Unternehmerbegriff des § 14 BGB angeknüpft, sondern den Begriff des Verkäufers gewählt hat. Indem der Gesetzgeber in § 434 Abs. 1 S. 3 BGB den Verkäufer und gerade nicht den Unternehmer nennt, verdeutlicht er, dass es ihm bei einem Kaufvertrag gerade nicht auf den gewerblichen Charakter des Rechtsgeschäfts ankommt. Hieraus ergibt sich, dass § 434 Abs. 1 S. 3 BGB auch solche Verkäufer von seinem Anwendungsbereich erfassen will, die nicht gewerblich handeln. Dies dürfte vor allem für die Fälle gelten, in denen eine Privatperson Verbrauchsgüter veräußert.[402] An dieser Stelle ist § 434 Abs. 1 S. 3 BGB dem-

401 Hierzu später unter F., II., Seite 149 ff.
402 So auch Haas, in: Das neue Schuldrecht, Kap. 5, Rn. 112.

nach strenger als die Richtlinie. Dort wird der Privatverkäufer gerade nicht unter den Art. 2 Abs. 2 lit. d) RL gefasst. Die Gesetzesbegründung selbst lässt offen, ob der Verkäufer anhand eines gewerblichen Kriteriums bestimmt werden soll. Einerseits wird im Rahmen der Begründung darauf verwiesen, dass es in der Regel um gewerbliche handelnde Personen geht.[403] Andererseits wird ausdrücklich betont, dass der Anwendungsbereich über den Verbrauchsgüterkauf hinausgehen soll.[404] Letzteres spricht gerade dafür, den Begriff des Verkäufers nicht anhand einer gewerblichen Tätigkeit zu definieren. Demnach ist ein Verkäufer im Sinne des Art. 2 Abs. 2 lit. d) RL regelmäßig ein Unternehmer im Sinne des § 14 BGB, was jedoch nicht für § 434 Abs. 1 S. 3 BGB gilt.

Der deutsche Gesetzgeber war auch nicht an die Definition des Art. 1 Abs. 2 lit. c) RL gebunden. Er durfte den Anwendungsbereich vielmehr erweitern, solange er das Schutzniveau der Richtlinie nicht unterschritt. Dies wäre etwa dann der Fall gewesen, wenn er die Eigenschaft des Verkäufers enger gefasst hätte als die Richtlinie. Dann würde sich der Anwendungsbereich im deutschen Recht verringern, was dazu führen würde, dass der Verbraucher durch das deutsche Recht weniger geschützt wäre als durch die Richtlinie. Wenn jedoch der Begriff des Verkäufers weiter gefasst wird, so verringert sich das Schutzniveau des Verbrauchers nicht. Es wird im Gegenteil größer, wenn nicht auf das Element der gewerblichen Tätigkeit abgestellt wird. Es spricht demnach grundsätzlich nichts dagegen, den Verkäufer nicht anhand seiner gewerblichen oder unternehmerischen Tätigkeit zu definieren.

Verkäufer im Sinne des § 434 Abs. 1 S. 3 BGB sind demnach natürliche oder juristische Personen, die die Kaufsache an eine andere natürliche oder juristische Person veräußern. Auf einen gewerblichen oder selbstständigen Charakter kommt es nicht an.

c. Der Zwischenverkäufer

Da der deutsche Gesetzgeber nicht an das Verkäuferbild der Richtlinie anknüpft, stellt sich erneut die Frage, wem gegenüber der Verkäufer tätig werden muss. Es kommen grundsätzlich drei Möglichkeiten in Betracht: Er kann zum einen gegenüber einem Verbraucher tätig werden. Zum anderen kann er das Rechtsgeschäft mit einem Weiterverkäufer, also Unternehmer, abschließen (*Zwischenverkäufer*). Schließlich kommt als Käufer aber auch ein Unternehmer in Betracht, der kein Weiterverkäufer ist. Der Wortlaut des § 434 Abs. 1 S. 3 BGB enthält keine Anhaltspunkte, welche Eigenschaft der Käufer aufweisen muss. Da der

403 BT-Drucks. 14/6040, S. 214.
404 BT-Drucks. 14/6040, S. 214.

Gesetzgeber bewusst auf den Begriff des Verbrauchers verzichtet hat, kommen für den Anwendungsbereich grundsätzlich alle drei Personen in Betracht. Fraglich ist aber, ob der Verkäufer nur für seine eigenen Äußerungen haften soll oder aber auch für solche, die sein Zwischenverkäufer getätigt hat.[405]

Teilweise wird bei dem Verkäuferbegriff daran angeknüpft, dass der Verkäufer das Rechtsgeschäft gegenüber einer Person abgeschlossen haben muss, die nicht auch selbst Verkäufer ist.[406] Aus diesem Grunde sollen Zwischenhändler vom Anwendungsbereich des § 434 Abs. 1 S. 3 BGB ausgenommen werden. Hierdurch würde eine vernünftige Haftungsbegrenzung erreicht, ohne den Verbraucherschutz zu beeinträchtigen.[407] Ferner käme eine Haftung ohnehin nur für solche Zwischenhändler in Betracht, von denen er seine Ware – gegebenenfalls über mehrere Handelsstufen hinweg – beziehen würde. Der Käufer könne dies nicht einschätzen und sich aus diesem Grunde auch nicht auf Äußerungen eines Zwischenhändlers verlassen.[408]

Hiergegen spricht zum einen, dass § 434 Abs. 1 S. 3 BGB keine direkte Handelsbeziehung zum Urheber der Äußerung fordert, wie im Übrigen auch eine mögliche Haftung für Gehilfenäußerungen zeigt. Zudem widerspricht die letztgenannte Ansicht auch dem Schutzgedanken des § 434 Abs. 1 S. 3 BGB, da der Käufer in der Regel nicht absehen kann, ob eine solche Handelsbeziehung auch tatsächlich besteht. Ihm kommt es in der Regel nicht darauf an, wer der Urheber der Äußerung ist. Wichtig ist ihm vielmehr der Inhalt der Äußerung. Dass der Käufer nicht abschätzen kann, ob die Äußerung von einem Zwischenhändler oder seinem Verkäufer stammt, spricht dafür, den Zwischenhändler in den Anwendungsbereich des § 434 Abs. 1 S. 3 BGB zu fassen. Ferner ist diese Ansicht insoweit inkonsequent, als sie eine Haftung des Privatverkäufers aufgrund von Werbeaussagen grundsätzlich in Betracht zieht, ohne Verkäuferwerbung hiervon auszunehmen.[409] Der Verkäufer ist in solchen Fällen aber faktisch Zwischenhändler. Trotzdem wird der Einfluss seiner Werbeangaben von dieser Ansicht in Betracht gezogen. Konsequenterweise dürfte dann die Verkäuferwerbung keinen Einfluss mehr auf den Weiterverkauf des Privatverkäufers haben, obwohl dieser seinen Verkäufer an dessen Werbeaussagen binden kann. Dies würde ein unbefriedigendes Ergebnis darstellen, vor allem dann, wenn es sich bei dem jetzigen

405 Insoweit stellt sich hier nochmals die gleiche Frage wie bei F., I., 1., a., Seite 140.

406 Palandt/Putzo, § 434, Rn. 36. Putzo geht hier ausdrücklich davon aus, dass Zwischenhändler keine Verkäufer im Sinne des § 434 I 3 BGB sind. So wohl auch Schimmel/Buhlmann/Andres, Frankfurter Handbuch zum neuen Schuldrecht, S. 452, Rn. 30.

407 Bamberger/Roth/Faust, § 434, Rn. 79.

408 Bamberger/Roth/Faust, § 434, Rn. 79.

409 Siehe etwa Bamberger/Roth/Faust, § 434, Rn. 85.

Käufer um einen Verbraucher handelt, der das Produkt gerade aufgrund einer Verkäuferwerbung gekauft hat.[410] Diese Ansicht ist demnach abzulehnen.

Richtigerweise gibt schon der Wortlaut des § 434 Abs. 1 S. 3 BGB Hinweise darauf, ob auch ein Zwischenhändler Urheber der öffentlichen Äußerungen sein kann. Dort heißt es, dass es auf die öffentlichen Äußerungen des Verkäufers „des" Käufers ankommt. Schon nach dem Wortlaut bindet die Verkäuferwerbung nur unmittelbar im Verhältnis zum Käufer. Sollte es sich bei dem Käufer um einen Weiterverkäufer handeln, so ist dieser nicht an die Werbeaussagen gebunden. Dies gilt unabhängig davon, ob es sich hierbei um einen gewerblichen oder privaten Weiterverkäufer handelt.

Der Zwischenhändler kommt demnach nicht als Urheber einer Äußerung im Sinne des § 434 Abs. 1 S. 3 BGB in Betracht.

Dieses Ergebnis wird auch durch Art. 2 Abs. 4 RL bestätigt. Dort sind die Exkulpationsmöglichkeiten des Verkäufers gegenüber dem Verbraucher beschrieben. Hierdurch wird deutlich, dass es auf die Werbeaussagen des konkreten Verkäufers und nicht eines Vorverkäufers ankommen muss.

d. Reformbedarf – Äußerungen innerhalb der Absatzkette

Jeder Verkäufer profitiert innerhalb der Absatzkette von öffentlichen Äußerungen, die den Absatz der Ware positiv beeinflussen sollen. Neben dem „Erstverkäufer" profitiert aus diesem Grunde jedes Glied innerhalb der Absatzkette von Werbeaussagen. Dem Verkäufer kommen daher auch Werbeaussagen der Zwischenhändler zugute.[411] Der Käufer wird regelmäßig nicht nach der Urheberschaft der Werbeaussage fragen, wenn ihn diese zum Kauf der Ware animiert. Sollte die Werbeaussage von einem Hersteller oder „dessen" Gehilfen stammen,

---

410 Man stelle sich hier folgenden Fall vor: Ein Verbraucher bereut den Kauf eines technischen Gerätes und bietet es noch am gleichen Tag in einer Internetauktion (beispielsweise ebay.de) zum Verkauf an. Er hat das Produkt weder benutzt noch ausgepackt. Das Produkt wird nun durch einen anderen Verbraucher ersteigert, dessen Kaufentschluss maßgeblich durch die Verkäuferwerbung beeinflusst war. Es stellt sich unmittelbar nach dem Kauf heraus, dass das Produkt keine der Beschaffenheiten aufweist, die der eigentliche Verkäufer (etwa Media Markt) beworben hat. Die Regeln des Fernabsatzvertrages (§§ 312 b ff. BGB) sind nicht anwendbar, da es sich bei dem Verkäufer nicht um einen Unternehmer im Sinne des Fernabsatzvertrages handelt. Die Haftungsbegrenzung bei öffentlichen Versteigerungen (§ 445 BGB) kommt ebenso wenig in Betracht, da die Sache nicht aufgrund eines Pfandrechts versteigert worden ist. Im Ergebnis könnte sich der Privatverkäufer darauf berufen, dass es sich nicht um Verkäuferwerbung im Sinne des § 434 I 3 BGB handelt, da er, der Verkäufer, das Produkt nicht beworben habe.

411 Jorden/Lehmann, JZ 2001, S. 952, 956.

fällt sie schon in den Anwendungsbereich des § 434 Abs. 1 S. 3 BGB. Die wohl h.M. will aber Werbeaussagen von Zwischenhändlern nicht in diesen Anwendungsbereich fassen. Hiergegen sprechen jedoch mehrere Gründe: Zum einen kann der Käufer nicht erkennen, wer Urheber der Äußerung ist. Es bestünde demnach die Gefahr, dass er seinen Kaufentschluss aufgrund von Werbeangaben fasst, an die sein Verkäufer dann nicht gebunden wäre. Zum anderen erkennt § 434 Abs. 1 S. 3 BGB an, dass der Verkäufer auch für Hersteller- oder Gehilfenwerbung haftet. Dies gilt unabhängig davon, ob er zu diesem in einem Vertragsverhältnis steht, diese sich also innerhalb der Absatzkette befinden. Wenn er selbst für solche Angaben haften soll, dann kommt eine Haftung für Angaben von direkten Zwischenhändlern erst recht in Betracht.

Wesentlich ist dabei jedoch, wie eng der Begriff der Absatzkette gefasst wird. Es stellt sich die Frage, ob hiermit lediglich die tatsächlichen Weiterverkäufer gemeint sind oder alle am Absatz Beteiligten. Dies würde dann auch etwa Personen wie Lieferanten umfassen.

Für eine enge Begriffsbestimmung spricht, dass sich die Nachfrage innerhalb der Absatzkette auf das gleiche Objekt bezieht. Die Nachfrage des Käufers bewirkt eine Nachfrage des Verkäufers bei dessen Lieferanten, was wiederum zu einer weiteren Nachfrage führt.[412] Es gibt demnach einen direkten Zusammenhang zwischen der Nachfrage des Endkäufers und dem Vertrieb der Kaufsache auf der ersten Verkaufsebene.

Anders verhält es sich bei den anderen Beteiligten der Absatzkette. Zwar profitieren auch diese von der Nachfrage des Käufers. Dies beruht jedoch nicht auf dem eben dargestellten „Nachfragemodell", sondern vielmehr auf dem Umstand, dass die Sache grundsätzlich verkauft wird.[413] Deren Profit beruht demnach nur indirekt auf der Nachfrage innerhalb der Absatzkette.

Eine solche Haftung war in den ersten Richtlinienvorschlägen ursprünglich auch vorgesehen.[414] Eine entsprechende Formulierung wurde jedoch nicht in den Wortlaut des ersten Richtlinienentwurfes aufgenommen. Wie bereits angedeutet lässt auch Art. 4 RL (Rückgriffsrechte) vermuten, dass eine solche Haftung durchaus angedacht wurde. Dort wird zwischen einem Letztverkäufer und dem verantwortlichen Verkäufer differenziert. Eine solche Unterscheidung wäre dann nicht notwendig gewesen, wenn eine Haftung des Lieferanten aufgrund von Werbeaussagen nicht in Betracht gezogen worden wäre. Denn eine Verantwortlichkeit des Verkäufers kann sich nach der Richtlinie ohnehin nur aus dessen

412 Jorden, Verbrauchergarantien, S. 170.

413 Jorden, Verbrauchergarantien, S. 170.

414 Die ersten beiden Richtlinienvorschläge sind nicht veröffentlicht worden. Informationen hierzu aus Jorden, Verbrauchergarantien, S. 170.

Beschreibung (Art. 2 Abs. 2 lit. a) RL) oder aus öffentlichen Äußerungen (Art. 2 Abs. 2 lit. d) RL) ergeben.

Demnach ist eine Haftung des Verkäufers für öffentliche Äußerungen eines Zwischenhändlers grundsätzlich gerechtfertigt und auch wünschenswert.

Hieran schließt sich aber die Frage an, wer als Zwischenhändler innerhalb einer Absatzkette zu bezeichnen ist. In diesem Zusammenhang kommen grundsätzlich mehrere Personen in Betracht. Zum einen kann als Zwischenhändler derjenige bezeichnet werden, der das Endprodukt vom Hersteller bis hin zum Letztverkäufer weiterverkauft. Problematisch könnte es jedoch dann werden, wenn es sich um Zwischenhändler handelt, die nur ein Teilprodukt vertreiben. Auch innerhalb der Absatzkette lässt sich demnach mehrfach danach differenzieren, welche Ware geliefert oder Dienstleistung angeboten wird. Der Bereich der Zwischenhändler ist demnach relativ groß zu fassen.

Für die Einbeziehung aller Zwischenhändler spricht, dass das Gesetz ausdrücklich auch den Teilehersteller als Hersteller im Sinne des § 434 Abs. 1 S. 3 BGB bezeichnet. Wenn eine Haftung für Äußerungen innerhalb einer Absatzkette konsequenterweise betrieben werden soll, dann müssen alle Beteiligten des Absatzweges vom Hersteller im Sinne des § 434 Abs. 1 S. 3 BGB bis hin zum Letztverkäufer in den Anwendungsbereich der Norm gefasst werden.

Der Gefahr einer Haftungsausweitung könnte dabei entgegnet werden, dass dem Verkäufer im Falle einer solchen Haftung ein Direktanspruch gegen den sich Äußernden zustehen müsste. Hierdurch wäre das Bedürfnis des Käufers gesichert, den Handel an seine Äußerungen zu binden. Gleichzeitig würden die Interessen der Verkäufer durch einen Direktanspruch gegen den Verantwortlichen der öffentlichen Äußerung geschützt. Dies könnte in einem weiteren Schritt dazu führen, dass die Beteiligten der Absatzkette angesichts ihres eigenen Haftungsrisikos auf unklare und somit haftungsbegründende Werbung verzichten würden.

Nach alledem steht ein Bedürfnis für die Haftung des Verkäufers für alle öffentlichen Äußerungen innerhalb der Absatzkette fest. Eine solche Haftung ist aber nach der geltenden Rechtslage nicht möglich, da § 434 Abs. 1 S. 3 BGB lediglich öffentliche Äußerungen des Letztverkäufers erfasst.

e. Äußerungen außerhalb der Absatzkette

Fraglich ist indes, ob der Letztverkäufer auch für solche Äußerungen haften soll, die außerhalb der Absatzkette getätigt worden sind. Auch hier könnte der Gefahr einer Haftungsausweitung grundsätzlich mit einem Direktanspruch gegen den Urheber der Äußerungen begegnet werden. Der Letztverkäufer profitiert auch hier von solchen Äußerungen. Andererseits würde dies zu einer nahezu unübersichtlichen Haftungserweiterung führen. Innerhalb einer Absatzkette lässt sich dies rechtfertigen, da es sich um einen Absatzweg handelt, den der Verkäufer bewusst eingeht, um Waren zu vertreiben. Dort kann ihm daher auch zugemutet werden, dass er sich Äußerungen innerhalb dieser Absatzkette zurechnen lassen muss. Außerhalb dieser Absatzkette ist eine solche Interessenlage gerade nicht gegeben. Eine Haftung wäre aus diesem Grunde auch nicht gerechtfertigt. Denn ansonsten ließe es sich auch rechtfertigen, dass der Letztverkäufer für jegliche Verkäuferwerbung haftet, also auch für solche Verkäufer, die in der Absatzkette weit nach ihm kommen.

Eine Haftung für Werbeangaben, die außerhalb der Absatzkette vorgenommen werden, kommt demnach nicht in Betracht.

II. Hersteller

Neben der Haftung für eigene Werbeangaben sieht die Richtlinie eine Haftung für solche Werbeangaben und öffentliche Äußerungen vor, die vom Hersteller ausgehen. Diese – dem deutschen Recht bisher fremde – Sichtweise führt zu einer erheblichen Haftungserweiterung.

1. Hersteller im Sinne von Art. 1 Abs. 2 lit. d) RL

Der Herstellerbegriff wird durch Art. 1 Abs. 2 lit. d) RL legal definiert. Selbstverständlich ist dabei zunächst, dass auf die Produzenteneigenschaft des Herstellers abgestellt wird. Er ist es, der die Ware, wenn auch mittelbar, in Verkehr bringt und somit Nutzen und Gefahren für den Verkehr verursacht. Daneben gibt es aber auch Fälle, in denen ein Verbrauchsgut in Verkehr gebracht wird, ohne dass sich der Produzent in einem Mitgliedsstaat befindet. Für solche Fälle bestimmt Art. 1 Abs. 2 lit. d) RL, dass auch der Importeur oder derjenige, der den Eindruck erweckt, er sei der Hersteller (sog. „Als-ob"-Hersteller[415]), als solcher in den Anwendungsbereich der Richtlinie aufgenommen wird. Diese Personen weisen eine sehr nahe Beziehung zum Hersteller auf, die ihre Haftung begründen lässt.[416]

Art. 1 Abs. 2 lit. d) RL stellt demnach auf denjenigen ab, der das Verbrauchsgut herstellt, es in das Gemeinschaftsgebiet einführt oder sich selbst als Hersteller bezeichnet. Letzteres bezieht sich jedoch nach dem Wortlaut nur darauf, dass sich die Person als tatsächlicher Hersteller bezeichnet. Wenn sie sich

415 Begriff aus Taschner/Frietsch, Art. 3 ProdHaftRL, Rn. 13.
416 Taschner/Frietsch, Art. 3 ProdHaftRL, Rn. 2.

hingegen als Importeur der Ware bezeichnet, fällt sie nicht in den Anwendungsbereich der Richtlinie.

2. *Herstellerbegriff und Produkthaftungsrichtlinie*

Der Begriff des Herstellers ist im europäischen Verbraucherrecht bereits an anderer Stelle, nämlich dem Produkthaftungsrecht, verwendet worden. Die Produkthaftungsrichtlinie[417] regelt die Haftung des Herstellers für Schäden, die durch fehlerhafte Produkte hervorgerufen werden können.

Nach Art. 3 Abs. 1 der Produkthaftungsrichtlinie sind Hersteller

> *„[...] der Hersteller des Endprodukts, eines Grundstoffs oder eines Teilprodukts sowie jede Person, die sich als Hersteller ausgibt, indem sie ihren Namen, ihr Warenzeichen oder ein anderes Erkennungszeichen auf dem Produkt anbringt."*

Ferner gilt als Hersteller nach Art. 3 Abs. 2 der Produkthaftungsrichtlinie jede Person,

> *„die ein Produkt zum Zweck des Verkaufs, der Vermietung, des Mietkaufs oder einer anderen Form des Vertriebs im Rahmen ihrer geschäftlichen Tätigkeit in die Gemeinschaft einführt [...]"*

Anknüpfungspunkt ist hier demnach nicht alleine die Eigenschaft als Produzent der Ware. Abzustellen ist vielmehr darauf, von welcher Person das gefahrbehaftete Produkt in den Gemeinschaftsverkehr eingeführt wurde.[418] Dies kann sowohl durch Produktion als auch durch den Import von Waren in das Gemeinschaftsgebiet erfolgen. Ferner werden auch solche Personen in den Kreis der Hersteller miteinbezogen, die den Eindruck erwecken, sie seien der Hersteller des Produkts.[419]

Durch das Inverkehrbringen der Ware in das Gemeinschaftsgebiet wird das Gefährdungspotential gesetzt, das sich in einem Schaden an Personen oder Sachen realisieren kann. Dieses Konzept wird demnach von der Kommission im Bereich des Verbraucherschutzes zugrunde gelegt.

---

417 Richtlinie 85/374/EWG des Rates vom 25. Juli 1985 zur Angleichung der Rechts- und Verwaltungsvorschriften der Mitgliedstaaten über die Haftung für fehlerhafte Produkte.

418 Taschner/Frietsch, § 1 ProdHaftG, Rn. 53.

419 Taschner/Frietsch, Art. 3 ProdHaftRL, Rn. 3.

3. Zwischenergebnis

Demnach sind die Herstellerbegriffe des Art. 1 Abs. 2 lit. d) RL und des Art. 3 Abs. 1 und Abs. 2 ProdHaftRL nicht identisch. Art. 1 Abs. 2 lit. d) RL bezieht sich nach dem Wortlaut ausschließlich auf den Hersteller des Endprodukts. Hersteller eines Teil- und Grundprodukts werden hingegen nicht genannt.

4. Herstellerbegriff im CISG

Ein Vergleich zum UN-Kaufrecht zeigt, dass dieses ohne den Annknüpfungspunkt an die Herstellereigenschaft auskommt. Die Rolle des Herstellers ist im Rahmen des UN-Kaufrechts von keinerlei Bedeutung. Dies kommt insbesondere darin zum Ausdruck, dass eine (Produkt-)Haftung des Herstellers grundsätzlich nicht in Betracht kommt, da dieser kein Vertragspartner ist.[420] Auch hier wird wieder deutlich, dass Art. 2 Abs. 2 lit. d) RL sich nicht im UN-Kaufrecht wieder findet.

5. Hersteller im Sinne des § 434 Abs. 1 S. 3 BGB

Anders als die Richtlinie definiert § 434 Abs. 1 S. 3 BGB nicht den Begriff des Herstellers, sondern verweist vielmehr auf § 4 Abs. 1 und Abs. 2 ProdHaftG.

Gemäß § 4 Abs. 1 ProdHaftG ist Hersteller, wer das Endprodukt, einen Grundstoff oder ein Teilprodukt hergestellt hat. Als Hersteller gilt auch jeder, der sich durch das Anbringen seines Namens, seiner Marke oder eines anderen unterscheidungskräftigen Kennzeichens als Hersteller ausgibt. § 4 Abs. 2 ProdHaftG bezieht den Importeur in den Herstellerbegriff mit ein.

Aus diesem Grunde sind auch Werbeangaben von allen in § 4 Abs. 1 und Abs. 2 ProdHaftG genannten Herstellern in den Anwendungsbereich des § 434 Abs. 1 S. 3 BGB zu fassen.[421] Insoweit ist zunächst festzustellen, dass dieser Herstellerbegriff weiter geht als der der Richtlinie. Art. 1 Abs. 2 lit. d) RL fasst den Hersteller eines Teilproduktes oder eines Grundstoffes nicht in den Anwendungsbereich der Richtlinie. Dessen Werbeangaben können demnach keinen Einfluss auf die Vertragsmäßigkeit der Kaufsache haben. Aus diesem Grund ist auch die Regierungsbegründung zu § 434 Abs. 1 S. 3 BGB nur teilweise richtig. Dort heißt es, dass der Herstellerbegriff des Art. 1 Abs. 2 lit. d) RL mit dem des § 4 Abs. 1 und Abs. 2 ProdHaftG übereinstimme.[422] Der Kreis derjenigen, die

420 Staudinger-Magnus, Art. 4, Rn. 14.
421 Bamberger/Roth/Faust, § 434, Rn. 77; Westermann, NJW 2002, S. 241, 244.
422 BT-Drucks. 14/6040, S. 214. So auch Weiler, WM 2002, S. 1784, 1788.

als Hersteller in Betracht kommen, ist jedoch größer. § 434 Abs. 1 S. 3 BGB ist aus diesem Grunde weiter gefasst als Art. 1 Abs. 2 lit. d) RL. Nach Art. 8 Abs. 2 der Richtlinie können die Mitgliedsstaaten aber strengere Bestimmungen erlassen, um ein höheres Schutzniveau für Verbraucher sicherzustellen. Gegen den Herstellerbegriff im Sinne von § 434 Abs. 1 S. 3 BGB ist daher nicht einzuwenden.

III. „Seines" Gehilfen

Den Begriff des Verkäufers oder des Herstellers vermag der Verbraucher oder Käufer auch ohne juristische Kenntnisse auszufüllen. Es handelt sich hierbei um Begriffe, die der Käufer schon aufgrund des Sprachgebrauchs bestimmen kann. Ein solcher Vergleich ist aber bei dem Gehilfen nicht möglich. Dieser Umstand wird dadurch erschwert, dass weder die Richtlinie noch das BGB den Begriff des Vertreters bzw. Gehilfen definieren.

1. Abweichung von der Richtlinie

Ein Vergleich mit der Richtlinie zeigt, dass der deutsche Gesetzgeber grundsätzlich nicht die Begrifflichkeiten des Art. 2 Abs. 2 lit. d) RL vollständig übernommen hat, was sich auch auf den Begriff des Vertreters bzw. Gehilfen bezieht. Dem liegt jedoch keine andere rechtliche Sichtweise des Vertreters im Sinne der Richtlinie zugrunde. Der Begriff des Gehilfen wurde vielmehr gewählt, weil der Vertreter bereits im Zusammenhang mit der Stellvertretung im BGB verwendet wird.[423]

2. Vertreter im Sinne des Art. 2 Abs. 2 lit. d) RL

Neben der Haftung für eigene Werbeangaben und solche des Herstellers sieht Art. 2 Abs. 2 lit. d) RL eine Haftung für Werbeangaben des Vertreters vor.

a. Die Person des Vertretenen

Gemäß Art. 2 Abs. 2 lit. d) RL haftet der Verkäufer für Werbeangaben und öffentliche Äußerungen des Verkäufers, des Herstellers oder dessen Vertreters. Dem Wortlaut nach erfasst die Richtlinie demnach nur Äußerungen des Vertreters des Herstellers. Dies erscheint zunächst unter mehreren Gesichtspunkten

423 BT-Drucks. 14/6040, S. 214.

fraglich. Zum einem ist unklar, aus welchem Grunde der Richtliniengeber davon ausgeht, dass ausschließlich der Hersteller durch Vertreter handeln könne. Gerade dem Großhandel dürfte ein Vertrieb durch den Einsatz von Vertretern im Rahmen von Werbemaßnahmen nicht fremd sein. Zum anderen findet sich im Gegensatz zu den Begriffen wie „Hersteller", „Verbraucher" oder auch „Verkäufer" keine Legaldefinition des Vertreters in der Richtlinie wieder.

Ein Vergleich mit der französischen und englischen Fassung der Richtlinie zeigt jedoch, dass der Richtliniengeber ausschließlich den Vertreter des Herstellers in den Anwendungsbereich des Art. 2 Abs. 2 lit. d) RL einbeziehen wollte. Mögliche Vertreter des Verkäufers sind aus diesem Grunde nicht von der Regelung des Art. 2 Abs. 2 lit. d) RL erfasst.

b. Der Vertreter

Wer unter den Begriff des Vertreters zu fassen ist, geht aus der Richtlinie nicht hervor. Anders als die Begriffe des Verkäufers und Herstellers im Sinne des Art. 1 Abs. 2 lit. c) und lit. d) RL, findet sich für den Vertreter keine Legaldefinition in der Richtlinie wieder. Auch die Literatur[424] hat sich zunächst nicht weiter mit diesem Bereich befasst. Nur vereinzelt[425] wird darauf hingewiesen, dass der geänderte Richtlinienvorschlag zunächst eine Definition des Vertreterbegriffes vorgesehen hatte. Nach Art. 1 Abs. 2 lit. f) RL-Vorschlag war Vertreter des Herstellers

> *„jede natürliche oder juristische Person, die als autorisierter Fachhändler des Herstellers auftritt und/oder jedes autorisierte Kundendienstzentrum mit Ausnahme der unabhängigen Verkäufer, die ausschließlich als Einzelhändler tätig sind."*[426]

Diese Definition führt nur vermeintlich zu einem Ergebnis, da hierdurch noch nicht geklärt wird, was unter einem „autorisierten Fachhändler" oder einem „autorisierten Kundendienstzentrum" zu verstehen ist. Deutlich wird nur, dass es sich – wie bereits oben festgestellt – um den Vertreter des Herstellers handelt.

Von dem Anwendungsbereich des Art. 1 Abs. 2 lit. f) RL-Vorschlag sollten zunächst die unabhängigen Verkäufer ausgeschlossen werden, die ausschließlich als Einzelhändler tätig sind. Im Umkehrschluss bedeutet dies, dass der ursprüng-

424 Siehe hierzu nur beispielhaft Schmidt-Ränsch, ZIP 1998, S. 849ff.; Staudenmayer, NJW 1999, S. 2393ff.
425 Lehmann, JZ 2000, S. 280, 284, der allerdings der Einzige ist.
426 ABl. C 148 vom 14.5.1998, S. 12, 15.

lich geänderte Richtlinienvorschlag nicht unabhängige, also vom Hersteller abhängige Verkäufer in den Anwendungsbereich fassen wollte, die zwar auch, aber nicht ausschließlich als Einzelhändler tätig sind. Es handelt sich demnach um solche Händler, die einem Einfluss des Herstellers ausgesetzt sind und hierdurch in einer Nähebeziehung zu diesem stehen. Hierfür spricht auch der Begriff *autorisiert*, der aus dem Französischen kommt und *ermächtigt* bedeutet. Zudem spricht die englische Fassung des geänderten Richtlinienvorschlags vom *distributor*, was ins Deutsche übersetzt unter anderem Vertragshändler bedeutet. Auch hierdurch wird die Nähe des Vertreters zum Hersteller deutlich. Demnach sollte der „normale" Großhandel von dem Anwendungsbereich des Art. 1 Abs. 2 lit. f) RL-Vorschlag ausgenommen werden. Abzustellen ist bei der Person des Vertreters demnach auf jemanden, der in einer gewissen Nähe und Abhängigkeit zum Hersteller steht.

Fraglich ist jedoch, ob der Vertragshändler tatsächlich autorisiert sein muss oder ob bereits der Anschein, autorisiert zu sein, ausreicht. Für Letzteres spricht zumindest, dass der Wortlaut des geänderten Richtlinienvorschlags denjenigen als Vertreter bestimmt hat, der als autorisierter Fachhändler auftritt. Das Auftreten als Fachhändler ist nicht mit der tatsächlichen Berechtigung gleichzusetzen, als solcher auftreten zu dürfen. Wenn tatsächlich auf die Berechtigung abzustellen gewesen wäre, dann hätte dies durch die Streichung des Wortes *autorisiert* oder aber durch das Einfügen des Wortes *handeln* erreicht werden können. Für diese Ansicht spricht im Übrigen auch die französische Fassung des geänderten Richtlinien-Vorschlags. Diese stellt darauf ab, wie sich der Händler darstellt. Abgestellt wird auf den Händler, „*...qui se présenter comme le distributeur officiel*". Auf eine tatsächliche Berechtigung wird demnach nicht abgestellt. Ausschlaggebend ist vielmehr, ob der Händler den Anschein setzt, autorisierter Fachhändler zu sein. Es kommt daher darauf an, ob er sich als autorisierter Fachhändler ausgibt, indem er als solcher auftritt und hierdurch den Eindruck erweckt, autorisiert zu sein.

Ein ähnliches Konzept verfolgt der Richtliniengeber übrigens auch beim Herstellerbegriff des Art. 1 Abs. 2 lit. d) RL. Hiernach ist unter anderem derjenige Hersteller, der sich als solcher bezeichnet, indem er seinen Namen, seine Marke oder ein anderes Kennzeichen an dem Verbrauchsgut anbringt. Auch hier wird darauf abgestellt, dass der Eindruck erweckt wird, Hersteller zu sein. Ob dies tatsächlich der Fall ist, spielt keine Rolle.[427] Es wird darauf abgestellt, wie der Verbraucher das Verhalten auffasst. Ob im Innenverhältnis zum Hersteller eine Regelung besteht, ist daher unbeachtlich. Dies ist für den Verbraucherschutz unerlässlich.

---

427 Taschner/Frietsch, Art. 3 ProdHaftRL, Rn. 13.

Beide Konzepte stellen demnach auf die Außenwirkung der Handelnden ab. Der Verbraucher wird in aller Regel nicht beurteilen können, ob der autorisierte Fachhändler als solcher auch berechtigt war und muss auch auf solche Werbeangaben vertrauen können, die von jemandem stammen, der sich als autorisierter Fachhändler ausgegeben hat.

Der geänderte Richtlinienvorschlag hat demnach denjenigen als Vertreter im Sinne des Art. 1 Abs. 2 angesehen, der den Eindruck erweckt hat, ein autorisierter Fachhändler des Herstellers zu sein.

Diese Legaldefinition wurde jedoch nicht in die Richtlinie aufgenommen. Begründet wurde dies mit den unterschiedlichen *„Rechtsvorschriften der Mitgliedsstaaten [...] betreffend die Vertretung [...]“*.[428] Anscheinend sah der Rat eine starke Nähe zur „rechtlichen Person“ des Vertreters, was wiederum für das eben skizzierte Näheverhältnis zum Hersteller spricht. Hieraus wird teilweise die falsche Schlussfolgerung gezogen, dass der Richtliniengeber hiermit auch die von ihm vertreten Gehilfeneigenschaft aufgegeben habe.[429] Der Verzicht auf eine Definition liegt darin begründet, Konflikte mit nationalen Regelungen zu vermeiden. Dies spricht dafür, dass der Richtliniengeber an seinem Verständnis von dem Gehilfen festhält. Hieraus kann aber keinesfalls gefolgert werden, dass der Richtliniengeber im Innenverhältnis zwischen Hersteller und Gehilfe ein Wissen und Wollen des Herstellers fordere. Da der Verbraucher in dieses interne Verhältnis naturgemäß keinen Einblick hat, würde ein solches Verständnis auch dem Verbraucherschutz widersprechen.

Es ist demnach darauf abzustellen, dass der Gehilfe als autorisierter Fachhändler auftritt.[430]

Unter dem Begriff des Fachhändlers sind dabei solche Händler zu verstehen, die in einem Näheverhältnis zum Hersteller stehen und aus diesem Grunde einem starken Einfluss ausgesetzt sind. Hierunter fallen insbesondere Vertragshändler, wie etwa Auto(vertrags-)händler oder auch die im Softwarebereich tätigen sog. Distributoren, die Produkte für den Hersteller eigenverantwortlich vertreiben. Es handelt sich demnach um eine Absatzkette, in der der Hersteller den Vertrieb sehr stark steuern kann, die Vertriebshändler jedoch selbstständige Verkäufer sind und im eigenen Namen und für eigene Rechnung handeln.

---

428 ABl. C 333 vom 30.10.1998, S. 46.

429 So etwa Grigoleit/Herresthal, JZ 2003, S. 233, 237.

430 Der Fall, dass sich ein Kundendienstzentrum äußert, wird an dieser Stelle ausgelassen. Wie sich aus dem Wortlaut des Art. 1 II f) RL-Vorschlag ergibt, wird bei Kundenzentren auf das Tatbestandsmerkmal des „Auftretens“ verzichtet.

Eine weitere Frage, die sich hier anschließt, ist, ob der Vertreter innerhalb oder aber außerhalb der Absatzkette stehen muss.[431] Ein Vergleich mit der Regressvorschrift des Art. 4 RL könnte den Schluss zulassen, dass sich der Vertreter innerhalb der Absatzkette befinden müsse.[432] Ein solcher Vergleich hilft aber nur scheinbar, da die Regressvorschrift letzten Endes nur die Abwicklung der Gewährleistungsansprüche innerhalb der Absatzkette regelt und mögliche weitere Haftungsschuldner nicht grundsätzlich ausschließt.

Ebenso wenig kann davon ausgegangen werden, dass der Richtliniengeber schlicht und einfach vergessen hat, die Fälle zu regeln, in denen der Vertreter außerhalb der Absatzkette steht. Eine solche Regelung war nicht nötig. Durch die ursprüngliche Definition des Vertreters wird deutlich, dass dieser nicht in die Absatzkette eingebunden sein muss. Laut der ursprünglichen Formulierung reicht es aus, dass die Person als autorisierter Fachhändler auftritt. Die Wortwahl zeigt, dass jede Person Vertreter im Sinne der Richtlinie sein kann, unabhängig von der Absatzkette. Die Person muss nicht einmal Fachhändler sein, um als solche aufzutreten. Vertreter im Sinne der Richtlinie müssen demnach nicht in die Absatzkette eingegliedert sein.[433]

3. Gehilfe im Sinne des § 434 Abs. 1 S. 3 BGB

Auch bei dem Gehilfenbegriff im Sinne des § 434 Abs. 1 S. 3 BGB stellt sich die Frage, ob der deutsche Gesetzgeber eine identische oder aber andere Sichtweise zum Gehilfen vertritt.

Der Gesetzgeber hat eine wörtliche Übernahme des Begriffs des Vertreters abgelehnt, da dieser dogmatisch bereits in den §§ 164 ff. BGB verwendet wird. Aus diesem Grunde hat sich der Gesetzgeber vielmehr für eine sinngemäße Verwendung des Begriffs entschieden, ohne jedoch genau zu definieren, wer als Gehilfe in Betracht kommt oder wer sich eines solchen Gehilfen bedienen kann.

a. Die Person des „Geholfenen"

Zunächst stellt sich auch hier die Frage, ob § 434 Abs. 1 S. 3 BGB allein den Gehilfen des Herstellers oder aber auch den des Verkäufers meint. Die Formulierung des § 434 Abs. 1 S. 3 BGB ist hinsichtlich der Person des Vertretenen unklar.

431 Diese Frage wird letztlich nur von Jorden, Verbrauchergarantien, S. 121 aufgeworfen.

432 Jorden, Verbrauchergarantien, S. 121.

433 So auch Jorden, Verbrauchergarantien, S. 121.

Laut der Regierungsbegründung behandelt § 434 Abs. 1 S. 3 BGB ausschließlich den Gehilfen des Herstellers als eine Hilfsperson, die bei Äußerungen über Tatsachen eingeschaltet wird.[434] Insoweit folgt die Regierungsbegründung der Ansicht des Richtliniengebers, den Gehilfen als solchen des Herstellers zu verstehen.

Die Literatur setzt sich hingegen in Teilen über diese Ansicht hinweg. Teilweise wird die Meinung vertreten, dass die Norm sowohl den Gehilfen des Herstellers als auch den des Verkäufers erfassen will.[435] Dies wird damit begründet, dass es ansonsten einer Privilegierung des Verkäufers gleichkäme, würden ausschließlich Gehilfen des Herstellers in den Anwendungsbereich des § 434 Abs. 1 S. 3 BGB fallen. Zudem spräche § 434 Abs. 1 S. 3 BGB von „seines" Gehilfen. Die Richtlinie hingegen gehe von „dessen" Gehilfen aus. Auch dies würde dafür sprechen, dass sowohl der Gehilfe des Verkäufers als auch der des Herstellers gemeint wäre.[436] Gegen diese Ansicht spricht jedoch schon die Entstehungsgeschichte des Art. 2 Abs. 2 lit. d) RL, der § 434 Abs. 1 S. 3 BGB zugrunde liegt. Wie bereits gezeigt, beabsichtigte der Richtliniengeber eine Definition des Gehilfenbegriffs in die Richtlinie mit aufzunehmen.[437] Dieser Begriff bezog sich alleine auf den Hersteller und nicht auf den Verkäufer. Unschädlich ist auch, dass der deutsche Gesetzgeber von einem Gehilfen und nicht von einem Vertreter spricht. Der Begriff des Vertreters ist dogmatisch im Bereich der Stellvertretung angesiedelt und war daher nicht für den Bereich des Sachmängelrechts geeignet.[438] Auch die Tatsache, dass § 434 Abs. 1 S. 3 BGB von „seines" statt von „dessen" Gehilfen spricht, führt zu keinem anderen Ergebnis. Hätte der Gesetzgeber durch seine Formulierung auch den Gehilfen des Verkäufers einbeziehen wollen, so hätte er von „deren" Gehilfen sprechen können, was aber nicht der Fall ist. Zudem verweist die Gesetzesbegründung ausdrücklich auf eine zielgerichtete Verbindung zwischen Hersteller und Gehilfen.[439] Zwar hätte der Gesetzgeber ohne Weiteres auch den Gehilfen des Verkäufers in den Anwendungsbereich der Norm einbeziehen können. Ausweislich der Begründung sowie des

434 BT-Drucks. 14/6040, S. 214.

435 Palandt/Heinrichs, § 434, Rn. 36; Henssler/von Westphalen, § 434, Rn. 36. Beide ohne nähere Begründung.

436 Bamberger/Roth/Faust, § 434, Rn. 78; Grigoleit/Herresthal, JZ 2003, S. 233, 237.

437 Siehe 4. Teil, F., III., 2., b., S. 153 ff.

438 BT-Drucks. 14/6040, S. 214.

439 BT-Drucks. 14/6040, S. 214. Vgl. auch Oetker/Maultzsch, Vertragliche Schuldverhältnisse, S. 43.

Wortlautes ist dies aber nicht der Fall. Bei dem Gehilfen im Sinne des § 434 Abs. 1 S. 3 BGB handelt es sich demnach um den Gehilfen des Herstellers.[440]

b. Der Gehilfe

aa. Definition

Der deutsche Gesetzgeber betont im Rahmen der Gesetzesbegründung, dass die Verwendung des Begriffs „Gehilfe“ redaktionelle Gründe hatte. Dieser Hinweis wird jedoch von der Literatur oftmals nicht berücksichtigt. Aus diesem Grunde soll untersucht werden, wie der Gehilfe im Sinne von § 434 Abs. 1 S. 3 BGB zu definieren ist.

Zunächst einmal ist fraglich, in welchem Zusammenhang der Gehilfe und der Hersteller stehen müssen. Aus dem Gesetz geht nicht hervor, ob der Gehilfe und der Hersteller in einem inneren Zusammenhang stehen müssen, wie etwa durch einen Auftrag.

Wie bereits oben ausgeführt, sah der ursprüngliche Richtlinienvorschlag eine Definition des Gehilfenbegriffs[441] vor. Dieser stellte auf die Außenwirkung des Gehilfenhandelns ab. Ob der Gehilfe daher im Innenverhältnis berechtigt gewesen ist, war unbeachtlich.

Dieser Sichtweise schließt sich jedoch die Begründung des deutschen Gesetzgebers nicht an. Dort wird ausgeführt, dass der Gehilfe eine Hilfsperson des Herstellers sei, die bei Äußerungen über Tatsachen eingeschaltet werde.[442] Diese Ansicht wird auch von Teilen der Literatur zu diesem Thema übernommen, die sich mit § 434 BGB befasst. Dort wird regelmäßig gefordert, dass der Gehilfe im Auftrag des Herstellers gehandelt haben müsse. Er müsse daher bewusst zur Abgabe von öffentlichen Äußerungen eingeschaltet worden sein.[443] Die Äußerungen müssten nach außen wie solche des Verkäufers oder Herstellers erscheinen

440 Das neue Schuldrecht/Haas, Kap. 5, Rn. 111; Schimmel/Buhlmann/Andres, S. 452, Rn. 31; Erman/Grunewald, § 434, Rn. 23; Schmidt-Räntsch, Das neue Schuldrecht, Rn. 725.

441 Um Verwechslungen zu vermeiden, wird in diesem Zusammenhang der Begriff „Gehilfe“ und nicht „Vertreter“ verwendet.

442 BT-Drucks 14/6040, S. 214.

443 Bamberger/Roth/Faust, § 434, Rn. 78; Das neue Schuldrecht/Haas, Kap. 5., Rn. 111; Schimmel/Buhlmann/Andres, Frankfurter Handbuch zum neuen Schuldrecht, S. 452, Rn. 31; Grigoleit/Herresthal, JZ 2003, S. 233, 237; Erman/Grunewald, § 434, Rn. 23, die allerdings die von dem Richtlinienvorschlag genannten Kundendienstzentren als Gehilfen ansieht. Siehe auch Westermann, NJW 2002, S. 241, 245.

und auch zurechenbar sein.[444] Eine Verbindung des Gehilfen zum Hersteller sei auch deshalb zu fordern, da sich ansonsten das Haftungsrisiko des Letztverkäufers nicht mehr rechtfertigen ließe. Dieses stelle letztlich die Kehrseite des Vorteils dar, den er durch fremde Werbeangaben erfahren würde. Zudem würde der Letztverkäufer durch unberechtigte Werbung nicht zielgerecht profitieren.[445]

Gegen das Kriterium der Zurechenbarkeit spricht zum einen, dass sich dies als eine unüberwindbare Hürde für den Verbraucher darstellen würde. Diesem ist es in aller Regel nicht möglich abzuschätzen, ob die Werbeangabe dem Hersteller oder dem Verkäufer zuzurechnen ist. Richtig hingegen ist, dass die Äußerung als solche des Herstellers erscheinen muss. Dieser Punkt deckt sich mit der ursprünglichen Definition des Gehilfen bzw. Vertreters im Sinne der Richtlinie, die ebenso wenig darauf abgestellt hat, ob Gehilfen-/Vertreterhandlungen dem Hersteller zurechenbar sind.

Der Letztverkäufer wird auch keinem höheren Haftungsrisiko ausgesetzt. Seinem Haftungsrisiko wird letztlich durch den Rückgriffsanspruch des Verkäufers gegen seine Lieferanten Rechnung getragen. Zudem ergeben sich für den Verkäufer ohnehin keine großen Unterschiede. Er haftet auch bei einer „berechtigten" Werbung für Angaben Dritter, auf die er keinen Einfluss hat. Ebenso ist zu beachten, dass der Gesetzgeber bereits durch Verweis auf § 4 Abs. 1 und Abs. 2 ProdHaftG beim Herstellerbegriff eine Haftungserweiterung vorgenommen hat. Dieser Herstellerbegriff des ProdHaftG ist weiter als der der Richtlinie.[446]

Letztlich wird auch nur das Haftungsrisiko des Herstellers erweitert. Nach § 478 BGB hängt ein Rückgriff auf den Lieferanten nicht davon ab, dass dieser den Mangel bzw. hier die Werbung veranlasst hat. Demnach wird der Rückgriff und somit auch der finanzielle Schaden bis zum Hersteller „wandern". Wenn dieser einen solchen Sachverhalt abwenden möchte, hat er den Markt danach zu untersuchen, ob Dritte unberechtigterweise für seine Produkte mit falschen Tatsachen werben. Er kann dann nötigenfalls gegen den Werbenden rechtlich vorgehen[447], was dem Letztverkäufer verwehrt ist. Dies ist auch nicht unbillig, da der Letztverkäufer in der Regel ebenso den Markt im Hinblick auf Werbung beobachten wird, um sich von einer möglichen Haftung nach § 434 Abs. 1 S. 3 BGB zu exkulpieren. Dem Hersteller kann daher das Gleiche zugemutet werden.

---

444 Bamberger/Roth/Faust, § 434, Rn. 78.
445 Weiler, WM 2002, S. 1784, 1789.
446 Weiler, WM 2002, S. 1784, 1788.
447 Ein Anspruch auf Unterlassung wäre hier etwa nach § 823 BGB unter dem Gesichtspunkt des Eingriffs in den eingerichteten und ausgeübten Gewerbetrieb sowie nach UWG denkbar.

Ferner profitiert der Letztverkäufer von unberechtigter Werbung, da der Käufer ohnehin nicht unterscheiden kann, ob diese berechtigt oder unberechtigt erfolgt. Sobald ein Käufer seinen Kaufentschluss aufgrund der unberechtigten Werbung fasst und die Kaufsache erwirbt, tritt der wirtschaftliche Erfolg bei dem Letztverkäufer ein. Auf eine Zielrichtung kann es daher hier nicht ankommen.

Teilweise wird zusätzlich darauf hingewiesen, dass das Wort „Gehilfe" schon grammatikalisch darauf schließen lasse, dass eine Berechtigung vorliege. Ferner sei hiermit letztlich der Begriff des „Vertreters" aus der Richtlinie umgesetzt worden, der ebenso auf einen inneren Zusammenhang hindeute.[448] Diese Ansicht verkennt, dass das Wort Vertreter aus den bereits genannten Gründen nicht umgesetzt werden konnte. Zudem unterstellt diese Ansicht dem Richtliniengeber fälschlicherweise ein Verständnis des Vertreterbegriffs. Ausweislich des Richtlinienvorschlags sollte ein innerer Zusammenhang gerade nicht erforderlich sein.

Demnach bedarf es keiner Berechtigung des Gehilfen, für den Hersteller zu werben.

Die Ansichten, die eine solche Berechtigung dennoch fordern, erklären nicht, wie der Fall zu behandeln wäre, wenn ein Gehilfe unberechtigt mit falschen Tatsachen werben würde. Unklar wäre, wer für welche Werbeangaben haften müsste. Wenn eine Berechtigung gefordert wird, dann muss eine Haftung konsequenterweise dann abgelehnt werden, wenn diese fehlt. Der Verbraucherschutz würde daher davon abhängen, dass der Gehilfe für das Verbrauchsgut werben durfte. Ob dies der Fall ist, kann der Verbraucher jedoch nicht beurteilen. Der Verbraucherschutz würde demnach von der Frage abhängen, ob der Gehilfe zur Werbung berechtigt war.

Aus diesem Grunde muss sich der Gehilfenbegriff an dem Konzept orientieren, welches der Richtliniengeber ursprünglich in den Richtlinientext aufnehmen wollte.[449] Hierdurch wird gewährleistet, dass der Verbraucherschutz auch dann greift, wenn ein unberechtigter Dritter für ein Produkt wirbt.

Aus diesem Grunde ist als Gehilfe derjenige anzusehen, der eigene Werbung betreibt und dabei als autorisierter Händler eines Herstellers auftritt.[450] Dies gilt unabhängig davon, ob er hierzu beauftragt oder sonst legitimiert worden ist.[451] Hiergegen wird eingewandt, dass dann solche Personen, die von dem Hersteller beauftragt worden sind, gerade nicht Gehilfen im Sinne des § 434 Abs. 1 S. 3

448 Weiler, WM 2002, S. 1784, 1789.

449 So auch Jorden/Lehmann, JZ 2001, S. 952, 954.

450 So auch Jorden/Lehmann, JZ 2001, S. 952, 954; Lehmann, JZ 2000, S. 280, 285.

451 So wohl auch Henssler/von Westphalen, § 434, Rn. 37.

BGB seien. Eine Haftung insbesondere der Werbeagenturen komme mithin nicht mehr in Betracht.[452] Dies gilt aber nur dann, wenn man solche Werbung tatsächlich als selbstständige Werbung der beauftragten Person auffassen möchte. Ansonsten handelt es sich auch hier um Werbung des Herstellers.

Richtig ist hingegen, dass es dann zu einer Haftungslücke kommen könnte, wenn es sich um eigene Werbung eines Dritten handelt, der mit Wissen und Wollen des Herstellers gehandelt hat. Aber auch diese Person kann als Gehilfe des Herstellers angesehen werden. Wenn schon ein Dritter, der nicht beauftragt wurde, Gehilfe im Sinne des § 434 Abs. 1 S. 3 BGB sein kann, dann erst recht ein Dritter, der explizit mit Wissen und Wollen des Herstellers handelt.

bb. Zwischenergebnis

Gehilfen im Sinne des § 434 Abs. 1 S. 3 BGB sind demnach juristische oder natürliche Personen, die eigene Werbung betreiben und dabei als autorisierte Händler eines Herstellers auftreten. Daneben sind als Gehilfen solche Personen anzusehen, die mit Wissen und Wollen des Herstellers Produkte bewerben.

Anders als der Richtliniengeber hat der deutsche Gesetzgeber aber das ursprünglich zugrunde gelegte Verständnis des Gehilfen nicht gesehen. Zwar bezieht der Gesetzgeber den Gehilfen auf den Hersteller. Die Entwicklung, die der Gehilfenbegriff im Rahmen der Richtliniengebung durchlaufen ist, hat der deutsche Gesetzgeber aber unbeachtet gelassen. Eine solche Sichtweise birgt aber die Gefahr, dass der Gehilfe im Sinne des § 434 Abs. 1 S. 3 BGB enger verstanden wird als im Sinne der Richtlinie, da nach dem Willen des Gesetzgebers zwischen dem Gehilfen und dem Hersteller ein nicht näher definiertes Verhältnis bestehen muss.

cc. Die Person des Gehilfen in der Praxis

Bei der Frage, wer in der Praxis als Gehilfe anzutreffen ist, ist die Literatur zur Zeit noch etwas zurückhaltend. Nur vereinzelt lässt man neben den selbstständigen Unternehmern auch sozial abhängige Personen zu[453], ohne hierfür jedoch ein Beispiel zu nennen. Es soll sich hierbei um Personen handeln, die bei der Vermarktung des Produktes tätig werden.[454] Da die Literatur davon ausgeht, dass § 434 Abs. 1 S. 3 BGB den Gehilfen des Herstellers und des Verkäufers meint, bezieht sie dies auf beide.

452 Weiler, WM 2002, S. 1784, 1789; Bamberger/Roth/Faust, § 434, Rn. 78.
453 Grigoleit/Herresthal, JZ 2003, S. 233, 237.
454 Bamberger/Roth/Faust, § 434, Rn. 78.

Einigkeit scheint jedoch darin zu bestehen, dass Werbeagenturen Gehilfen im Sinne des § 434 Abs. 1 S. 3 BGB sein können.[455] Dem kann nicht uneingeschränkt gefolgt werden. Zum einen arbeiten diese aufgrund der Angaben, die ihnen von den Auftraggebern zur Verfügung gestellt werden. Eine Haftung käme demnach nur dann in Betracht, wenn die Werbeagentur eine richtig übermittelte Angabe falsch wiedergibt. Zudem ist danach zu differenzieren, welcher Spielraum den Werbeagenturen im Rahmen des Auftrags eingeräumt worden ist. Ebenso ist zu berücksichtigen, ob der Hersteller die Werbung nach der kreativen Phase nochmals geprüft hat. Setzt die Werbeagentur die Vorgaben des Herstellers 1:1 um, so hat sie keinen eigenen Spielraum. Sollte die Werbeaussage nochmals vom Hersteller auf Richtigkeit überprüft worden sein, so liegt streng genommen eine Werbeaussage des Herstellers und nicht der Werbeagentur vor. Gerade dies wird aber von § 434 Abs. 1 S. 3 BGB gefordert. Es muss sich demnach um eigene Äußerungen des Gehilfen handeln, auf die der Hersteller keinerlei Einfluss hat. Dies wäre bei Werbeagenturen etwa dann denkbar, wenn der Hersteller der Werbeagentur sämtliche Vorgaben und Daten liefert und die Werbeagentur dann für die Ausarbeitung und Verbreitung der Werbung verantwortlich ist. In dieser Konstellation hat der Hersteller keinen Einfluss auf den Werbenden. Aus diesem Grunde handelt es sich dann auch nicht um die „eigene" Werbung des Herstellers, sondern um die der Werbeagentur.

Eine Haftung für Werbeangaben käme demnach nur dann in Betracht, wenn der Werbeagentur ein eigener Spielraum bei der Gestaltung der Werbung eingeräumt worden ist. Ferner dürfte der Hersteller diese vor Veröffentlichung nicht nochmals geprüft haben. Zudem müsste die Werbeagentur richtig übermittelte Produktangaben falsch wiedergeben. Nur unter diesen Voraussetzungen käme eine Haftung der Werbeagentur in Betracht.

Diese Sichtweise orientiert sich aber wiederum sehr stark an dem Element der Berechtigung. Wie aber oben dargelegt, kommt es hierauf schon nicht an. Als Gehilfe ist aus diesem Grunde auch vielmehr derjenige anzusehen, der eigene Werbung betreibt und dabei als autorisierter Händler eines Herstellers auftritt. Da es auf eine Legitimation nicht ankommt, kommt sowohl die beauftragte Werbeagentur als auch ein unberechtigter Dritter in Betracht. Letztlich stellt sich aber auch das Produkt einer Werbeagentur nicht als deren Werbung dar. Im Ergebnis wirbt der Auftraggeber, der in der Praxis regelmäßig der Hersteller sein dürfte. Ein eigenes Werben der Werbeagenturen liegt nicht vor.

---

455 Palandt/Putzo, § 434, Rn. 36; Bamberger/Roth/Faust, § 434, Rn. 78; Das neue Schuldrecht/Haas, Kap. 5, Rn. 111; Schimmel/Buhlmann/Andres, in: Frankfurter Handbuch zum neuen Schuldrecht, S. 452; MüKo/Westermann, § 434, Rn. 26 (4. Aufl.).

Es hat den Anschein, dass sich die Literatur regelmäßig von dem Gedanken der Haftung für Erfüllungsgehilfen (§ 278 BGB) oder der des Verrichtungsgehilfen (§ 831 BGB) leiten lässt. Dies wird unter anderem dadurch deutlich, dass unter dem Begriff des Gehilfen regelmäßig auch Mitarbeiter des Verkäufers[456] oder des Herstellers[457] gefasst werden. Diese Personen handeln typischerweise mit Wissen und Wollen des Auftraggebers. Wie aber oben dargelegt, kommt es hierauf gerade nicht an. Zudem hat der Gesetzgeber den Begriff des Gehilfen nicht in den § 434 Abs. 1 S. 3 BGB umgesetzt, um Mitarbeiter und Verkäufer des Herstellers in den Anwendungsbereich der Norm zu fassen. Schon der in der Begründung verwendete Begriff der Hilfsperson lässt darauf schließen, dass es sich um Personen handelt, die außerhalb des Herstellerunternehmens stehen. Zudem bestünde bei einer solchen Sichtweise die Gefahr, dass sich ein Hersteller oder Verkäufer von Werbeangaben nachträglich distanzieren kann. Er könnte sich dann nämlich darauf berufen, dass sein Mitarbeiter ohne sein Wissen und Wollen gehandelt hat. In solch einem Fall würde die öffentliche Äußerung dem Hersteller durch den Verkehr zwar zugerechnet werden. Da die Äußerung durch einen Angestellten des Herstellers oder Verkäufers und somit unmittelbar aus dessen Risikosphäre stammt, wäre eine solche Zurechnung auch gerechtfertigt. Er könnte sich dann aber auf eine fehlende Zurechenbarkeit berufen.

c. Richtlinienkonforme Auslegung

aa. Allgemein

Wie bereits oben festgestellt, fasst der deutsche Gesetzgeber den Begriff des Gehilfen enger als der Richtliniengeber. Der europarechtliche Gehilfenbegriff ist weiter, da dort auch solche Personen in den Anwendungsbereich der Richtlinie kommen, die nicht durch den Hersteller beauftragt sein müssen. Anders hingegen jedoch im deutschen Recht: Hier gehen sowohl der deutsche Gesetzgeber als auch der überwiegende Teil der Literatur davon aus, dass der Gehilfe explizit durch den Hersteller beauftragt worden sein bzw. mit dessen Wissen und Wollen handeln muss. Das Schutzniveau des § 434 Abs. 1 S. 3 BGB ist aus diesem Grunde auch niedriger als das der Richtlinie. Aus dieser unterschiedlichen Betrachtungsweise ergibt sich die Frage, ob es der Grundsatz der richtlinienkonformen Auslegung gebietet, das Tatbestandsmerkmal des Gehilfen im Sinne der Richtlinie auszulegen.

---

456 Palandt/Putzo, § 434, Rn. 36.
457 Das neue Schuldrecht/Haas, Kap. 5, Rn. 111; Bamberger/Roth/Faust, § 434, Rn. 78.

Grundsätzlich ist davon auszugehen, dass bei der Auslegung von Richtlinien die Grundsätze der grammatikalischen, historischen, teleologischen sowie der systematischen Auslegung zur Anwendung kommen.[458] Soweit es die Auslegung umgesetzten nationalen Rechts anbelangt, sind aber die Grundsätze der historischen und teleologischen Auslegung einzuschränken. Die Entstehungsgeschichte der nationalen Norm und der Wille des deutschen Gesetzgebers sind nicht maßgeblich, da es sich um die Umsetzung einer Richtlinie handelt.[459] Demnach müssen der Wille des europäischen Richtliniengebers und die Entstehungsgeschichte der Richtlinie herangezogen werden. Dies wird auch durch die Auslegungsmethoden des EuGHs bestätigt: Anders als im Bereich des Primärrechts greift der EuGH bei Sekundärrecht auf die Entstehungsgeschichte der Richtlinie zurück. Hierbei bezieht er sich insbesondere auf die Vorentwürfe der Sekundärakte, die die Entstehung und, damit unmittelbar verknüpft, den Willen des Richtliniengebers dokumentieren.[460] Zusätzlich ist zu beachten, dass die Rechtsakte in allen Sprachen der Mitgliedsstaaten erlassen werden. Dies darf nicht unberücksichtigt bleiben. Richtlinien müssen daher auch anhand aller Amtssprachen ausgelegt werden, um den Willen des Richtliniengebers zu ermitteln.[461] Dabei ist von autonomen Begriffen auszugehen. Das nationale Begriffsverständnis ist für die Auslegung nicht ausschlaggebend.[462] Tatbestandsmerkmale sind demnach losgelöst vom nationalen Recht auszulegen. Die Tatbestandsmerkmale nationaler Vorschriften haben sich demnach an der Richtlinie zu orientieren. Soweit es einer Auslegung bedarf, hat sich diese insbesondere an der Geschichte und dem Sinn und Zweck der Richtlinie zu orientieren.

bb. Gehilfe im Sinne der Richtlinie

§ 434 Abs. 1 S. 3 BGB und insbesondere der Gehilfenbegriff können demnach nicht isoliert betrachtet werden. Es ist vielmehr auf die eben dargestellten Grundsätze zurückzugreifen. Dabei kommt insbesondere der Entstehungsgeschichte der Richtlinie große Bedeutung zu. Diese lässt sich besonders gut an dem Rechtssetzungsverfahren und insbesondere an den ersten Richtlinienvorschlägen ermitteln.

Art. 1 Abs. 2 RL befasst sich mit den Begriffsbestimmungen der Richtlinie. Danach bestand offensichtlich Einigkeit darüber, dass die Begriffe Verbraucher, Verbrauchsgut, Verkäufer sowie Garantie einer Definition bedürfen. Im Laufe

458 Bleckmann, ZGR 1992, S. 364, 365.
459 Everling, ZGR 1992, S. 376, 381.
460 Bleckmann, NJW 1982, S. 1177, 1179.
461 Bleckmann, NJW 1982, S. 1177, 1180.
462 Bleckmann, ZGR 1992, S. 364, 367.

des Gesetzgebungsverfahrens hat sich dabei anscheinend die Erkenntnis durchgesetzt, dass die Richtlinie auch einer Definition des „Herstellervertreters" bedarf. Aus diesem Grunde wurden die ersten Richtlinienvorschläge unter anderem um den Vertreterbegriff in Art. 1 Abs. 2 RL-Vorschlag ergänzt.[463] Aufgrund möglicher Konflikte in den Mitgliedsstaaten bei der Stellvertretung wurde die Definition des Vertreters aus der Richtlinie wieder herausgenommen.[464] Dies bezog sich jedoch auf den geänderten Text und nicht auch auf dessen Erwägungen. Es ist daher davon auszugehen, dass der Vertreterbegriff in dem ursprünglichen Sinne zu verstehen ist. Für den Gehilfen im Sinne des § 434 Abs. 1 S. 3 BGB hat dies zur Folge, dass er im Sinne des ursprünglichen Richtlinienvorschlags zu verstehen ist. Das Abstellen auf ein Wissen und Wollen des Herstellers entspricht demnach nicht den Grundsätzen einer richtlinienkonformen Auslegung.

d. Zwischenergebnis

Das Tatbestandsmerkmale des Gehilfen im Sinne des § 434 Abs. 1 S. 3 BGB ist richtlinienkonform auszulegen. Die Auslegung ist anhand des Richtlinienvorschlags vorzunehmen, der sich ausdrücklich auf den Vertreter des Herstellers bezieht. Auch wenn der Richtliniengeber im Ergebnis auf eine Definition verzichtet hat, kann nicht davon ausgegangen werden, dass er von diesem Verständnis abgerückt ist. Hiergegen spricht nicht, dass auch solche Personen als Gehilfen anzusehen sind, die mit Wissen und Wollen oder anderweitig legitimiert für den Hersteller handeln. Hierbei wird der Anwendungsbereich des Gesetzes und somit der Richtlinie erweitert, was nach Art. 8 Abs. 2 RL ausdrücklich möglich ist.

e. Unberechtigte Werbung durch den Gehilfen[465]

Im Rahmen der Auseinandersetzung mit dem Gehilfenbegriff wird oftmals angeführt, dass ein weiter Gehilfenbegriff letztlich auf eine Haftungsausuferung hinauslaufen würde. Eine solche Sichtweise erscheint auf den ersten Blick zumindest unter dem Gesichtspunkt berechtigt, dass eine unberechtigte Werbung durch

---

463 ABl. Nr. C 148 vom 14.5.1998, S. 12, 15. Siehe hierzu auch oben 4. Teil, F., III., 2., b., S. 153.

464 ABl. Nr. C 333 vom 30.10.1998, S. 46.

465 An dieser Stelle sollen die möglichen Ansprüche des Verkäufers oder Herstellers gegenüber einem unberechtigten Gehilfen kurz dargestellt werden. Die Ausführungen beziehen sich daher auf problematische Gesichtspunkte.

einen Gehilfen nicht auszuschließen ist. Wie nachfolgend dargestellt, ist der Hersteller einem solchen Handeln nicht schutzlos ausgesetzt.

Grundsätzlich sind mehrere Szenarien denkbar, in denen ein Gehilfe für Produkte des Herstellers wirbt. Der unproblematische Fall ist der, dass er hierzu berechtigt ist und mit Wissen und Wollen des Herstellers handelt. Fraglich ist jedoch der Fall, wenn der Gehilfe nicht mit Wissen und Wollen des Herstellers handelt und dabei möglicherweise falsche Angaben macht. In dieser Konstellation könnten sich Folgen für den Verkäufer sowie den Hersteller ergeben.

aa. Mögliche Konsequenzen für den Verkäufer

Wenn öffentliche Äußerungen des Gehilfen zu einer Vertragswidrigkeit führen, dann werden sich die Käufer zunächst an dem Verkäufer schadlos halten wollen. Der Verkäufer wird demnach mit den Gewährleistungsansprüchen seiner Käufer konfrontiert. Dabei handelt es sich um ein Haftungsrisiko, das für den Verkäufer zunächst mit einem hohen finanziellen Aufwand verbunden ist. Dies ist für den Verkäufer umso ärgerlicher als er die Werbeaussagen des Gehilfen nicht beeinflussen kann. Er ist somit den Werbeaussagen eines Gehilfen und somit einem höheren Haftungsrisiko ausgesetzt.

bb. Ansprüche des Verkäufers aufgrund eines unberechtigten Gehilfen

Der Verkäufer hat insbesondere zwei Interessen. Zum einen möchte er den Schaden ersetzt bekommen, der ihm durch die Inanspruchnahme des Käufers entsteht. Zum anderen begehrt er, dass der Gehilfe in Zukunft keine weiteren falschen Werbeangaben macht.

Ein Anspruch aus § 823 BGB gegen den *Gehilfen* scheitert daran, dass es sich bei einer falschen Werbeaussage nicht um einen betriebsbezogenen Eingriff bei dem Verkäufer handelt. Der Anspruch setzt nämlich voraus, dass sich der Eingriff gegen den betrieblichen Organismus oder die unternehmerische Entscheidungsfreiheit richtet und über eine bloße Belästigung hinausgeht.[466] Der unberechtigt werbende Gehilfe bewirbt zwar Produkte, die der Verkäufer vertreibt. Der Eingriff ist hier jedoch nicht zielgerichtet, wie es etwa bei dem Hersteller der Fall wäre. Die Auswirkungen sind vielmehr mittelbare Folgen aus einem zielgerichteten Eingriff gegen den Hersteller. Es handelt sich daher auch nicht um einen betriebsbezogenen Eingriff. Ein Anspruch aus § 823 Abs. 1 BGB scheidet demnach aus.

466 Palandt/Thomas, § 823, Rn. 128.

Der Verkäufer hat jedoch gegen den *Gehilfen* einen Anspruch auf *Unterlassung* nach §§ 3, 5 Abs. 1 iVm. § 8 Abs. 1 UWG. Der Gehilfe würde bei falscher Werbung irreführende Angaben über die Beschaffenheit der Ware machen, da diese nicht mit der tatsächlichen Beschaffenheit übereinstimmt.[467] Der Verkäufer könnte den Anspruch auch nach § 8 Abs. 3 Nr. 1 UWG als Mitbewerber geltend machen. Denn zwischen ihm und dem Gehilfen liegt ein Wettbewerbsverhältnis vor. Das falsche Werben des Gehilfen kann zu einer Beeinträchtigung bei dem Verkäufer führen, wobei es nicht zu einer tatsächlichen Beeinträchtigung gekommen sein muss[468]. Der Verkäufer hat demnach gegen den unberechtigten Gehilfen einen Anspruch darauf, dass dieser in Zukunft keine unrichtigen Werbeangaben mehr macht.

Ansprüche des Verkäufers gegen den *Hersteller* scheiden aus. § 823 Abs. 1 BGB scheitert schon daran, dass der Hersteller keine eigene Handlung vornimmt. Gleiches gilt für einen Unterlassungsanspruch nach §§ 3, 5 Abs. 1 iVm. § 8 Abs. 1 UWG: Dieser setzt eine Wettbewerbshandlung voraus.

Fraglich ist aber, ob der Verkäufer gegen den Hersteller einen Anspruch auf Einschreiten gegen den Gehilfen hat, wenn zwischen dem Verkäufer und dem Hersteller Vertragsbeziehungen bestehen. Da ein solcher Anspruch typischerweise nicht vertraglich geregelt ist und sich auch nicht aus den Hauptpflichten ergibt, müsste er sich aus den Nebenpflichten eines solchen Vertrages ergeben. Hiergegen spricht jedoch schon, dass es sich um einen vertragsfremden Umstand handelt, den sich keine Partei zurechnen lassen muss. Insbesondere dann, wenn zwischen dem Hersteller und dem Gehilfen keinerlei vertragliche Pflichten bestehen, ist der Hersteller nicht verpflichtet, gegen den unberechtigten Gehilfen vorzugehen. Zum einen handelt es sich um einen vertragsfremden Umstand, auf den weder Verkäufer noch Hersteller Einfluss haben. Zum anderen realisiert sich auch kein vertragstypisches Risiko. Ein solcher Anspruch ist demnach abzulehnen.

cc. Ansprüche des Herstellers gegen den unberechtigten Gehilfen

Ähnlich wie der Verkäufer wird sich auch der Hersteller gegen die unberechtigte Falschwerbung wehren wollen. Hierbei verfolgt er zum einen die gleichen Interessen wie der Verkäufer. Daneben wird er aber auch versuchen, eine negative Meinungsbildung zu verhindern. Auch wenn seine Produkte für sich genommen vertragsgemäß sind, können sie durch die Falschwerbung mit dem Ruf mangelbehafteter Produkte belastet werden. Der Hersteller spürt die Folgen einer

---

467 Baumbach/Hefermehl, § 5, Rn. 2.68.
468 Baumbach/Hefermehl, § 3, Rn. 55.

Falschwerbung demnach nicht nur unmittelbar an seiner gegenwärtigen Produktpalette. Es besteht vielmehr die Gefahr, dass sich die negativen Folgen dieser Werbung auch auf künftige Produkte auswirken können.

Ein Anspruch des Herstellers ist nach § 823 BGB gegeben. Durch die unrichtigen Werbeangaben wird der Betrieb des Herstellers unmittelbar beeinträchtigt.[469] Indem der unberechtigte Gehilfe die Produkte des Herstellers mit falschen Angaben bewirbt, ist die Ware bei einem Verkauf nicht vertragsgemäß. Dies wiederum führt dazu, dass der Käufer gegenüber dem Verkäufer seine Rechtsbehelfe gelten macht. Der hierdurch verursachte Aufwand wird sich letztlich über die Regressmöglichkeit des § 478 BGB bei dem Hersteller auswirken. Die falsche Darstellung der Produkte führt demnach zu einer unmittelbaren Beeinträchtigung des Gewerbebetriebs des Herstellers.

Der Anspruch des Herstellers kann sich dabei sowohl auf Schadensersatz als auch Unterlassung (§ 823 Abs. 1 BGB iVm. § 1004 BGB) beziehen. Als Schaden kommt dabei die Vermögensbeeinträchtigung in Betracht, die durch den Regress des Verkäufers gegenüber dem Hersteller entsteht.

Hinsichtlich eines möglichen Unterlassungsanspruchs kann auf die Ausführungen zu dem Anspruch des Verkäufers nach § 3 UWG verwiesen werden.

dd. Zwischenergebnis

Gegen unberechtigte und falsche Werbeangaben Dritter steht dem Handel ein Anspruch auf Unterlassung nach dem UWG zu. Der Hersteller kann neben dem Unterlassungsanspruch zusätzlich einen Schadensersatzanspruch nach § 823 Abs. 1 BGB geltend machen.

G. Haftungsausschluss

Die oben dargestellten Definitionen der Urheber im Sinne des § 434 Abs. 1 S. 3 BGB verdeutlichen, dass sich die Haftung des Verkäufers erheblich erweitern wird. Diesem Umstand versucht die Richtlinie bzw. das Gesetz Fallkonstellationen entgegenzusetzen, bei denen eine Haftung des Verkäufers für Werbeangaben nicht in Betracht kommen soll.

469 Palandt/Thomas, § 823, Rn. 21.

I. Der Haftungsausschluss nach Art. 2 Abs. 3 der Richtlinie

Nach Art. 2 Abs. 3 RL liegt eine Vertragswidrigkeit dann nicht vor, wenn der Verbraucher zum Zeitpunkt des Vertragsschlusses Kenntnis von der Vertragswidrigkeit hatte oder vernünftigerweise nicht in Unkenntnis darüber sein konnte oder die Vertragswidrigkeit auf vom Verbraucher gelieferte Stoffe zurückzuführen ist.

Unproblematisch ist der Fall, dass der Verbraucher zum Zeitpunkt des Vertragsschlusses Kenntnis von einem Mangel hatte. Hier wird der bekannte Zustand der Kaufsache zum Gegenstand des Kaufvertrages mit der Konsequenz, dass der Mangel zur Vertragsmäßigkeit gehört.[470]

Fraglich ist hingegen der Fall, wann der Verbraucher vernünftigerweise nicht in Unkenntnis über die Vertragswidrigkeit sein konnte.

Der Wortlaut legt zunächst die Vermutung nahe, dass der Verbraucher bei Vertragsabschluss einem gewissen Sorgfaltsmaßstab genügen müsse. Hiergegen spricht jedoch schon die Entstehungsgeschichte des Art. 2 Abs. 3 RL. Art. 3 Abs. 1 RL-Entwurf entließ den Verkäufer dann aus der Haftung, wenn der Verbraucher die Vertragswidrigkeit kannte oder über sie nicht in Unkenntnis sein konnte. Zwar verzichtet der erste Richtlinienentwurf auf die „Vernunft" des Verbrauchers, bezog sich jedoch auf den identischen Sachverhalt. Hierdurch sollten die Fälle erfasst werden, in denen der Verbraucher eine Kaufsache in Augenschein genommen hat, die einen offenkundigen Mangel aufweist.[471] Ein Sorgfaltsmaßstab, dem der Verbraucher etwa durch eine vorhergehende Untersuchung der Kaufsache genügen muss, ist demnach nicht anzulegen.[472]

Die dritte Alternative des Art. 2 Abs. 3 RL erfasst die Fälle, in denen der Mangel ausschließlich im Verantwortungsbereich des Verbrauchers liegt, indem der Mangel seinen Ursprung in dem Stoff hat, der durch den Verbraucher gestellt worden ist.

Im Gegensatz zu Art. 2 Abs. 3 RL behandelt Art. 2 Abs. 4 RL ausschließlich Fälle, die im Zusammenhang mit Werbeaussagen und öffentlichen Äußerungen stehen.

Hiernach ist der Verkäufer zunächst dann nicht an die öffentlichen Äußerungen gebunden, wenn er nachweist, dass er die betreffende Äußerung nicht kannte und vernünftigerweise nicht kennen konnte. Gleiches gilt dann, wenn er nachweist, dass die betreffende Äußerung zum Zeitpunkt des Vertragsschlusses be-

470 Begründung zu Art. 3 des Richtlinienvorschlages.
471 Begründung zu Art. 3 des Richtlinienvorschlages.
472 So auch Staudenmayer, NJW 1999, S. 2393, 2394.

berichtigt war oder die Kaufentscheidung durch die betreffende Äußerung nicht beeinflusst sein konnte.

Der Verkäufer hat also die Ausschlussgründe des Art. 2 Abs. 4 RL nachzuweisen. Insoweit hat es keines klarstellenden Wortlautes bedurft, da die Beweislast den Verkäufer nach den allgemeinen Beweislastregeln auch dann getroffen hätte, wenn der Wortlaut des Art. 2 Abs. 4 RL dies nicht vorgesehen hätte. Durch die klarstellende Beweislastregelung kommt aber erneut zum Ausdruck, dass der Verkäufer vollumfänglich für öffentliche Äußerungen des Herstellers oder seines Vertreters haften soll. Zudem wird deutlich, dass nicht an die Kenntnis von Werbemaßnahmen angeknüpft wird. Abzustellen ist darauf, ob überhaupt öffentliche Äußerungen getätigt worden sind und nicht etwa, ob der Verkäufer Kenntnis von der falschen Äußerung des Herstellers oder dessen Vertreters hatte.[473]

Aufgrund der Haftungsbefreiung der Art. 2 Abs. 3 und Abs. 4 RL wird teilweise vertreten, dass es sich hierbei um eine erhebliche Einschränkung der Haftung für Werbeangaben handelt.[474] Hierbei wird jedoch verkannt, dass diese Fälle in der Praxis selten sein dürften. Gerade die Verbreitung der Werbung dürfte den Anwendungsbereich des Art. 2 Abs. 4 RL in der Praxis auf sehr seltene Fälle beschränken.[475]

II. Kenntnis des Käufers vom Mangel im Sinne von § 442 BGB

Außerhalb des § 434 BGB kommt zunächst der Ausschlussgrund der Kenntnis über den Mangel nach § 442 BGB in Betracht. § 442 BGB will dem Umstand Rechnung tragen, dass der Käufer dann nicht schutzwürdig ist, wenn er die Vertragswidrigkeit der Kaufsache kannte.[476]

1. Kenntnis – § 442 Abs. 1 S. 1 BGB

Nach § 442 Abs. 1 S. 1 BGB ist die Haftung dann ausgeschlossen, wenn der Käufer den Mangel bei Vertragsschluss kennt. Der Käufer kennt den Mangel

473 Lehmann/Dürrschmitt, GRUR 1997, S. 549, 551.

474 Junker, VuR 1997, S. 271, 273, 279; Micklitz, EuZW 1997, S. 229, 232; Medicus, ZIP 1996, S. 1925, 1927.

475 Westermann, JZ 2001, S. 530, 533. Auch Lehmann/Dürrschmitt, GRUR 1997, S. 549, 551 gehen davon aus, dass es sich trotz der Einschränkungen des Art. 2 IV RL um eine weitgehende Haftung des Verkäufers handelt.

476 Hk-BGB/Saenger, § 442, Rn. 1; Jauernig/Berger, § 442, Rn. 1.

dann, wenn er von ihm positive Kenntnis hat und zwar in seinem ganzen Umfang und Tragweite.[477]

Eine Haftung des Verkäufers für Werbeangaben wäre demnach nach § 442 Abs. 1 S. 1 BGB dann ausgeschlossen, wenn der Käufer Kenntnis davon hat, dass die Kaufsache nicht die Beschaffenheit aufweist, die er nach den öffentlichen Äußerungen erwarten kann.[478]

Diese Kenntnis kann aufgrund mehrerer Umstände vorliegen. So etwa dann, wenn der Käufer als Fachmann erkennt, dass die Kaufsache nicht mit den öffentlichen Äußerungen übereinstimmt.

Fraglich ist aber, wie der Fall zu werten ist, wenn sich der Käufer und der Verkäufer über die Kaufsache und ihre Beschaffenheiten unterhalten und der Verkäufer richtige Angaben macht, die von den Werbeangaben abweichen. Hier ist danach zu differenzieren, ob der Käufer auf die falschen Werbeangaben aufmerksam gemacht wurde. Er weiß dann, dass die Werbung unrichtig und die Kaufsache bei einem Kauf vertragswidrig wäre. Zudem liegt in solchen Fällen eine Beschaffenheitsvereinbarung im Sinne des § 434 Abs. 1 S. 1 BGB vor. Wenn ein solcher Hinweis fehlt, kennt der Käufer den Mangel der Kaufsache nicht.

Es kann nicht davon ausgegangen werden, dass der Käufer während eines Verkaufsgesprächs die Verkäuferangaben mit den falschen Werbeangaben vergleicht und so Kenntnis von einer möglichen Vertragswidrigkeit erlangt. Der Verkäufer kann sich demnach nicht dadurch einer Haftung entziehen, dass er den Käufer grundsätzlich in ein Verkaufsgespräch verwickelt und ihn dort über die Beschaffenheiten aufklärt, ohne ihn auf die falsche Werbung hinzuweisen.

2. Grob fahrlässige Unkenntnis – § 442 Abs. 1 S. 2 BGB

Neben einer positiven Kenntnis scheidet eine Haftung aber auch dann aus, wenn dem Käufer ein Mangel infolge grober Fahrlässigkeit unbekannt geblieben ist und der Verkäufer dies nicht arglistig verschwiegen oder eine Beschaffenheitsgarantie übernommen hat.

Hiervon ist auszugehen, wenn der Käufer die zu beobachtende Sorgfalt in besonders schwerem Maße vernachlässigt hat. Der Käufer muss aus diesem Grunde zumindest ein Mindestmaß an Information und Aufmerksamkeit aufbringen.[479]

---

477 Palandt/Putzo, § 442, Rn. 7; Jauernig/Berger, § 442, Rn. 3; Hk-BGB/Saenger, § 442, Rn. 2.

478 So auch Palandt/Putzo, § 434, Rn. 38.

479 Palandt/Putzo, § 442, Rn. 11.

Eine Untersuchungspflicht kann hier aber nur in besonderen Ausnahmefällen angenommen werden, etwa wenn der Käufer besondere Sachkunde besitzt oder eine Untersuchung der Kaufsache üblich oder aufgrund einer Warnung geboten ist.[480]

Im Bereich der Werbung sind wenige Fälle denkbar, in denen eine solche grob fahrlässige Unkenntnis anzunehmen ist. Sie kommt insbesondere dann in Betracht, wenn es sich bei dem Käufer selbst um eine fachkundige Person handelt. Ihr kann zumindest dann eine Nachfragepflicht zugemutet werden, wenn sich die Werbeangaben nicht mit Erfahrungen ähnlicher Produkte decken. Ein Durchschnittskäufer würde sich dann bei dem Verkäufer erkundigen, ob er die in der Werbung angepriesene Beschaffenheit auch tatsächlich erwarten darf. Wenn er dies unterlässt, handelt er grob fahrlässig.

3. Beweislast

Die Beweislast für die Kenntnis und grob fahrlässige Unkenntnis trägt der Verkäufer.[481] Bei Kenntnis oder grob fahrlässiger Unkenntnis handelt es sich um innere Tatsachen. In der Praxis dürfte es dem Verkäufer daher schwer fallen, die Tatbestandsvoraussetzungen des § 442 Abs. 1 BGB nachzuweisen. Lediglich wenn er den Käufer als fachkundige Person kennt, wäre der Nachweis der grob fahrlässigen Unkenntnis denkbar. Aber selbst dann wäre es schwierig nachzuweisen, dass dieser im konkreten Fall seiner Sorgfaltspflicht in grobem Maße nicht nachgekommen ist.

III. Unkenntnis des Verkäufers

Neben § 442 Abs. 1 BGB bestimmt aber auch § 434 Abs. 1 S. 3 BGB, unter welchen Voraussetzungen der Verkäufer nicht an Werbeangaben gebunden ist. Hierzu gehört zunächst der Fall, dass der Verkäufer von den öffentlichen Äußerungen keinerlei Kenntnis hatte. Hauptanwendungsfall dieses Ausnahmetatbestandes dürften naturgemäß Äußerungen Dritter sein. Hierbei stellt sich jedoch die Frage, wer als solcher Dritter zu behandeln ist. Entsprechend dem oben gefunden Ergebnis[482] kann es sich hierbei nur um den Hersteller oder dessen Ge-

---

480 Jauernig/Berger, § 442, Rn. 5; Hk-BGB/Saenger, § 442, Rn. 5; Palandt/Putzo, § 442, Rn. 16.

481 Palandt/Putzo, § 442, Rn. 6; Jauernig/Berger, § 442, Rn. 2; Hk-BGB/Saenger, § 442, Rn. 10.

482 4. Teil, F., III, 3., b., Seite 158 ff..

hilfe handeln. Bei eigenen Äußerungen oder solchen von Angestellten kommt dieser Ausschlusstatbestand demnach nicht in Betracht. Der Tatbestand greift nur dann, wenn sich der Hersteller oder dessen Gehilfe geäußert haben.[483]

Wie schon der Wortlaut des § 434 Abs. 1 S. 3 BGB ergibt (...*es sei denn*), trägt der Verkäufer hierfür die Beweislast. Hierbei ist fraglich, wie der Verkäufer eine negative Tatsache beweisen können wird.[484] Dies dürfte in der Praxis nur dann der Fall sein, wenn es sich um Werbung im Ausland oder regional begrenzte Werbung handelt. Erschwert wird dies unter anderem auch dadurch, dass § 434 Abs. 1 S. 3 BGB den Herstellerbegriff des § 4 Abs. 1 und Abs. 2 ProdHaftG aufgreift. Dies dürfte zu Beweisproblemen führen, die zu Lasten des Verkäufers gehen.[485]

IV. Kennenmüssen

1. Allgemein

Neben der Unkenntnis haftete der Verkäufer für die Werbeangaben auch dann nicht, wenn er diese nicht kennen musste. Auch diese Alternative kommt also nicht für eigene Äußerungen des Verkäufers in Betracht. Der Tatbestand greift demnach nur dann, wenn sich der Hersteller oder dessen Gehilfe geäußert haben.[486]

Wie sich aus dem Wortlaut ergibt (*nicht kennen musste*), greift dieser Ausschlussgrund nur dann ein, wenn die Unkenntnis des Verkäufers nicht auf einer Fahrlässigkeit beruht.[487] Ein gleicher Maßstab findet sich in § 122 Abs. 1 BGB, der ebenso von einem nicht Kennenmüssen spricht und hiermit Fahrlässigkeit in jeder Form meint.[488] Der Verkäufer muss also der im Verkehr erforderlichen Sorgfalt nachkommen (§ 276 Abs. 2 BGB). Aus diesem Grunde scheitert auch die teilweise angeratene „Vogel-Strauß-Strategie“[489], sämtliche Werbemaßnah-

483 Palandt/Putzo, § 434, Rn. 38, wobei hier auch der „Verkäufergehilfe“ gemeint ist; vgl. Grigoleit/Herrenthalt, JZ 2003, S. 233, 238.

484 Henssler/von Westphalen, § 434, Rn. 39; Weiler, WM 2002, S. 1784, 1791.

485 Vgl. Westermann, NJW 2002, S. 241, 245.

486 Vgl. Grigoleit/Herrenthalt, JZ 2003, S. 233, 238.

487 Palandt/Thomas, § 434, Rn. 38.

488 Palandt/Heinrichs, § 122, Rn. 5; so auch Haas, in: Das neue Schuldrecht, Kap. 5, Rn.114; MüKo/Westermann, § 434, Rn. 27 (4. Aufl.).

489 Schäfer/Pfeiffer, ZIP 1999, S. 1829, 1836.

men Dritter zu ignorieren, um sich einer möglichen Haftung zu entziehen.[490] Es dürfte sich hierbei um ein Regelbeispiel von Fahrlässigkeit handeln.

2. *Marktbeobachtungspflicht*

Der Verkäufer kann seiner Sorgfaltspflicht nur dann entsprechen, wenn er den Markt grundsätzlich danach beobachtet, ob dieser Werbeangaben enthält, die seine Haftung auslösen können. Der Verkäufer wird aus diesem Grunde den Markt regelmäßig beobachten müssen, um seine Haftung für Werbeangaben abschätzen zu können.[491] Hier wird er zunächst davon Kenntnis erlangen, ob Dritte grundsätzlich für ein von ihm vertriebenes Produkt werben.

Dies alleine wird jedoch dann nicht ausreichen, wenn tatsächlich für solche Produkte geworben wird. Will sich der Verkäufer hier einer Haftung entziehen, so wird seine Beobachtung sehr viel weiter gehen müssen. Er muss aus diesem Grunde die Werbung darauf hin untersuchen, ob sie auch „hält, was sie verspricht".[492] Erst dann kann sich der Verkäufer einer möglichen Haftung entziehen, indem er etwa den Käufer auf mögliche Falschangaben aufmerksam macht. Dabei wird er nicht jedes einzelne Produkt prüfen, sondern vielmehr Stichproben daraufhin untersuchen müssen, ob sich diese mit den Werbeangaben decken.

Diese Marktbeobachtungspflicht wird für den Verkäufer durch zwei Elemente maßgeblich gesteigert: Zum einen durch den Herstellerbegriff des § 434 Abs. 1 S. 3 BGB, der auf § 4 Abs. 1 und Abs. 2 ProdHaftG verweist. Wie bereist oben ausgeführt, bezieht § 4 ProdHaftG neben dem eigentlichen Hersteller auch dritte Personen ein, wie etwa den Teil-Hersteller oder den Importeur. Da auch deren Werbeangaben bei § 434 Abs. 1 S. 3 BGB berücksichtigt werden, wird der Verkäufer auch hiernach Ausschau zu halten haben.[493] Zum anderen ergibt sich eine Steigerung auch durch mögliche Äußerungen des Gehilfen. Wie gezeigt, bedarf es für diesen keinerlei Berechtigung, für Verbrauchsgüter zu werben. Auch hat der Verkäufer den Markt nach solchen Werbeangaben zu beobachten, für die er gegenüber dem Verbraucher einzustehen hat.[494]

Eine gesteigerte Marktbeobachtungspflicht ergibt sich aber auch durch den Einsatz von modernen Kommunikationsmitteln, wie etwa dem Internet. Solche Aussagen fallen regelmäßig in den Bereich, den der Verkäufer zu beobachten hat. Dies bezieht sich insbesondere auch auf fremdsprachige Werbung, zu der

490 So auch Weiler, WM 2002, S. 1784, 1791.
491 Weiler, WM 2002, S. 1784, 1789, 1791.
492 Schimmel/Buhlmann/Andres, Frankfurter Handbuch zum neuen Schuldrecht, S. 455; Ziegler/Rieder, ZIP 2001, S. 1789, 1794.
493 Weiler, WM 2002, S. 1784, 1789.
494 Weiler, WM 2002, S. 1784, 1789.

der Käufer über die Homepage des Verkäufers, des Herstellers oder des Gehilfen gelangen kann.[495]

3. Marktbeobachtungspflicht und Händlertypen

Der Maßstab dieser Beobachtungspflicht richtet sich wiederum danach, ob es sich um einen Vertragshändler, Großhändler, Einzelhändler oder eine Privatperson handelt.

Der *Vertragshändler* muss zumindest die Werbemaßnahmen innerhalb seines Absatzgebietes überwachen und sich aus allen möglichen Quellen informieren.[496] Da der Hersteller den Vertragshändler schon aufgrund des Vertragshändlervertrages in der Regel über Werbemaßnahmen aufzuklären hat, dürfte eine solche Überwachung keine allzu großen Schwierigkeiten hervorrufen. Der Vertragshändler hat sich darüber hinaus aber auch danach zu erkundigen, ob der Hersteller außerhalb seines Absatzgebietes wirbt. Sollte dies der Fall sein, so hat er zu prüfen, ob sich die Werbung in dem fremden Absatzgebiet unterscheidet. Erst dann hat der Vertragshändler seiner Sorgfaltspflicht Genüge getan. Dies stellt auch keine übermäßige Belastung des Vertragshändlers dar. Der Vertragshändler ist durch den Vertragshändlervertrag privilegiert. Er darf ausschließlich in einem geschützten Absatzgebiet Waren vertreiben. Diesem Vorteil steht die Pflicht gegenüber, den Markt auf Herstellerwerbung zu beobachten.[497]

Ein ähnlicher Maßstab gilt für *Großhändler*. Auch hier wird man aufgrund der starken Marktpräsenz für einen solchen Maßstab plädieren müssen.

Der *Einzelhändler* hat es im Vergleich zum Vertragshändler schwerer. Ihm steht kein vertraglich abgegrenztes Absatzgebiet zu. Ebenso wenig wird er über Herstellerwerbung informiert. Einer möglichen Sorgfaltspflicht nachzukommen, gestaltet sich für ihn umständlicher. Aus diesem Grunde neigen einige dazu, bei Einzelkaufleuten grundsätzlich eine Einzelfallbetrachtung vornehmen. Die Sorgfaltspflicht soll von dem Wert der Ware, deren Bedeutung im Sortiment sowie der Verbreitung der Werbung abhängen.[498] Dieser Ansicht kann nur teilweise zugestimmt werden. Der Grundsatz einer Einzelfallbetrachtung ist prinzipiell richtig. Die Frage ist aber, an welchen Kriterien dies zu erfolgen hat. Der Wert der Ware oder die Bedeutung im Sortiment dürfen keine Rolle spielen. Ansonsten würde der Verbraucherschutz von dem Wert oder aber von dem Umfang der

---

495 Hk-BGB/Saenger, § 434, Rn. 16.

496 Das neue Schuldrecht/Haas, Kap. 5, Rn. 114; MüKo/Westermann, § 434, Rn. 27 (4. Aufl.).

497 Erman/Grunewald, § 434, Rn. 25, die dies allerdings auf den Fachhandel beschränkt.

498 Das neue Schuldrecht/Haas, Kap. 5, Rn. 114; Bamberger/Roth/Faust, § 434, Rn. 85.

Ware abhängen, die der Verkäufer einkauft. Letzteres kann der Verbraucher regelmäßig nicht einschätzen. Würde der Wert einer Ware Einfluss auf die Beobachtungspflicht haben, liefe der Verbraucherschutz für billige oder günstige Produkte ins Leere. Richtig hingegen ist, auf die Häufigkeit und die Verbreitung der Werbung abzustellen. Der Verkäufer muss den Markt grundsätzlich danach beobachten, ob für eines seiner Produkte geworben wird. Er wird dann erfahren, welche Produkte stark beworben werden. Bei stark und häufig beworbenen Produkten ist davon auszugehen, dass sie einen großen Teil der Verbraucher erreichen. Es ist nicht einzusehen, den Verkäufer in solchen Fällen von einer Beobachtungspflicht auszunehmen. Wenn ihm die hierdurch entstandenen Kosten zu hoch sind, muss er die günstigen Produkte aus seinem Sortiment nehmen.

Letztlich stellt sich auch die Frage, wie ein *nicht gewerblicher Verkäufer* einer solchen Marktbeobachtungspflicht nachkommen kann. Einige Ansichten betonen den nicht gewerblichen Charakter des Rechtsgeschäfts sehr stark. Hiernach soll den Privatmann keinerlei Pflicht treffen.[499] Es ist jedoch nicht ersichtlich, warum diesen überhaupt keine Pflicht treffen soll. Wenn eine Privatperson beispielsweise ein hochwertiges Markenprodukt verkauft, so kann ihm zugemutet werden, sich zumindest danach zu erkundigen, ob der Hersteller hierfür geworben hat. Trifft dies zu, so hat er die Werbung oberflächlich danach zu prüfen, ob die Kaufsache offensichtlich nicht mit den Werbeangaben übereinstimmt. Insbesondere hat er Zweifel an der Richtigkeit von Werbeaussagen seinem Käufer offen zu legen. Auch wenn den Privatmann eine geringere Sorgfaltspflicht treffen muss, so profitiert auch er von der Herstellerwerbung.

Demnach triff den Handel eine abgestufte Marktbeobachtungspflicht. Je stärker der Verkäufer auf dem Markt auftritt, desto höher ist seine Pflicht, den Markt nach Werbeaussagen zu untersuchen. Gleiches gilt dann, wenn der Verkäufer eine besondere Nähe zum Hersteller aufweist, wie etwa im Falle des Vertragshändlers. Je geringer diese Stärke oder Nähe ist, umso geringer auch die Marktbeobachtungspflicht.

4. Beweislast

Auch hier obliegt dem Verkäufer die Beweislast für die Voraussetzungen des Ausschlusstatbestandes. Er hat also zu beweisen, dass er die öffentlichen Äußerungen nicht kannte und dies auch nicht auf seiner Fahrlässigkeit beruht. Der Verkäufer sieht sich grundsätzlich zwei Hürden ausgesetzt. Zum einen wird ihm regelmäßig schon nicht der Beweis gelingen, dass er die Werbung nicht kann-

499 Bamberger/Roth/Faust, § 434, Rn. 85; Erman/Grunewald, § 434, Rn. 25.

te.[500] Wenn ihm dies trotzdem gelingen sollte, so sieht er sich einer zweiten, weitaus schwierigeren Hürde ausgesetzt. Er muss jetzt beweisen, dass diese Unkenntnis nicht auf Fahrlässigkeit beruhte. Praktisch dürfte sich dies derart gestalten, dass er die Beobachtung einem Mitarbeiter überträgt oder aber geeignete Aufzeichnungen vorlegt, aus denen eine entsprechende Beobachtung hervorgeht. Aber selbst wenn das Gericht solche Aufzeichnungen als Beweismittel anerkennen würde, dürfte ihm ein Beweis regelmäßig nicht gelingen. Wenn Werbung etwa in solchen Medien erfolgt, die dem Verbraucher üblicherweise zugänglich sind, so wird anzunehmen sein, dass auch der Verkäufer hiervon Kenntnis hatte.[501] Wenn der Käufer seine Informationen aus Quellen erlangt, die dem Verkäufer grundsätzlich ebenso offen stehen, so ist zumindest von einem „Kennenmüssen" der Werbung zu Lasten des Letztverkäufers auszugehen.

Auch dieser Ausschlusstatbestand wird dem Verkäufer mangels Beweismöglichkeiten folglich verschlossen bleiben.

V. Gleichwertige Berichtigung

Ferner kommt eine Haftung des Verkäufers dann nicht in Betracht, wenn die Werbung im Zeitpunkt des Vertragsschlusses in gleicher Weise berichtigt war. Dabei fällt zunächst auf, dass der Gesetzgeber nicht danach unterscheidet, wer sich öffentlich geäußert hat.

Der Verkäufer wird also nur bei eigenen Werbemaßnahmen in der Lage sein, die Anforderungen an die gleichwertige Berichtigung einschätzen zu können. Im Hinblick auf seine eigene Werbung hat er Kenntnis über die Intensität und Verbreitung. Seine eigenen Werbemaßnahmen wird der Verkäufer daher zumindest theoretisch in gleichwertiger Weise berichtigten können.

Sollte es sich aber um Werbeangaben Dritter handeln, so wird ihm dies aus mehreren Gründen nur sehr schwer möglich sein: Zum einen wird er nicht bereit sein, die teilweise sehr hohen Kosten einer „Berichtigungskampagne" zu tragen. Zum anderen kann er die Intensität und Verbreitung der Werbemaßnahmen nicht einschätzen. Aus diesem Grunde wird er die Werbemaßnahmen schon nicht *gleichwertig* berichtigen können.

Dem Verkäufer wird dieser Ausschlussgrund demnach nur dann zum Vorteil gereichen, wenn es sich um seine eigene Werbung handelt. Da sich der Käufer zunächst an den Verkäufer wenden wird, stellt dies für Letzteren zunächst eine starke finanzielle Belastung dar.

---

500 Siehe 4. Teil, G., III., S. 172.

501 Weiler, WM 2002, S. 1784, 1791; Oetker/Maultsch, Vertragliche Schuldverhältnisse, S. 44.

1. Berichtigung

Die Anforderungen an eine Berichtigung werden unterschiedlich eingeschätzt. Insbesondere bestehen unterschiedliche Einschätzungen darüber, ob der Käufer darauf hingewiesen werden muss, dass die Werbung berichtigt worden ist.[502] Letzteres wird teilweise mit dem Argument abgelehnt, dass der Werbende dies unterlassen wird, um einen Imageschaden zu vermeiden.[503] Diese Ansicht verkennt aber, dass der Verbraucher Werbung mit zunehmender Wiederholung nicht mehr kritisch gegenüber steht. Neue Werbung verfolgt der Verbraucher naturgemäß aufmerksamer als solche, die bereits seit einiger Zeit in den Medien verbreitet wird. Wenn sich der Inhalt dieser „alten" Werbung unmaßgeblich ändert, wird der Verbraucher dies nicht wahrnehmen, da er sie nicht mit der erforderlichen Aufmerksamkeit verfolgen wird. Aus diesem Grunde ist es erforderlich, dass der Berichtigende ausdrücklich darauf hinweist, dass die Werbung berichtigt worden ist. Ein solcher Hinweis dürfte ausreichen, um die Aufmerksamkeit des Verbrauchers in geeigneter Weise für die berichtigte Werbung zu wecken.

Der teilweise sehr extensiven Ansicht, dass eine Berichtigung regelmäßig nur dann vorliegen würde, wenn sie von großer Publizität sei, wie etwa eine Rückrufaktion[504], ist nicht zu folgen. Die Art und Weise der Berichtigung richtet sich nach der ursprünglichen Werbung. Wenn deren Verbreitung sehr gering war, so muss sich die Berichtigung hieran orientieren. Eine große Publizität in Form einer Rückrufaktion ist hiermit nicht notwendigerweise verbunden.

Eine Berichtigung liegt demnach dann vor, wenn der Käufer darauf hingewiesen wird, dass die ursprüngliche Werbung falsch war und entsprechend verändert wird. Wer die Werbung berichtigt, ist hingegen unbeachtlich, da es auf die Außenwirkung im Verhältnis zum Käufer ankommt.[505] Nicht in diesem Sinne ist die Werbung daher berichtigt, wenn der Verkäufer im Gespräch die richtige Beschaffenheit lediglich erwähnt.[506]

Fraglich ist, ob der Käufer auch die berichtigte Aussage zur Kenntnis genommen haben muss. Hierfür mag sprechen, dass erst dann der Käufer seine

502 So etwa v. Westphalen, § 434, Rn. 44; Erman/Grunewald, § 434, Rn. 27; Bernreuther, MDR 2003, S. 67; Das neue Schuldrecht/Haas, Kap. 5, Rn. 115; Bamberger/Roth/Faust, § 434, Rn. 86; Grigoleit/Herresthal, JZ 2003, S. 233, 238; Bernreuther, WRP 2002, S. 368, 374, der dies allerdings dann für entbehrlich hält, wenn der Verbraucher dies auch ohne ausdrücklichen Hinweis klar erkennen kann.

503 Weiler, WM 2002, S. 1784, 1792.

504 So Westermann, NJW 2002, S. 241, 245.

505 Jauernig/Berger, § 434, Rn. 17; Bamberger/Roth/Faust, § 434, Rn. 86.

506 Siehe hierzu 4. Teil. G., II., 1., S. 170 f.

Erwartungshaltung nicht mehr auf die falsche Werbung gründen kann.[507] Hiergegen spricht aber, dass eine Haftung für Werbeangaben zunächst nicht davon abhängt, ob der Käufer diese auch tatsächlich zur Kenntnis genommen hat. Aus diesem Grunde kann es auch bei der Berichtigung nicht darauf ankommen. Auf eine Kenntnisnahme des Käufers von der Berichtigung kommt es daher nicht an.[508]

Letztlich kommt eine Berichtigung aber nicht nur dann in Betracht, wenn der Inhalt der öffentlichen Äußerung falsch war. Zu denken ist auch daran, dass der Werbende möglicherweise nicht mehr für seine Werbeangaben einstehen will.[509] Auch hier kann der Berichtigende darauf hinweisen, dass die Werbung in der „alten Fassung" nicht mehr gültig sein soll.

Eine Berichtigung liegt nach alledem dann vor, wenn der Käufer ausdrücklich darauf hingewiesen wird, dass der Inhalt der bisherigen Werbung nicht mehr gelten soll, sondern vielmehr der Inhalt der gegenwärtigen und zukünftigen Werbung.

2. Gleichwertig

Eine weitaus schwierigere Frage ist, wann die öffentlichen Äußerungen gleichwertig berichtigt worden sind. Dabei ist zu berücksichtigen, dass die Wirkung von vielen Faktoren abhängt. Insbesondere das gewählte Werbemedium, die Aufmachung und die Reichweite haben sehr starken Einfluss auf die Wirkung.

Einig ist man sich darin, dass berichtigende Werbung auf gleiche Art und Weise erfolgen muss wie die ursprünglich falsche oder unrichtige.[510] Es ist daher vorauszusetzen, dass sie die gleiche Aufmerksamkeit zu erlangen hat wie die ursprüngliche falsche Werbung und geeignet sein muss, im Wesentlichen das gleiche Publikum zu erreichen.[511] Hierdurch wird auch sichergestellt, dass der Verkäufer Werbeangaben nicht im Rahmen von AGBs relativieren und sich so-

---

507 Henssler/von Westphalen, § 434, Rn. 44.

508 HK-BGB/Saenger, § 434, Rn. 16; Das neue Schuldrecht/Haas, Kap. 5, Rn. 115; Bamberger/Roth/Faust, § 434, Rn. 86; Oetker/Maultzsch, Vertragliche Schuldverhältnisse, S. 45; Grigoleit/Herresthal, JZ 2003, S. 233, 238.

509 So etwa Jauernig/Berger, § 434, Rn. 17.

510 Das neue Schuldrecht/Haas, Kap. 5, Rn. 115; Weiler, WM 2002, S. 1784, 1792. Siehe hierzu auch Lehmann, DB 2002, S. 1090, 1092, der diesen Bereich mit Rückrufaktionen vergleicht.

511 Das neue Schuldrecht/Haas, Kap. 5, Rn. 115; Schimmel/Buhlmann/Andres, Frankfurter Handbuch zum neuen Schuldrecht, S. 455; vgl. auch Palandt/Putzo, § 434, Rn. 39.

mit distanzieren kann, um sich einer Haftung zu entziehen.[512] In der Praxis läuft dieser Umstand darauf hinaus, dass sich die Kosten des Werbenden für die Verbreitung seiner Werbung verdoppeln dürften, soweit er einmal falsche Werbeangaben getätigt hat.

Fraglich ist, wie Werbeangaben gleichwertig berichtigt werden können. Tatsächlich wird der „Berichtigende" die gleiche Aufmachung, das gleiche Medium[513] sowie die gleiche Reichweite wählen müssen, um diesen Anforderungen zu genügen. Dem Berichtigenden wird in der Praxis aber zu raten sein, dass er die Äußerungen mehr als nur gleichwertig berichtigen muss, wenn er sich einer Haftung entziehen will.[514] Denn nur dann kann er sicherstellen, dass alle Eventualitäten ausgeschlossen sind. Es ist daher eine Identität in der Art und Weise zwischen der ursprünglichen Werbung und der Berichtigung zu fordern. Teilweise wird vertreten, dass dies nicht notwendig sei, da vom Käufer eine gewisse Sorgfalt bei der Beobachtung von Werbung erwartet werden könne. Ein solcher Maßstab hätte aber zur Folge, dass eine Fernsehwerbung durch eine Zeitungsanzeige berichtigt werden kann.[515] Hiergegen spricht jedoch, dass unterschiedliche Medien einen verschiedenen Wirkungsgrad haben. Das Medium Fernsehen wird erfahrungsgemäß stärker wahrgenommen als etwa eine Tageszeitung. Der Berichtigende wird daher niemals den gleichen Wirkungsgrad erreichen, der für den Ausschlusstatbestand erforderlich ist. Aufgrund dieses unterschiedlichen Wirkungsgrades dürfte dem Verkäufer regelmäßig nicht der Nachweis gelingen, dass die Werbung in gleichwertiger Weise berichtigt wurde.

Ferner beinhaltet der Begriff der Gleichwertigkeit eine zeitliche Komponente. Auch wenn es keiner ausdrücklichen Kenntnisnahme durch den Käufer bedarf, so muss er die Berichtigung grundsätzlich zur Kenntnis nehmen können. Es bedarf einiger Zeit, innerhalb derer der Verbraucher Kenntnis von der berichtigten Werbung erhalten kann.[516] Je länger also die Werbekampagne andauert, desto länger muss auch die Berichtigungskampagne betrieben werden. Bemerkt der Werbende bereits zu Beginn die falsche Äußerung, sind hieran entsprechend geringere Anforderungen zu stellen. Der zeitliche Faktor kann aber auch durch die Intensität und die Verbreitung beeinflusst werden.

Aus diesem Grunde fallen individuelle Berichtigungen des Verkäufers, die er in einem Verkaufsgespräch tätigt, nicht in den Anwendungsbereich. Diese An-

---

512 Schimmel/Buhlmann/Andres, Frankfurter Handbuch zum neuen Schuldrecht, S. 455.

513 So etwa Hk-BGB/Saenger, § 434, Rn. 16.

514 Henssler/von Westphalen, § 434, Rn. 44; Westermann, NJW 2002, 241, 245.

515 Erman/Grunewald, § 434, Rn. 27; Das neue Schuldrecht/Haas, Kap. 5, Rn. 115.

516 Weiler, WM 2002, S. 1784, 1792.

sichten, die eine individuelle Berichtigung zulassen[517], verkennen, dass eine solche nicht in gleichwertiger Weise erfolgt. Angesichts der alltäglichen Massengeschäfte wäre eine solche Praxis auch nicht möglich.[518] Zum anderen wird dann aber zu prüfen sein, ob beim Käufer Kenntnis im Sinne des § 442 Abs. 1 BGB vorliegt, da der Verkäufer ihn auf den Mangel bzw. die Vertragswidrigkeit vor Vertragsschluss hinweist.

Es wird sich daher in der Regel um Berichtigungskampagnen handeln, die sich von der ursprünglichen Werbung nicht unterscheiden. Zusätzlich wird der Werbende aber auf die Berichtigung hinweisen.

3. Beweislast

Auch hier obliegt dem Verkäufer die Beweislast dafür, dass die Werbung gleichwertig berichtigt worden ist. Im Gegensatz zu den bisherigen Ausschlusstatbeständen dürfte der Verkäufer auf weniger Schwierigkeiten beim Beweis dafür stoßen, dass grundsätzlich berichtigt wurde. Da eine Berichtigung nach außen hin wahrnehmbar ist, wird er diese in einem Prozess auch substantiiert behaupten und beweisen können. Schwieriger wird es hingegen, wenn es um die Frage der Gleichwertigkeit geht. Hier müsste der Verkäufer nachweisen, dass die Berichtigung die gleiche Wirkung wie die ursprüngliche Werbung hat.[519]

VI. Keinen Einfluss auf Kaufentscheidung

1. Allgemein

Nach § 434 Abs. 1 S. 3 BGB haftet der Verkäufer für falsche Werbeangaben auch dann nicht, wenn diese die Kaufentscheidung nicht beeinflussen konnte. Auch hier findet sich demnach das Konzept der Käufererwartungen wieder.

2. Maßstab

Der Wortlaut des § 434 Abs. 1 S. 3 BGB gibt zunächst keinen Aufschluss darüber, ob der Käufer konkret durch die Werbung beeinflusst sein musste oder ob es lediglich darauf ankommt, dass die Werbung geeignet war, den Käufer in sei-

517 So etwa Oetker/Maultzsch, Vertragliche Schuldverhältnisse, S. 44, 45; Bamberger/Roth/Faust, § 434, Rn. 86.
518 Weiler, WM 2002, S. 1784, 1792.
519 Ähnlich Weiler, WM 2002, S. 1784, 1792.

ner Entscheidung zu beeinflussen. Es kommt demnach sowohl eine abstrakt-generelle als auch eine konkret-individuelle Sichtweise in Betracht.

a. Abstrakt-genereller Maßstab

Für eine abstrakt-generelle Sichtweise könnte sprechen, dass der Gesetzgeber sich bereits bei dem Einfluss von öffentlichen Äußerungen auf die Beschaffenheit für ein solches Konzept entschieden hat.[520] Hiergegen spricht aber, dass dann das Tatbestandsmerkmal, dass die Werbung die Erwartungen des Verkäufers beeinflussen kann, überflüssig wäre. Denn wenn sie dort den Verbraucher beeinflussen konnten, warum sollten sie dann im Rahmen der Exkulpation die Erwartungen nicht beeinflussen können?[521]

Andererseits ermöglicht eine abstrakte Sichtweise, diesen Bereich einheitlich zu behandeln. Bei einer konkreten Sichtweise bestünde die Gefahr, dass jeder Fall gesondert behandelt wird. Der Handel könnte dann nicht mehr einschätzen, wie sich Werbeangaben konkret auf den Käufer auswirken. Ebenso wenig könnten sich Fallgruppen entwickeln, die eine Haftung bzw. Nichthaftung konkret beschreiben. Ergebnis einer solchen Sichtweise wäre, dass ein objektiver Maßstab gefunden werden könnte, um alle Fälle zumindest einheitlich zu behandeln. Eine abstrakt-generelle Sichtweise wäre daher besonders praktikabel. Hiervon könnten der Handel und der Käufer gleichermaßen profitieren. Die Erwartungen würden auch hier von dem Durchschnittskäufer bestimmt werden. Aus diesem Grunde wird teilweise auf die Nähe zum Wettbewerbsrecht, insbesondere § 3 UWG a.F., hingewiesen.[522] Damit zusammenhängend wird vermutet, dass sich die Rechtsprechung an den zu § 3 UWG a.F. ergangenen Urteilen orientieren dürfte.[523]

Eine abstrakt-generelle Sichtweise kann daher grundsätzlich nicht ausgeschlossen werden.[524]

Der Verkäufer müsste dann nachweisen, dass die öffentlichen Äußerungen grundsätzlich nicht geeignet sein können, die Kaufentscheidung zu beeinflussen. Soweit das Gericht diesen Umstand nicht aus eigener Erfahrung oder Kenntnis bestimmen kann, dürfte dies in der Praxis darauf hinauslaufen, dass der Verkäufer den Beweis durch die aus dem Wettbewerbsrecht bekannten Verkehrsgutach-

---

520 Siehe hierzu 4. Teil, D., I., S. 133 f.

521 So wohl auch Weiler, WM 2002, S. 1784, 1793.

522 Bernreuther, WRP 2002, S. 368, 374.

523 Mees, WRP 2002, S. 135, 136.

524 Henssler/von Westphalen, § 434, Rn. 40. So wohl auch Palandt/Putzo, § 434, Rn. 39.

ten führen müsste.[525] Dass ein Verkäufer einen solchen Aufwand betreiben wird, darf bezweifelt werden.

Daneben kommt aber auch die Möglichkeit in Betracht, dass sich der Beweis auf eine Rechtsfrage reduzieren dürfte.[526] Hiergegen spricht jedoch schon, dass sowohl der Richtliniengeber als auch der deutsche Gesetzgeber die Beweislast geregelt haben. Sollte es sich hier tatsächlich nur um eine Rechtsfrage handeln, so hätten sie darauf verzichtet.

b. Konkret-individuell

Neben einer abstrakt-generellen Sichtweise kommt aber auch eine konkret-individuelle in Betracht. Hiergegen spricht zunächst, dass eine einheitliche Behandlung dieses Ausschlusstatbestandes nicht möglich wäre. Ebenso fällt auf, dass im Rahmen einer berichtigenden Werbung gerade nicht auf individuelle Gesichtspunkte abgestellt wird. Dort wird vielmehr darauf abgestellt, dass die öffentliche Äußerung in gleichwertiger Weise berichtigt worden ist. Dies soll unabhängig davon gelten, ob der Käufer die falsche Äußerung gekannt hat. Letztlich handelt es sich auch dort um die Frage, ob die Werbung die Kaufentscheidung des Käufers (noch) beeinflussen konnte. Aus diesem Grunde spricht einiges dafür, einen abstrakt-generellen Maßstab anzuwenden.

Teilweise wird der Wortlaut des § 434 Abs. 1 S. 3 BGB herangezogen, um eine individuelle Sichtweise anzusetzen.[527] Eine solche Sichtweise kann aber nicht ohne Weiteres dem Wortlaut entnommen werden.[528] Sowohl Art. 2 Abs. 4 RL als auch § 434 Abs. 1 S. 3 BGB fragen danach, ob die Kaufentscheidung von der Werbung beeinflusst sein konnte.

Trotzdem sprechen die meisten Gründe für eine individuelle Sichtweise. Zum einen käme man bei einer abstrakt-generellen Sichtweise zu dem verwunderlichen Ergebnis, dass sich der Verkäufer selbst dann nicht auf diesen Ausschlusstatbestand berufen könnte, wenn der Käufer die Werbung zwar nicht kannte, ihn aber abstrakt gesehen in seiner Kaufentscheidung beeinflussen konnte. Der Käufer ist in solchen Fällen aber mangels Kenntnis nicht schutzwürdig.[529] Ferner sind auch Fälle denkbar, in denen etwa ein Fachhändler aufgrund besonderer

---

525 So wohl auch Henssler/von Westphalen, § 434, Rn. 40, die hier anscheinend eine Parallele zum Wettbewerbsrecht ziehen wollen, indem sie sich an Prozentzahlen orientieren.

526 So etwa Bernreuther WRP 2002, S. 368, 374.

527 So etwa Jauernig/Berger, § 434, Rn. 17; Grigoleit/Herresthal, JZ 2003, S. 233, 238.

528 Vgl. Bamberger/Roth/Faust, § 434, Rn. 87.

529 Bamberger/Roth/Faust, § 434, Rn. 87.

Kenntnis von der Werbung nicht mehr beeinflusst werden konnte.[530] Aus diesem Grunde neigen Teile der Literatur dazu, hier einen individuellen Maßstab anzusetzen.[531]

Darüber hinaus wäre dieser Ausnahmetatbestand bei einer generellen Sichtweise überflüssig. Denn wenn die Werbung die Käufererwartungen hinsichtlich der Eigenschaften beeinflussen konnte, dann käme man jetzt zu einem widersprüchlichen Ergebnis, wenn hierdurch nicht auch die Kaufentscheidung beeinflusst würde. Wenn die Äußerungen die Erwartungen des Käufers über die Eigenschaften beeinflussen konnten, kommt man bei dem Kaufentschluss zu einem gleichen Ergebnis.

Letztlich spricht auch die Beweislastregel des Ausschlusstatbestandes für eine individuelle Sichtweise. Der Gesetzgeber hatte demnach nachweisbare Tatsachen im Auge. Eine abstrakte Sichtweise würde dazu führen, dass sich ein Beweis in rechtlichen Ausführungen erschöpfen würde.

Dieses Ergebnis wird zudem durch den Richtlinientext unterstützt. Im Richtlinienvorschlag zu Art. 3 Abs. 2 3. Spiegelstrich trat etwa eine Haftung dann nicht ein, wenn der Verkäufer nachweist, dass die Kaufentscheidung nicht durch die betreffende Äußerung beeinflusst worden ist.[532] Die Richtlinie hat diesen Wortlaut zwar nicht übernommen. In Art. 2 Abs. 4 3. Spiegelstrich RL wird aber durch die eindeutige Beweislastregelung (*„nachweist, dass...“*) deutlich, dass auch der Richtliniengeber dem Verkäufer die Möglichkeit eröffnen wollte, Tatsachen nachzuweisen und ihn nicht auf eine allein rechtliche Argumentation zu verweisen.

Als weiteres Indiz für eine individuelle Sichtweise wird teilweise die Wortwendung „die Kaufentscheidung“ des § 434 Abs. 1 S. 3 BGB angesehen.[533] Meines Erachtens kann hieraus nicht der Wille des Gesetzgebers entnommen werden, eine individuelle Betrachtung vorzunehmen.

530 Grigoleit/Herresthal, JZ 2003, S. 233, 238.

531 Grigoleit/Herresthal, JZ 2003, S. 233, 238, die hier fälschlicherweise die Regierungsbegründung (BT-Drucks. 14/6040, S. 215) zitieren. Dort finden sich allerdings keinerlei Hinweise dafür, dass sich der Gesetzgeber für einen individuellen Maßstab entschieden hat. Haas, BB 2001, S. 1313, 1314, der sich hier jedoch auf den Fall bezieht, dass der Verbraucher die Sache nur für einen bestimmten Zweck erwirbt. Für eine solche Sichtweise wohl auch Schlechtriem, in: Ernst/Zimmermann, Zivilrechtswissenschaft und Schuldrechtsreform, S. 205, 216, der hier von der Fallkonstellation ausgeht, dass der Käufer die Werbeangaben nicht kannte oder kennen konnte. Siehe auch Erman/Grunewald, § 434, Rn. 28, die hier allerdings inkonsequent ist, da sie beide Maßstäbe anwenden will.

532 Richtlinienvorschlag zum Verbraucherkauf, ZIP 1996, S. 1845, 1850.

533 Grigoleit/Herresthal, JZ 2003, S. 233, 238.

c. Zwischenergebnis

Bei der Frage, ob öffentliche Äußerungen den Käufer in seiner Kaufentscheidung beeinflussen konnten, ist nach alledem eine individuelle Sichtweise anzuwenden.

3. Konkrete Kaufentscheidung

Da es nun auf eine individuelle Sichtweise ankommt, sind mehrere Konstellationen denkbar, in denen die Kaufentscheidung nicht beeinflusst werden konnte.

Die Kaufentscheidung kann etwa dann nicht beeinflusst werden, wenn der Käufer keinerlei Kenntnis über öffentliche Äußerungen im Zusammenhang mit einem Produkt hatte.[534] Grundsätzlich kommt es für eine Haftung des Verkäufers zwar nicht darauf an, dass der Käufer die Werbung auch tatsächlich zur Kenntnis genommen hat. Wenn dies aber tatsächlich nicht der Fall sein sollte, dann konnte seine Entscheidung für den Kauf auch nicht beeinflusst werden. Der Ausschlusstatbestand greift dann ein, der Verkäufer braucht nicht für die Werbeangaben einstehen.

Ebenso wenig wurde die Kaufentscheidung dann beeinflusst, wenn die öffentlichen Äußerungen für den Käufer keinerlei Bedeutung hatten.[535]

Gleiches gilt dann, wenn der Käufer vor Abschluss des Kaufvertrages Kenntnis davon hatte, dass die Werbeangaben nicht stimmen. Dieses Wissen kann auf mehreren Umständen beruhen. Zum einen ist denkbar, dass der Käufer dies durch einen anderen Käufer erfährt. Ebenso ist aber denkbar, dass es sich um einen fachkundigen Käufer handelt. Wenn dieser aufgrund seiner Fachkunde weiß, dass die Werbeangaben nicht stimmen, so kann seine Kaufentscheidung hierauf nicht beruhen. Gleiches muss selbst dann gelten, wenn er aus eigener Erfahrung weiß, dass die Werbeangaben nicht stimmen können und er aus diesem Grunde Zweifel an der Richtigkeit der öffentlichen Äußerung hat. Auch hier wird seine Kaufentscheidung nicht durch Werbeangaben beeinflusst. Hiergegen spricht auch nicht, dass der Gesetzgeber in § 442 BGB bereits eine Regelung eingeführt hat, die sich mit der Kenntnis des Mangels befasst. § 442 BGB gilt grundsätzlich für das gesamte Gewährleistungsrecht. Die hier angesprochene Kenntnis stellt aber einen Einzelfall innerhalb der Ausschlusstatbestände des § 434 Abs. 1 S. 3 BGB dar.

---

534 Erman/Grunewald, § 434, Rn. 28; Jauernig/Berger, § 434, Rn. 17; Hass, in: Das neue Schuldrecht, Kap. 5, Rn. 116; Bamberger/Roth/Faust, § 434, Rn. 87; Weiler, WM 2002, S. 1784, 1792.

535 Bamberger/Roth/Faust, § 434, Rn. 87; Grigoleit/Herresthal, JZ 2003, S. 233, 238.

Gleichzeitig machen diese Beispiele deutlich, dass eine abstrakte Sichtweise zu widersprüchlichen Ergebnissen führen würde. Wenn in den Beispielen die Werbung grundsätzlich die Kaufentscheidung beeinflussen konnte, dann müsste der Verkäufer in allen Fällen hierfür einstehen. Dies gilt unabhängig davon, ob der Käufer die Werbung oder den Mangel kannte.

Problematisch wird es insbesondere in den Fällen, in denen sich der Verkäufer und der Käufer im Rahmen des Verkaufsgespräches über die Kaufsache unterhalten und der Verkäufer hierbei berichtigende Angaben über die Kaufsache macht. Dies könnte zur Folge haben, dass die Verkäuferangaben zum Bestandteil einer Beschaffenheitsvereinbarung nach § 434 Abs. 1 BGB werden. Der Käufer könnte sich dann regelmäßig nicht auf falsche Werbeangaben berufen, da sie die Kaufentscheidung aufgrund der Beschaffenheitsvereinbarung nicht mehr beeinflussen konnten. Aus diesem Grunde wird auch teilweise die Ansicht vertreten, dass ein solcher Einfluss dann fehlt, wenn sich der Verkäufer im Rahmen des Verkaufsgesprächs von der Werbung distanziert hat.[536] Meines Erachtens muss hier aber danach differenziert werden, ob der Käufer anlässlich des Verkaufsgesprächs darauf hingewiesen worden ist, dass die ursprünglichen Werbeangaben unrichtig sind und die Angaben des Verkäufers zum Gegenstand des Kaufvertrages werden sollen. Würde man ein einfaches Verkaufsgespräch gelten lassen, in dem der Letztverkäufer die Werbeaussagen relativiert und beiläufig verbessert, würde der Schutz des Verbrauchers vor falschen Werbeaussagen ausgehebelt werden können. Aus diesem Grunde hat der Verkäufer den Käufer im Rahmen des Verkaufsgespräches darauf hinzuweisen, dass die Werbeangaben unzutreffend sind und die Verkäuferangaben Anwendung finden sollen. Erst unter diesen Voraussetzungen werden seine Angaben zum Vertragsgegenstand, die eine Beschaffenheitsvereinbarung im Sinne des § 434 Abs. 1 S. 3 BGB darstellen können. Zudem hätte eine Berichtigung der Werbeangaben zur Folge, dass der Käufer dann Kenntnis über den Mangel nach § 442 BGB hat. Die Werbung konnte dann seinen Kaufentschluss nicht mehr beeinflussen.[537]

Die individuelle Sichtweise ermöglicht also, die jeweiligen Umstände des Einzelfalles zu berücksichtigen. Nachdem zunächst haftungsbegründend festgestellt wurde, dass die Werbung die Erwartungen des Käufers grundsätzlich beeinflussen kann, kommt es hier darauf an, ob der Käufer die Werbeangaben auch tatsächlich seiner Kaufentscheidung zugrunde gelegt hat.

---

536 Das neue Schuldrecht/Haas, Kap. 5, Rn. 116.

537 Schimmel/Buhlmann, Fehlerquellen im Umgang mit dem neuen Schuldrecht, S. 120, die jedoch offen lassen, ob es sich um einen Fall im Sinne von § 442 BGB oder § 434 I 3 BGB (kein Einfluss auf Kaufentscheidung) handelt; Lehmann, DB 2002, S. 1090, 1092.

4. Beweislast

Auch hier ist wieder absehbar, dass der Verkäufer mit diesem Ausschlussgrund in der Praxis Schwierigkeiten haben dürfte. Es dürfte sich aus diesem Grunde um einen scheinbar günstigen Haftungsausschluss für den Verkäufer handeln. Der Verkäufer müsste daher die eben dargestellten Konstellationen beweisen. In der Praxis dürfte ihm der Beweis, dass die Voraussetzungen für einen Haftungsausschluss vorliegen, nicht gelingen.[538] Von einer Haftungseinschränkung kann an dieser Stelle demnach nicht gesprochen werden.

Teilweise werden dort die größten Erfolgsaussichten gesehen, wo es sich um regional begrenzte Werbung handelt, zu der der Käufer keinen Zugang haben konnte.[539] Dieses Argument widerlegt sich aber selbst. Sollte sich ein Käufer auf regional begrenzte Werbung berufen, dann hatte er Zugang zu dieser Werbung. Der Verkäufer müsste dann beweisen, dass der Käufer erst nach Vertragsschluss Zugang dazu hatte, was ihm regelmäßig nicht gelingen dürfte. Die nahezu unüberwindbaren Schwierigkeiten ergeben sich dadurch, dass der Verkäufer eine innere Tatsache des Käufers beweisen müsste, was ihm in der Praxis regelmäßig nicht gelingen wird.[540]

Letztlich stellt sich auch bei dieser Alternative die Beweislast als größtes Hindernis dar.

VII. Beweislast als größtes Hindernis

1. Allgemeines

Nach einer Betrachtung der Ausschlusstatbestände des § 434 Abs. 1 S. 3 BGB wird deutlich, dass sich diese für den Verkäufer in der Praxis als größte Hürde darstellen.[541] Dies ergibt sich daraus, dass er in der Regel innere Tatsachen, mit Ausnahme der Berichtigung, nachweisen muss. Aber auch dort, wo er einmal äußere Tatsachen nachweisen könnte, wie im Falle der Berichtigung, dürfte es dem Verkäufer nicht möglich sein, den Beweis zu führen. Bei fremder Werbung setzt der Nachweis nämlich voraus, dass diese auch tatsächlich berichtigt worden ist. Sollte dies nicht der Fall sein, wird er nicht in der Lage sein, diese in ausrei-

538 So auch Westermann, NJW 2002, S. 241, 245; Grigoleit/Herresthal, JZ 2003, S. 233, 239.

539 Das neue Schuldrecht/Haas, Kap. 5, Rn. 116.

540 Weiler, WM 2002, S. 1784, 1793.

541 Siehe auch MüKo/Westermann, § 434, Rn. 27 (4. Aufl.).

chender Weise zu berichtigen. Ebenso wenig kann er abschätzen, wann die Werbung gleichwertig berichtigt worden ist. Selbst wenn er hierzu in der Lage ist, dürfte er aufgrund der hohen Kosten davon absehen, fremde Werbung zu berichtigen. Er wird sich daher auf seinen Rückgriffsanspruch besinnen und eine Inanspruchnahme durch den Käufer in Kauf nehmen.

2. Beweislastregelungen

Angesichts dieser Problematik raten Teile der Literatur, dem Käufer vertraglich die Beweislast dafür aufzuerlegen, dass die Werbeangabe für den Kaufentschluss kausal gewesen ist.[542] Dieser Rat lässt jedoch offen, wie dies praktisch vollzogen werden soll. Grundsätzlich kommt eine Beweislastregelung durch Individualvereinbarung oder aber durch die Verwendung Allgemeiner Geschäftsbedingungen in Betracht.

a. Zu Lasten des Verbrauchers

Eine Beweislastregelung zu Lasten des Verbrauchers durch Allgemeine Geschäftsbedingungen kommt nicht in Betracht. Gemäß § 309 Nr. 12 BGB sind Beweislaständerungen durch Allgemeine Geschäftsbedingungen grundsätzlich unwirksam. Aus diesem Grunde wären auch Aushänge in den Verkaufsräumen nicht geeignet, die gewünschte Beweislastverteilung herbeizuführen. Auch hierbei würde es sich um Allgemeine Geschäftsbedingungen im Sinne des § 305 BGB handeln, da auch Vertragsbedingungen in Form eines Aushanges Allgemeine Geschäftsbedingungen im Sinne des § 305 BGB sind.[543]

Demnach besteht ausschließlich die Möglichkeit einer individuell ausgehandelten Beweislastumkehr. Aber auch hier wird der Verkäufer regelmäßig in den „Gefahrenbereich" der gesetzlichen Bestimmungen über Allgemeine Geschäftsbedingungen kommen. Dieser muss, will er die Beweislastumkehr auch beweisen, die ausgehandelte Vereinbarung schriftlich fixieren. Sollte der Verkäufer hier mehrmals die gleiche bzw. eine inhaltlich sachlich identische Formulierung mit der Absicht verwenden, diese mehrfach einzusetzen, so kommt erneut das Vorliegen einer Allgemeinen Geschäftsbedingung in Betracht.[544] Zudem setzt ein Aushandeln einer Vertragsbedingung auch voraus, dass der Verbraucher eine

542 Schimmel/Buhlmann/Andres, Frankfurter Handbuch zum neuen Schuldrecht, S. 456.
543 Wolf/Horn/Lindacher, AGB-Gesetz, § 1, Rn. 17.
544 Palandt/Heinrichs, § 305, Rn. 8.

Einflussmöglichkeit auf die Individualvereinbarung gehabt haben muss.[545] Ein pauschaler Hinweis des Verkäufers, dass sich die Beweislast umkehre, reicht demnach nicht aus. Zusätzlich müsste der Verbraucher den Inhalt der Klauseln und deren Bedeutung kennen.[546] Die regelmäßige Vorlage eines Textes mit dem Hinweis, dass der Verkäufer hiermit eine Beweislaständerung bezwecke, reicht demnach nicht aus. Diese muss, um nicht mit den §§ 305 ff. BGB in Konflikt zu kommen, für jeden Einzelfall ausgehandelt werden.

An dieser Stelle wird offensichtlich, dass dieser Vorschlag nicht praktikabel ist. Man stelle sich vor, dass der Verkäufer in einem Kaufhaus an der Kasse mit dem potentiellen Kunden eine Beweislastumkehr aushandeln will. Es ist absehbar, dass der Verbraucher nicht bewusst auf die ihm günstige Beweislastregelung verzichten wird.

Die einzig denkbare Konstellation ist die, dass der Käufer einen Preisnachlass gewährt bekommt, der ihm das Risiko einer nachteiligen Beweislastregelung Wert ist. Aber auch dann wird der Verkäufer darauf zu achten haben, dass er sich nicht in den Anwendungsbereich der §§ 305 ff. BGB begibt.

Zudem müsste der Verbraucher über die Beweislastverteilung bestimmen können. Hiergegen spricht aber schon § 475 Abs. 1 BGB, der keine abweichenden Vereinbarungen über Verbraucherschutzvorschriften, zumindest bis zur Mitteilung eines Mangels, zulässt. Dies schließt die Regelungen über die Beweislast ein.[547] Erst nach Mitteilung des Sachmangels wäre eine individuelle Vereinbarung über die Beweislast möglich. Dies gilt jedoch nicht für Allgemeine Geschäftsbedingungen.

b. Zu Lasten eines Unternehmers

Soweit an dem Kaufvertrag kein Verbraucher beteiligt ist, steht den Parteien grundsätzlich die Möglichkeit offen, die Beweislast zu regeln.[548] Aus diesem Grunde wird teilweise vorgeschlagen, dass bei solchen Kaufverträgen die Käufer grundsätzlich beweisen sollen, dass die Werbung für den Kaufentschluss kausal war.[549] Hiergegen spricht jedoch schon, dass, wie mehrfach erwähnt, der Gesetzgeber ein allgemeines Kaufrecht geschaffen hat, das zunächst unabhängig von einem Verbrauchsgüterkauf gelten soll. Demnach sind die dort enthaltenen

---

545 Wolf/Horn/Lindacher, § 1, Rn. 35; Palandt/Heinrichs, § 305, Rn. 21.
546 Wolf/Horn/Lindacher, § 1, Rn. 34.
547 Palandt/Putzo, § 476, Rn. 4.
548 Jauernig/Berger, § 434, Rn. 17; Ziegler/Rieder, ZIP 2001, S. 1794, 1789.
549 So etwa Ziegler/Rieder, ZIP 2001, S. 1789, 1794.

Beweislastverteilungen auch bei Kaufverträgen außerhalb des Verbrauchsgüterkaufs anzuwenden.

H. Haftungsschuldner

Sollte sich nach den bisherigen Ausführungen ergeben, dass aufgrund einer öffentlichen Äußerung ein Mangel vorliegt, stellt sich die Frage, wen der Käufer in Anspruch nehmen kann.

I. Verkäufer

Nach den §§ 437 ff. BGB ist der Verkäufer gegenüber dem Käufer Gewährleistungsschuldner. Vorlieferanten sowie Hersteller oder dessen Gehilfen kommen demnach nicht in Betracht.

II. Verbraucher bei Weiterverkauf

Da die §§ 434 ff. BGB nicht an die Unternehmereigenschaft des § 14 BGB knüpfen, kommen auch nichtgewerbliche Verkäufer, wie etwa Verbraucher im Sinne des § 13 BGB, als Gewährleistungsschuldner in Betracht.[550] Es muss sich dabei noch nicht einmal um gebrauchte Ware handeln. So kann der Verbraucher etwa Neuware kaufen, die er im Nachhinein wieder unbenutzt verkaufen will. Das Unbehagen mancher Autoren wird hier dadurch deutlich, dass sie bei einem privaten Verkäufer von einer grundsätzlich einfachen Exkulpation ausgehen. Dies wird damit begründet, dass der private Verkäufer regelmäßig weniger Kenntnis von Werbeangaben haben dürfte als der gewerbliche Verkäufer.[551] Dies gilt zumindest in den Fällen, in denen es sich um den Verkauf von alltäglicher und solcher Ware handelt, die einen geringen Wert aufweist. Anders liegt der Fall aber dann, wenn es sich um den Verkauf eines hochpreisigen Verbrauchsguts handelt, wie etwa eines Kraftfahrzeugs. Hier kann nicht grundsätzlich davon ausgegangen werden, dass der private Verkäufer keine Kenntnis von Werbung hatte. Bei teuren Verbrauchsgütern ist vielmehr davon auszuge-

550 Das neue Schuldrecht/Haas, Kap. 5, Rn. 112, der davon ausgeht, dass hier nur ein Verkauf von gebrauchter Ware vorliegen kann; Weiler, WM 2002, S. 1784, 1785.

551 So etwa Haas, in: Das neue Schuldrecht, Kap. 5, Rn. 112.

hen, dass sich auch der private Verkäufer einmal über das Verbrauchsgut informiert und daher Kenntnis über das Vorliegen von Werbung hat.

Letztlich ist eine solche Haftung aber auch nicht unbedingt unberechtigt. Zwar ist der Verbraucher nicht in das Absatzsystem des Herstellers eingebunden, was gegen eine Haftung sprechen könnte. Zu bedenken ist aber, dass die Richtlinie den Verbraucher in seiner Rolle als Käufer und nicht auch als Verkäufer schützen will. Das Verbraucherschutzniveau der Richtlinie wird daher auch nicht unterschritten. Zudem profitiert auch der Verbraucher wie der Letztverkäufer oder andere in der Absatzkette von der Werbung eines Dritten. Die Kehrseite dieses Vorteils ist dann eine mögliche Inanspruchnahme durch einen weiteren Käufer.

III. Hersteller (action directe)

Obwohl auch Äußerungen eines Herstellers eine Haftung für Werbeangaben begründen können, wird dieser nicht in den Kreis der Haftungsschuldner einbezogen. Eine solche Einbeziehung wäre vorliegend aber in zweierlei Hinsicht anzudenken. Zum einen könnte ein direkter Anspruch des Verbrauchers gegen den Hersteller wünschenswert sein. Zum anderen gilt dies aber auch für die Fälle, in denen der Letztverkäufer durch den Verbraucher aufgrund einer Werbeaussage in Anspruch genommen wird.[552]

Auch an dieser Stelle hätte der deutsche Gesetzgeber die Chance nutzen sollen, um wenigstens bei einem Verbrauchsgüterkauf dem Verbraucher die Möglichkeit einzuräumen, den Mangel unmittelbar bei dem Hersteller geltend machen zu können. Zumindest in den Fällen, in denen der Mangel auf einer falschen Herstellerwerbung beruht, wäre eine solche Regelung wünschenswert gewesen.[553] Hier sollte es dem Verbraucher grundsätzlich möglich sein, die Rechte geltend zu machen, die sich nicht auf ein Kaufvertragsverhältnis auswirken oder auf einem solchen beruhen.

Eine Minderung oder aber Vertragsaufhebung wirken sich unmittelbar auf das Vertragsverhältnis aus. Es handelt sich dabei letztlich um eine Rückzahlung des Kaufpreises, was zweckmäßigerweise gegenüber dem Letztverkäufer geltend gemacht werden sollte.[554] Soweit es sich um diese Rechtsbehelfe handelt, ist eine Durchgriffshaftung auf den Hersteller in der Tat nicht angebracht.

552 Diese Frage wird unter I., Seite 193 behandelt.
553 So auch Lehmann, JZ 2000, S. 280, 291.
554 Vgl. Müller, AcP 165, S. 285, 324.

Etwas anderes gilt aber für den Fall, dass der Verbraucher etwa einen Anspruch auf Schadensersatz gelten machen will. Ein solcher kann grundsätzlich unabhängig von einem Vertragsverhältnis abgewickelt werden.

Stattdessen hat der Gesetzgeber den Hersteller in zweierlei Hinsicht privilegiert. Der Verbraucher kann einen solchen Anspruch gegen den Hersteller nicht unmittelbar geltend machen. Konsequenterweise wird der Hersteller auch in dem Fall privilegiert, in dem es um die Berichtigung von falschen Werbeangaben geht. Auch dort differenziert das Gesetz nicht danach, wer Urheber der falschen Werbeangaben gewesen ist. Aus diesem Grunde hat auch insbesondere der jeweilige Verkäufer ein Interesse daran, dass die Herstellerwerbung nicht falsch ist. Letztlich ist es der jeweilige Verkäufer, den die finanziellen Interessen als Erstes treffen.

Ein Direktanspruch des Käufers und/oder Letztverkäufers gegen den Hersteller könnte aber zur Folge haben, dass der Hersteller bei einer falschen Äußerung bemüht sein wird, diese schnellstmöglich zu berichtigen, da er sich den Ansprüchen seiner Käufer unmittelbar ausgesetzt sieht.

Ein unmittelbarer Anspruch gegen den Hersteller wäre aber auch unter einem anderen Aspekt des Verbraucherschutzes wünschenswert, nämlich der Insolvenz des Letztverkäufers.[555] Für den Fall einer unrichtigen Herstellerwerbung kann der Verbraucher seinen Gewährleistungsanspruch gegen den insolventen Letztverkäufer nicht geltend machen. Er ist vielmehr darauf angewiesen, seinen Anspruch zur Insolvenztabelle nach § 174 InsO anzumelden, nachdem er diesen nach § 45 InsO entsprechend in einen Zahlungsanspruch umgerechnet hat. Ausgehend von einer regelmäßig geringen Insolvenzquote wird der Verbraucher seinen Gewährleistungsanspruch nicht befriedigen können. Der Hersteller wäre bei einer eigenen unrichtigen Werbeaussage unter dem Gesichtspunkt privilegiert als er sich keinem Anspruch durch den Verbraucher ausgesetzt sieht. Dem Hersteller gereicht die Insolvenz eines Letztverkäufers zum Vorteil.

Angesichts der Umgestaltung des Kaufrechts sowie der Einführung eines Verbrauchsgüterkaufs in das BGB, kann nicht davon ausgegangen werden, dass der Gesetzgeber eine solche Privilegierung bezweckt hat. In solchen Fällen ist dem Verbraucher vielmehr ein Gewährleistungsanspruch nach § 434 BGB analog gegen den Hersteller zuzugestehen.

Die Ausführungen sollen aber nur für den Fall gelten, dass der Hersteller der Urheber der unrichtigen Werbeangaben ist. Nur dann hat er die Ursache dafür gesetzt, dass das Verbrauchsgut nicht mit seinen Angaben übereinstimmt und dem Verbraucher ein Gewährleistungsanspruch zugestanden wird.

---

555 Brüggemeier, JZ 2000, S. 529, 533.

In anderen Fällen wäre daran zu denken, ob nicht vielleicht ein Direktanspruch gegen den Werbenden zweckmäßig erscheint. Dass hierfür durchaus ein Bedürfnis besteht, hat der BGH bereits vor einiger Zeit gesehen.[556] Zudem wurde eine Direkthaftung des Herstellers bereits früher diskutiert. Gerade bei Verbraucherwerbung, die durch den Verbraucher nicht nachprüfbar ist, wurde ein solches Bedürfnis anerkannt, soweit die beworbene Eigenschaft für den Verbraucher von entscheidender Bedeutung war. Dogmatisch sollte dies über ein unmittelbares Haftungsverhältnis zwischen Hersteller und Verbraucher erreicht werden.[557] Unabhängig von der rechtlichen Ausgestaltung eines solchen Anspruches wurde richtigerweise ein Bedürfnis für eine solche Haftung anerkannt. Ob der deutsche Gesetzgeber ein solches Bedürfnis ebenso anerkennt, ist aus dem Gesetzgebungsverfahren nicht ersichtlich.

I. Rückgriff des Unternehmers

Der Verkäufer hat zunächst für die unrichtigen öffentlichen Äußerungen einzustehen. Hieran schließt sich dann aber die Frage an, wen der Verkäufer wiederum aufgrund der Vertragswidrigkeit der Kaufsache in Anspruch nehmen kann.

1. Sinn und Zweck

Gerade bei einer Haftung des Letztverkäufers für Werbeangaben hat dieser ein großes Interesse daran, den Urheber der unrichtigen Angaben in Regress zu nehmen. Anders als bei einem technischen Funktionsfehler kann der Letztverkäufer dem Verbraucher keine mangelfreie Sache liefern.

Bei technischen Funktionsfehlern handelt es sich in der Regel um Ausreißer aus einer Produktreihe. Eine Nachbesserung oder aber Nachlieferung fällt dem Letztverkäufer leicht. Soweit es sich aber um unrichtige Werbeangaben handelt, stellt sich die Lage wesentlich anders dar. Unrichtige Werbeangaben wirken sich auf das Produkt als solches aus. Eine Nachbesserung oder Nachlieferung ist nicht möglich. Der Mangel wird aus diesem Grunde auch nicht bei einigen Produkten vorliegen, sondern bei der ganzen Produktreihe. Wie etwa bei einem Konstruktionsfehler muss sich der Letztverkäufer darauf einstellen, dass alle bisher vertriebenen Produkte nicht vertragsgemäß sind und den Käufern aus diesem Grunde ein Sachmangelgewährleistungsrecht zusteht. Gerade aus diesem Grunde hat der Letztverkäufer ein besonders starkes Interesse daran, seinen

---

556 BGHZ 40, 91, 108.

557 Müller, AcP 165, S. 285, 322 f.

hierdurch entstandenen Schaden ersetzt zu bekommen. Es besteht demnach ein Bedürfnis, dem Letztverkäufer solche finanziellen Nachteile zu ersetzen, deren Gründe außerhalb seines Bereiches liegen.

Eine solche Schutzbedürftigkeit wird letztlich durch § 478 Abs. 4 BGB betont, wonach keine Vereinbarung getroffen werden darf, die dem Letztverkäufer jeglichen Rückgriffsanspruchs berauben würde. Der Verbraucherschutz führt letztlich dazu, dass der Letztverkäufer vermehrt den Ansprüchen der Verbraucher ausgesetzt sein wird. Diese Gewährleistungsansprüche beruhen jedoch oftmals nicht auf einem Handeln des Letztverkäufers, sondern in den überwiegenden Fällen auf dem Produktionsprozess. Ein Rückgriffsanspruch soll diesem ermöglichen, sich für fremdes Handeln schadlos zu halten. Da ein solcher Rückgriff nicht auf den Letztverkäufer beschränkt wird, werden die Kosten letztlich an den weitergegeben, der den Mangel verursacht hat.[558]

Bei einer Haftung für Werbeangaben Dritter wird dies besonders deutlich. Einer solchen Haftung sollte eine Möglichkeit gegenüberstehen, sich hierfür schadlos halten zu können. Der Letztverkäufer soll letztlich nicht die Kosten für die Vertragswidrigkeit zu tragen haben, die in dem Verantwortungsbereich eines Dritten liegen.[559]

Teilweise wird zwar vertreten, dass eine solche Schutzbedürftigkeit nicht gegeben sei, da der Letztverkäufer seine Verluste, die ihm durch Gewährleistungsansprüche entstünden, steuerlich geltend machen könne.[560] Diese Ansicht verkennt aber, dass der Unternehmer jede Betriebsausgabe/-aufwendung, wozu auch die finanziellen Folgen eines Gewährleistungsanspruchs zählen, steuerlich geltend machen kann. Diese Möglichkeit beschränkt sich nicht auf den Letztverkäufer, sondern kann innerhalb der gesamten Vertragskette wahrgenommen werden. Zudem ließe sich mit einem solchen steuerrechtlichen Argument jegliches Schutzbedürfnis des Letztverkäufers verneinen.

II. Rückgriffsanspruch nach Art. 4 RL

1. Regressschuldner

Grundsätzlich geht die Richtlinie in Art. 4 S. 1 RL davon aus, dass der Letztverkäufer sich an denjenigen halten kann, der die Vertragswidrigkeit zu verantworten hat. Schuldner eines solchen Regressanspruchs können demnach der Herstel-

558 Bamberger/Roth/Faust, § 478, Rn. 1.
559 So auch Westermann, NJW 2002, S. 241, 252.
560 Peifer, JR 2001, S. 265, 269.

ler, ein Verkäufer innerhalb der Vertragskette oder eine andere Zwischenperson sein. Die Wortwahl des Art. 4 S. 1 RL bringt eine dahingehende Tendenz zum Ausdruck, dem Letztverkäufer unter Umständen auch einen Direktanspruch gegen den Hersteller einzuräumen.

Diese Möglichkeit wird aber durch Art. 4 S. 2 RL sehr stark eingeschränkt. Hiernach sollen sich der Schuldner des Regressanspruches sowie die konkrete Abwicklung nach nationalem Recht bestimmen. Ein Direktanspruch des Letztverkäufers gegen den Hersteller hängt also von der Gestaltung im jeweiligen Mitgliedsstaat ab und kann somit nicht einheitlich bestimmt werden. Gerade in den Fällen, in denen sich eine Haftung des Letztverkäufers aufgrund Herstellerwerbung ergibt, wäre dies aber wünschenswert gewesen.

Diese Einschränkung verwundert. Art. 4 RL wurde eingeführt, um den Letztverkäufer vor Unbilligkeiten zu schützen, die auf einem Handeln Dritter beruhen können. Sie sieht den Letztverkäufer als schutzbedürftig an und rückt ihn nahezu in die Nähe eines Verbrauchers.[561] Als weiterer konsequenter Schritt wäre daher ein Direktanspruch des Letztverkäufers gegen den Hersteller zu erwarten gewesen. Der hier teilweise vertretenen Ansicht, dass der Richtlinie durch Art. 4 auch eine Harmonisierungswirkung im Verhältnis der Kaufleute und Gewerbetreibenden untereinander zukommt[562], kann daher widersprochen werden. Die Richtlinie bestimmt lediglich, dass dem Letztverkäufer ein Regressanspruch eingeräumt werden muss, was in den meisten Mitgliedsstaaten aber schon der Fall gewesen ist. Insoweit tritt keine Harmonisierung ein. Dies wäre dann gewährleistet gewesen, wenn die Richtlinie auch das „Wie" des Regressanspruches geregelt hätte, was jedoch nicht der Fall ist.

Der Regressschuldner richtet sich demnach nach den jeweiligen Rechtsvorschriften der einzelnen Mitgliedsstaaten. Dabei ist bereits jetzt absehbar, dass ein solcher Regress große Auswirkungen auf gegenwärtige Vertriebs- und Absatzketten haben kann. Da die konkrete Ausgestaltung den einzelnen Mitgliedsstaaten überlassen wird, kommen mehrere Möglichkeiten in Betracht.

Zum einen kommt etwa ein Modell in Betracht, in dem sich der in Anspruch genommene Verkäufer an seinen eigenen Verkäufer halten muss. In einer solchen Regresskette würde der finanzielle Aufwand letztlich bei der Partei landen, die den Mangel verursacht hat.

Zum anderen kommt aber auch die Möglichkeit in Betracht, dass sich der in Anspruch genommene Verkäufer direkt an den Urheber der Vertragswidrigkeit wenden kann. Der Urheber der Vertragswidrigkeit müsste dann für die Folgen seines Handelns oder Unterlassens unmittelbar einstehen.

561 Micklitz, EuZW 1997, S. 229, 233.
562 Schmidt-Ränsch, ZIP 1998, S. 849, 850.

Diese beiden Alternativen sind mit weit reichenden Wirkungen verbunden. Teilweise wird sogar die Ansicht vertreten, dass in der Regressvorschrift des Art. 4 RL der eigentliche Sprengstoff der Richtlinie stecke.[563] Dies stimmt insofern, als beispielsweise ein möglicher Direktanspruch gegen den Hersteller weit reichende wirtschaftliche Konsequenzen für diesen haben kann. Zwar wird er im Rahmen des Gewährleistungsrechts die Kosten für den Mangel einer Ware irgendwann zu tragen haben. Bei einer Abwicklung über eine „Regresskette" würde dies aber einige Zeit in Anspruch nehmen. Diese kann der Hersteller nutzen, um gegebenenfalls geeignete Gegenmaßnahmen zu ergreifen, wie etwa eine Gegendarstellung in den Medien. Bei einem Direktanspruch gegen den Hersteller würden sich die finanziellen Folgen eines Mangels unmittelbar niederschlagen. Möglicherweise hat der Richtliniengeber dieses Risikopotential gesehen und wollte den Mitgliedsstaaten daher die Möglichkeit geben, dieses Problem selbst zu lösen.

2. Regressfrist

Innerhalb welchen Zeitraums der Letztverkäufer seinen eigenen Anspruch geltend gemacht haben muss, wird von der Richtlinie nicht beantwortet.

Anders als Art. 5 RL, der eine Frist für Verbraucher festlegt, sieht Art. 4 RL keine Frist vor.

Nach Art. 5 Abs. 1 S. 1 RL haftet der Verkäufer zwei Jahre nach Lieferung des Verbrauchsgutes für die Vertragswidrigkeit. Es wäre durchaus wünschenswert gewesen, wenn der Richtliniengeber auch gleichzeitig eine Fristregelung für Regressansprüche benannt hätte. Art. 4 RL überlässt aber auch diesen Bereich nach Satz 2 den Mitgliedsstaaten. Ebenso wäre wünschenswert gewesen, dass sich die Frist eines Regresses an der Frist für Gewährleistungsansprüche des Verbrauchers orientieren würde. Nur dann könnte der Letztverkäufer alle Aufwendungen an den Urheber „weiterleiten". Dies erscheint auch aus mehreren Gründen notwendig. Wirtschaftlich gesehen beschränken sich die Beiträge der Verkäufer innerhalb der Absatzkette oftmals ausschließlich auf die Abwicklung und Weitergabe der Verbrauchsgüter vom Hersteller an den Letztverkäufer. Eine eigenständige Leistung innerhalb dieser Absatzkette ist regelmäßig nicht zu erkennen.[564] Zudem hat die Praxis gezeigt, dass der Hersteller für die größte Zahl der Mängel an Verbrauchsgütern ohnehin verantwortlich ist.[565] Eine Übervortei-

563 Brüggemeier, JZ 2000, S. 529, 534.
564 Schurr, ZfRV 1999, S. 222, 227.
565 Lehmann, JZ 2000, S. 280, 290.

lung des Herstellers durch Fristen, die dem Letztverkäufer zum Nachteil gereichen können, ist demnach nicht gerechtfertigt.

Gerade im Bereich der Haftung für Werbeangaben wird dies besonders deutlich. Produktwerbung geht überwiegend von der Herstellerseite aus. Auch wenn sie sich letztlich an den Verbraucher richtet und somit insbesondere das Verhältnis zwischen diesem und dem Letztverkäufer prägt, profitiert die gesamte Absatzkette von den öffentlichen Äußerungen des Herstellers.[566] Dem Letztverkäufer muss aus diesem Grunde die Möglichkeit eingeräumt werden, den Schaden ersetzt zu bekommen, der ihm aufgrund der Verantwortlichkeit einer Person innerhalb der Absatzkette entstanden ist.

Schon aus diesem Grunde lässt sich eine Anlehnung der „Regressfrist" an die Gewährleistungsfrist rechtfertigen. Dem Letztverkäufer muss ein Regress solange möglich sein, wie er selbst durch den Verbraucher in Anspruch genommen werden kann.[567]

Teilweise wird die Ansicht vertreten, dass Art. 4 RL eine solche Frist inzident fordert, da Art. 4 RL ansonsten kein eigenständiger Regelungsgehalt zukommen würde.[568] Hierfür mag zunächst auch sprechen, dass die Fristregelung in der Richtlinie systematisch nach Art. 4 RL, also nach den Rückgriffsrechten geregelt wird. Hierdurch bringt der Richtliniengeber zum Ausdruck, dass diese Fristregelung nicht ausschließlich für die Verbraucherrechte aus Art. 3 RL gelten soll. Ansonsten hätte der Richtliniengeber die Fristen unmittelbar nach Art. 3 RL (Rechte des Verbrauchers) und noch vor Art. 4 RL (Rückgriffsrechte) geregelt.

Andererseits spricht gegen eine solche Ansicht, dass Art. 4 S. 2 RL die nähere Ausgestaltung ausdrücklich den Mitgliedsstaaten überlässt. Dies bezieht sich notwendigerweise auch auf Ausschlussfristen im Verhältnis des Letztverkäufers gegenüber anderen in der Absatzkette. Für diese Sichtweise spricht auch, dass der Richtliniengeber die Möglichkeit sieht, dass dem Letztverkäufer ein Regress verwehrt sein kann, indem er auf ihn verzichtet.[569] Der Richtliniengeber erkennt hierdurch zwar an, dass der Letztverkäufer schutzwürdig ist. Diese Schutzwürdigkeit wird jedoch offensichtlich nicht so hoch eingeschätzt, dass es einer konkreten Ausgestaltung des Regresses bedurft hätte. Art. 4 RL kommt daher kein eigenständiger Regelungsgehalt hinsichtlich einer Regressfrist zu.

566 Lehmann, JZ 2000, S. 280, 290.
567 Ernst/Gsell, ZIP 2000, S. 1410, 1423.
568 So Ernst/Gsell, ZIP 2000, S. 1410, 1423.
569 Erwägungsgrund 9 der Richtlinie.

3. Zwischenergebnis

Art. 4 RL räumt den Mitgliedsstaaten demnach grundsätzlich die Möglichkeit ein, dem Letztverkäufer einen Anspruch gegen den verantwortlich Werbenden bzw. Urheber der Vertragswidrigkeit zuzugestehen. Die konkrete Ausgestaltung eines solchen Regressanspruches überlässt der Richtliniengeber jedoch den Mitgliedsstaaten. Umfasst wird hiervon insbesondere die Frage des Regressschuldners sowie der Frist, innerhalb derer sich der Letztverkäufer an seinen „Vormann“ bzw. Urheber der Vertragswidrigkeit schadlos halten kann.

III. Der Rückgriff nach § 478 BGB

Der deutsche Gesetzgeber hat das Rückgriffsrecht des Art. 4 RL in § 478 BGB umgesetzt.[570]

1. Allgemein

Wie bereits oben erwähnt, führt ein verbesserter Verbraucherschutz dazu, dass der sog. Letztverkäufer durch den Verbraucher regelmäßig häufiger aufgrund einer Vertragswidrigkeit in Anspruch genommen wird. Ein verbesserter Verbraucherschutz darf dem Einzelhandel nicht zum Nachteil gereichen, vor allem dann nicht, wenn der Mangel außerhalb des Einflussbereiches des Letztverkäufers verursacht worden ist.[571]

Dabei verfolgt § 478 BGB das Konzept, dass sich der Letztverkäufer an seinen Lieferanten halten muss. Nach § 478 Abs. 1 BGB muss sich der Letztverkäufer an den Unternehmer wenden, der ihm die Sache verkauft hatte (*Lieferant*). Indem der deutsche Gesetzgeber indirekt den Begriff des Lieferanten definiert, führt er das System einer Regresskette ein und verweigert dem in Anspruch genommenen Letztverkäufer, sich unmittelbar an den Urheber der Vertragswidrigkeit zu wenden.

Offensichtlich sollte den Unternehmern in der Lieferkette die Möglichkeit eröffnet werden, auch weiterhin unter den Voraussetzungen des § 478 Abs. 4 BGB Regelungen über einen Regress zu treffen.[572] Eine solche Regelung wäre

570 Auf eine umfassende Darstellung des § 478 BGB wird verzichtet. Es werden vielmehr die für den Bereich der unrichtigen Werbeangaben wichtigen Punkte dargestellt.

571 Das neue Schuldrecht/Haas, Kap. 5, Rn. 477; Bamberger/Roth/Faust, § 478, Rn. 1; Palandt/Putzo, § 478, Rn. 2.

572 BT.Drucks. 14/6040, S. 247.

aber grundsätzlich auch dann möglich gewesen, wenn sich der Gesetzgeber gegen die Regresskette entschieden und stattdessen einen direkten Anspruch gegen den Verantwortlichen eingeführt hätte. Der Letztverkäufer muss seinen eigenen Regressanspruch geltend machen, der dann letztlich zum Verantwortlichen „hochwandert".[573]

Wird die Privatautonomie im Bereich der Haftung für Werbeangaben nicht gewahrt, so wird ihre Geltung im Bereich des Rückgriffs stark geschützt.[574]

Der Verkäufer hat sich im Rahmen des Rückgriffs an seinen jeweiligen Lieferanten zu halten. Ein Rückgriff gegen denjenigen, in dessen Bereich die Gründe für den Mangel liegen, oder gar den Hersteller ist nicht vorgesehen. Ein direkter Rückgriff gegen denjenigen, der den Mangel zu verantworten hat, wäre an dieser Stelle am zweckmäßigsten. Auf diese Weise könnten die wirtschaftlichen Folgen vom Verursacher getragen werden. Dieser Aspekt wird bei der Haftung für fremde Werbeangaben, vor allem bei Herstellerwerbung, besonders deutlich. Der Hersteller verfügt naturgemäß über sämtliche Produktangaben. Er kann auch unmittelbar den Produktionsprozess beeinflussen, sollten bereits dort erste Fehlerquellen ersichtlich sein. Überdies kann er auch den Umfang und den Inhalt seiner Werbeangaben beeinflussen. Diese Gründe lassen es nicht rechtfertigen, dass der Hersteller im Rahmen der Regresskette an letzter Stelle steht.

Darüber hinaus wird aber deutlich, dass es bei der Haftung für Werbeangaben einen direkten Anspruch gegen denjenigen geben muss, der das Produkt beworben hat. Hier kommen neben dem Verkäufer nur zwei Personen in Betracht: der Hersteller oder dessen Gehilfe.

2. Die Regresskette bei einer Haftung für Werbeangaben

Eine Haftung für Werbeangaben findet ihre Begründung insbesondere darin, dass die Erwartung des Verbrauchers enttäuscht wurde. Anders als bei technischen Mängeln liegt der Ursprung also im subjektiven Bereich. Dem Verbrauchsgut ist der Mangel zunächst objektiv nicht anzusehen. Erst in der Verwendung wird deutlich, dass das Verbrauchsgut den Erwartungen nicht genügt. Aus diesem Grunde stellt sich die Frage, ob sich die subjektiven Gesichtspunkte auf einen Regress des Letztverkäufers oder eines anderen Mitgliedes in der Regresskette auswirken können.

Dies hängt maßgeblich davon ab, wie § 478 BGB verstanden wird. Handelt es sich bei § 478 BGB um eine reine „Abwicklungsvorschrift" oder müssen bei dem Letztverkäufer gegenüber seinem Lieferanten auch die Voraussetzungen

573 Bamberger/Roth/Faust, § 478, Rn. 2.
574 Brüggemeier, JZ 2000, S. 529, 532.

des § 434 BGB vorliegen? Muss der Letztverkäufer einen eigenen Gewährleistungsanspruch geltend machen oder soll der Regress schon dadurch möglich sein, dass der Verbraucher einen eigenen Anspruch erfolgreich geltend macht?

Für eine reine Abwicklungsvorschrift spricht, dass § 478 BGB letztlich dem Einzelhandel die Möglichkeit eröffnen soll, das wirtschaftliche Risiko auf die Vorlieferanten abzuwälzen. Der Letztverkäufer soll nicht den Schaden zu tragen haben, der dadurch entsteht, dass das Verbrauchsgut aufgrund fremden Handelns mangelhaft ist. Hierfür spricht auch, dass § 478 Abs. 1 BGB dem Letztverkäufer die Rechte des § 437 BGB wegen des vom Verbraucher geltend gemachten Mangels einräumt. Es soll demnach auf den Mangel im Verhältnis zwischen Letztverkäufer und Verbraucher ankommen.[575] Diese Ansicht hätte zur Folge, dass ein erfolgreicher Gewährleistungsanspruch im Verhältnis Letztverkäufer und Verbraucher den Regress innerhalb der Kette eröffnet. Auf die einzelnen Vertragsverhältnisse innerhalb der Lieferantenkette wäre dann nicht mehr abzustellen.

Gegen diese Ansicht spricht aber, dass § 478 Abs. 1 BGB von „eigenen" Rechten des Unternehmers aus § 437 BGB spricht. Diese Rechte setzen aber auch eine Vertragswidrigkeit bzw. einen Mangel im Sinne von § 434 BGB voraus.[576] Das hätte zur Folge, dass im Rahmen eines Regresses zwischen dem Letztverkäufer und seinem Lieferanten eine Vertragswidrigkeit im Sinne von § 434 BGB vorliegen muss. Dann dürfen bei einer Haftung für Werbeangaben auch keine Ausschlussgründe nach § 434 Abs. 1 S. 3 2. Hs. BGB vorliegen. Dies dürfte im Bereich einer Vertragswidrigkeit aber regelmäßig schwierig werden. Der Einzelhandel als Letztverkäufer kauft die Sache lediglich zum Weiterverkauf. Ihm kommt es insbesondere darauf an, einen größtmöglichen Umsatz zu erzielen. Aus diesem Grunde wird er versuchen solche Produkte zu vertreiben, deren Absatz erwartungsgemäß hoch sein dürfte, unabhängig davon, wie solche Produkte beworben werden. Die Werbung, die sich überwiegend an den Verbraucher richtet, hat aus diesem Grunde auch keinen Einfluss auf seine Kaufentscheidung. Demnach liegt im Verhältnis zum Letztverkäufer der Ausschlussgrund des § 434 Abs. 1 S. 3 BGB vor. Aus diesem Grunde dürfte der Letztverkäufer dann seine Aufwendungen nicht gegenüber seinem Lieferanten geltend machen, da in diesem Verhältnis keine Vertragswidrigkeit im Sinne von § 434 BGB vorliegt.

Der Lieferant vertreibt seine Ware aus den gleichen Motiven. Auch er wird sein Handeln nicht nach den einzelnen öffentlichen Äußerungen richten. Es kann sogar bezweifelt werden, dass dieser Werbemaßnahmen für die von ihm vertrie-

575 So etwa Haas, in: Das neue Schuldrecht, Kap. 5, Rn. 483.

576 Vgl. MüKo/Lorenz, § 478, Rn. 23 (4. Aufl.).

benen Produkte kennen wird. Demnach greift auch bei ihm der Ausschlussgrund des § 434 Abs. 1 S. 3 BGB ein.

Zudem zeigt § 478 Abs. 6 BGB, dass der Letztverkäufer auch weiterhin seinen Obliegenheiten aus dem Handelsgesetzbuch nachkommen soll. Wenn § 478 BGB eine reine Abwicklungsvorschrift wäre, wäre ein solcher Hinweis überflüssig. Eine Abwicklung soll nach dem Konzept des § 478 BGB dann nicht mehr möglich sein, wenn der Letztverkäufer seinen Obliegenheiten aus § 378 HGB nicht nachgekommen ist.

In der Literatur wird dieses Problem nur vereinzelt erkannt[577]. Dort wird durchaus die Möglichkeit gesehen, dass sich einzelne Umstände auf die Vertragsverhältnisse innerhalb der Regresskette auswirken können.[578] Teilweise versucht man dieses Problem dadurch zu lösen, dass § 434 Abs. 1 S. 3 BGB im Rahmen eines Unternehmerregresses insoweit teleologisch reduziert wird, als die Ausschlussgründe keine Anwendung finden sollen. Dies soll zumindest für die Nichtbeeinflussung der Kaufentscheidung gelten, also dann, wenn der Letztverkäufer als Käufer keine Kenntnis von der Werbung hatte.[579] Dies wird damit begründet, dass der Regress letztlich den wirtschaftlichen Ausgleich dafür darstelle, dass für Werbeaussagen Dritter gehaftet werde.

Die teleologische Reduktion soll zudem nicht nur für den Regress des Letztverkäufers gegenüber seinem Lieferanten gelten, sondern innerhalb der gesamten Regresskette.

Diese Ansicht orientiert sich richtigerweise alleine an dem wirtschaftlichen Ausgleich des Schadens, der dem Letztverkäufer aufgrund einer Inanspruchnahme durch den Verbraucher entsteht. Zu Recht will sie die teleologische Reduktion auf die gesamte Regresskette anwenden. Ansonsten würde der wirtschaftliche Schaden bei dem Lieferanten des Letztverkäufers verbleiben. Die teleologische Reduktion ist daher unabhängig von § 478 BGB vorzunehmen.

Etwas anderes soll jedoch dann gelten, wenn der Lieferant selbst keine Kenntnis von der betreffenden Werbeangabe hatte. Es handelt sich insoweit um einen anderen Fall als die „Nichtbeeinflussung der Kaufentscheidung“. Hiernach soll die Regresskette grundsätzlich abreißen, da dieser Ausschlussgrund unabhängig von einem Verbrauchsgüterkauf zu bewerten sei.[580] Dem ist jedoch nicht zuzustimmen. Eine solche Ansicht würde eine Privilegierung des Lieferanten darstellen, die sich nicht rechtfertigen ließe. Wie bereits mehrfach erwähnt, berücksichtigt § 478 BGB das wirtschaftliche Risiko des Einzelhandels, für Wer-

577 Bamberger/Roth/Faust, § 478, Rn. 10; Henssler/von Westphalen, § 478, Rn. 8.
578 Henssler/von Westphalen, § 478, Rn. 8; MüKo/Lorenz, § 478, Rn. 23 (4. Aufl.).
579 Bamberger/Roth/Faust, § 478, Rn. 10.
580 Bamberger/Roth/Faust, § 478, Rn. 12.

beangaben Dritter zu haften. Könnte sich ein Lieferant innerhalb der Regresskette darauf berufen, dass er die betreffende Werbung nicht kannte und auch nicht kennen musste, würde sowohl dieser als auch der Hersteller, als Urheber einer Werbeaussage, privilegiert werden. Der Regressanspruch ließe sich dann auch nicht mehr geltend machen, da das deutsche Recht keinen direkten Anspruch gegen den Hersteller zulässt. Aus diesem Grunde sollte die zitierte Ansicht konsequenterweise auch in diesem Bereich von einer teleologischen Reduktion des § 434 Abs. 1 S. 3 BGB ausgehen. Nur hierdurch würde sie der Besonderheit der Haftung für Werbeangaben gerecht werden. Da Werbeangaben in der Regel die Kaufentscheidung des Verbrauchers beeinflussen wollen, kommen sie auch den Lieferanten innerhalb einer Lieferantenkette zugute. Ob sich diese mit der Werbung und den darin enthaltenen Produktangaben auseinandersetzen oder ihre Ware danach untersuchen, ist daher auch unbeachtlich. Aus diesem Grunde ist es auch nicht unbillig, wenn der Regress unabhängig von den Ausschlussgründen des § 434 Abs. 1 S. 3 BGB vorgenommen werden soll.

3. Ergebnis

Wenn ein Unternehmer bei einer Haftung für Werbeangaben seinen Lieferanten in Regress nehmen will, müssen innerhalb dieses Vertragsverhältnisses die Voraussetzungen des § 434 Abs. 1 S. 3 BGB vorliegen. Um der Besonderheit einer Haftung für Werbeangaben gerecht zu werden, ist § 434 Abs. 1 S. 3 BGB dabei insoweit teleologisch zu reduzieren, als die Ausschlussgründe innerhalb des § 434 Abs. 1 S. 3 BGB bei einem Regress innerhalb der Lieferantenkette nicht zur Anwendung kommen.

IV. Rückgriffsanspruch gegen den Hersteller

Ebenso wie dem Verbraucher steht auch dem Letztverkäufer kein direkter Anspruch gegen den Hersteller zu, wenn die Vertragswidrigkeit auf dessen Werbeangaben beruht. Gerade im Bereich des Regresses wäre dies durchaus ein praktikabler Weg, um die wirtschaftlichen Folgen eines Regressanspruches unmittelbar an den Verursacher weiterzureichen.[581] Da der Letztverkäufer bei einer Herstellerwerbung für diese einsteht, ist ein direkter Anspruch gegen den Hersteller gerechtfertigt.[582]

581 So auch Westermann, JZ 2001, S. 530, 541.
582 Westermann, in: Zivilrechtswissenschaft und Schuldrechtsreform, S. 116 f.

Dass ein solcher Direktanspruch gegen den Urheber einer Werbeangabe dem deutschen Recht nicht fremd ist, zeigt § 13 a Abs. 3 S. 3 UWG a.F. Hiernach war der Urheber der Werbung gegenüber dem Verkäufer zum Ersatz des Schadens verpflichtet, der dadurch entsteht, dass der Käufer auf die falsche Werbung des Dritten vertraute und nach § 13 a Abs. 1 S. 1 UWG a.F. vom Kaufvertrag mit dem Verkäufer zurücktrat. Ein direkter Regressanspruch gegen den Urheber der unrichtigen Werbeangabe war demnach möglich. Wie sich hieraus ergibt, sollte bereits durch das UWG in seiner alten Fassung eine Risikoverteilung zwischen Handel und Hersteller geschaffen werden. Zum einen sollte das wirtschaftliche Risiko auf den Urheber der unrichtigen Werbeangabe abgewälzt werden. Zum anderen wurde versucht, die Industrie auf diesem Wege anzuhalten, ihre Produkte nicht mit unwahren oder irreführenden Angaben zu bewerben.[583] Aus welchem Grunde der Gesetzgeber dieses Konzept nicht in das BGB übertragen hat, ist unbekannt. Wie sich aus dem eben Gesagten ergibt, hätte dies jedoch zumindest unter rechtlichen Gesichtspunkten keine überraschende Wirkung für den Hersteller gehabt. Wie bereits oben erwähnt, kam § 13 a UWG a.F. nur eine sehr untergeordnete Rolle zu. Es ist daher davon auszugehen, dass es in der Praxis relativ selten zu einem Ausgleich gekommen ist, wie ihn § 13 a Abs. 3 S. 3 UWG a.F. ermöglicht hat.

Ob ein solcher Durchgriffsanspruch im Wege einer gesetzlichen Ausfallgarantie, wie teilweise vorgeschlagen[584], hätte eingeführt werden sollen, ist dabei zunächst zweitrangig. Die Motive für einen solchen Anspruch sind hingegen mit denen des § 13 a Abs. 3 S. 3 UWG a.F. identisch. Werbeangaben sollen sich an den Tatsachen orientieren. Durch einen Durchgriff auf den Hersteller würde dieser die wirtschaftlichen Folgen falscher Werbung unmittelbar spüren. Er stünde aus diesem Grunde auch unter dem Druck, Werbeangaben entsprechend „richtig" zu formulieren. Stattdessen wird der Letztverkäufer versuchen müssen, seine Ansprüche nach den Grundsätzen des Vertrages mit Schutzwirkung für Dritte zu begründen.

V. Reformbedarf

Wie dargelegt, sieht sich der Urheber der unrichtigen öffentlichen Äußerung keinem unmittelbaren Anspruch desjenigen ausgesetzt, der für die Unrichtigkeit der Äußerung einzustehen hat. Gerade vor dem Hintergrund, dass Werbung oft-

583 Staudinger-Köhler, § 13 a, Rn. 70.
584 So etwa Brüggemeier, JZ 2000, S. 529, 533.

mals nicht vom Handel selbst betrieben wird, erscheint der fehlende unmittelbare Anspruch besonders unbefriedigend.

1. Insolvenzrisiko

Aufgrund der oftmals langen Lieferantenketten hat der eigentliche Urheber der haftungsbegründenden Äußerung zunächst nicht für seine Handlung einzustehen. Die Ersatzpflicht „wandert“ vielmehr innerhalb der Lieferantenkette zum Urheber, was einen nicht zu rechtfertigenden Vorteil für den Urheber bedeutet. Zunächst einmal trägt der in Anspruch genommene Letztverkäufer oder Lieferant das Insolvenzrisiko für seinen eigenen Lieferanten. Wie bereits oben dargelegt, regeln weder das BGB noch das HGB solche Fälle. Für den Fall einer solchen Insolvenz müsste vielmehr auf komplizierte Abtretungskonstellationen zurückgegriffen werden. Aber auch dies erscheint schon mehr als fraglich. Der Anspruch auf Ersatz der Aufwendung ist im Falle einer Insolvenz des Vorlieferanten eine Insolvenzforderung. Der eigene Ersatzanspruch des insolventen Lieferanten kann auch nicht ohne Weiteres an den Belieferten abgetreten werden. Es handelt sich um einen Anspruch, der nach den §§ 35 ff. InsO in die Insolvenzmasse fällt. Insbesondere bestehen hieran keine Aus- oder Absonderungsrechte nach den §§ 47 ff. InsO zugunsten des Belieferten. Aus diesem Grunde trägt innerhalb der Lieferantenkette der jeweilige Lieferant das Insolvenzrisiko seines eigenen Lieferanten, ohne sich hierfür schadlos halten zu können. Angesichts der hohen Insolvenzverfahren in den letzten Jahren handelt es sich hierbei um ein durchaus realistisches Szenario. Die Insolvenz eines Lieferanten innerhalb der Regresskette gereicht dem Urheber daher unmittelbar zum Vorteil, da er sich selbst keinem Anspruch mehr ausgesetzt sehen wird.

2. Schlussfolgerung

Diese Umstände sprechen insbesondere dafür, zumindest demjenigen, der durch einen Käufer aufgrund falscher Werbeangaben in Anspruch genommen wurde, einen Durchgriffsanspruch gegen den verantwortlichen Urheber zuzugestehen.

Ein solches Verursacherprinzip wirkt sich auch nicht unbillig zu Lasten des Urhebers aus: Der Verantwortliche soll für sein Handeln einstehen. Neben dem Recht des Herstellers, sich über seine Produkte zu äußern, tritt spiegelbildlich die Pflicht, für unrichtige Äußerungen einstehen zu müssen. Der Aufwand für die Mangelbeseitigung wird zunächst von Dritten getragen. Diese veräußern die Sache zwar im Rahmen ihres Geschäftsbetriebes, so dass dies grundsätzlich dem Risiko ihrer Tätigkeit zuzurechnen ist. § 478 BGB gibt dem Letztverkäufer aber die Gelegenheit, sich hierfür schadlos zu halten. Dass er sich hier zunächst an seinen eigenen Lieferanten zu halten hat, mag dem Prinzip der Vertragsautonomie entsprechen. Da der Schaden aber aufgrund der Lieferantenkette ohnehin zu dem Urheber wandern kann, spricht nichts dagegen, ihn unmittelbar haften zu lassen. Da § 478 BGB ohnehin beabsichtigt, dem Urheber die wirtschaftlichen Folgen aufzuerlegen, ist es auch nicht unbillig, ihn unmittelbar für die wirtschaftlichen Folgen seiner Äußerungen einstehen zu lassen.

Eine solche Regelung würde im Übrigen auch eine präventive Wirkung entfalten. Wenn der Urheber die wirtschaftlichen Folgen seines Handelns unmittelbar spürt, wird er darauf achten, dass seine Äußerungen in der Zukunft den Tatsachen entsprechen. Anders liegt der Fall jedoch, wenn der Urheber dies aufgrund der Regresskette möglicherweise erst Jahre später spüren wird. In Einzelfällen wird er den wirtschaftlichen Schaden zumindest dann nicht spüren, wenn der Regressanspruch bei einer langen Lieferantenkette unter Umständen nicht zum ihm hinauf dringt.

J. Gefahr einer Haftungsausweitung für den Einzelhandel

I. Allgemein

§ 434 Abs. 1 S. 3 BGB ermöglicht es demnach dem Käufer, den Verkäufer wegen unrichtiger Werbeangaben in Anspruch zu nehmen. Der Verkäufer selbst kann seinen eigenen Verkäufer in Anspruch nehmen, der sich wiederum an seinem Verkäufer schadlos halten kann.

Aber auch diese Regresskette birgt für den in Anspruch genommenen Verkäufer zunächst Gefahren. Die genannten Umstände führen aufgrund der Haftung für Werbeangaben zu einer teilweise nicht zu rechtfertigenden Haftungserweiterung für den Einzelhandel[585].

1. Haftung für Dritte

Die Haftungserweiterung ist insbesondere darin zu sehen, dass die Verantwortlichkeit des Verkäufers nicht von seinen Verkaufsgesprächen abhängt. Die Haftung des Verkäufers gründet nicht ausschließlich auf dessen Willenserklärung. Diese kann vielmehr auch in dem Handeln Dritter, nämlich des Herstellers oder dessen Gehilfen begründet sein.[586] Öffentliche Äußerungen und Werbeangaben

585 So auch Lehmann/Dürrschmidt, GRUR 1997, S. 549, 551.
586 Westermann, NJW 2002, S. 241, 244.

können grundsätzlich von den in § 434 Abs. 1 S. 3 BGB Genannten getätigt werden. Der Verkäufer hat demnach für das Handeln von Personen einzustehen, auf die er in der Regel keinen Einfluss nehmen kann.

2. Ausschlusstatbestände und Beweislast

Das Gesetz versucht dieser Haftungserweiterung entgegenzuwirken, indem es Ausschlusstatbestände formuliert, die den Verkäufer von einer Haftung freistellen können. Teilweise wird daher auch davon ausgegangen, dass diese die Haftung ausreichend einschränken würden, da sie hinreichend konkret formuliert sind.[587]

Wie aber bereits dargelegt, wird sich diese Möglichkeit als stumpfes Schwert erweisen. Da es sich bei den Ausschlusstatbeständen in der Regel um innere Tatsachen handelt, wird ein entsprechender Beweis, der vom Verkäufer zu führen sein wird, nicht gelingen. Ob eine Werbeangabe die Entscheidung des Käufers, das Produkt zu kaufen, beeinflusst hat, wird der Verkäufer daher in der Praxis nicht beweisen können. Aber auch dann, wenn es um Umstände geht, die im Bereich des Verkäufers liegen, wie etwa die Unkenntnis über Werbeangaben, sieht sich der Verkäufer einer nahezu unüberwindbaren Hürde gegenüber. Er müsste beweisen, dass er seiner Sorgfaltspflicht genügt und sich über mögliche Werbemaßnahmen, die sein vertriebenes Produkt betreffen, informiert hat.

Die Ausschlusstatbestände werden eine Haftung des Verkäufers aufgrund der Beweislast in der Praxis nicht einschränken können.

3. Keine Definition des Gehilfen

Die bisher skizzierte Haftungserweiterung wird dadurch verschärft, dass weder die Richtlinie noch das BGB den Begriff des Vertreters bzw. Gehilfen definieren.[588] Die Richtlinie, die bereits in den ersten Entwürfen nach einer Definition gesucht hat, hat hierauf letztlich verzichtet. Der deutsche Gesetzgeber hat dies noch nicht einmal versucht. Sein Beitrag beschränkt sich darauf hinzuweisen, dass der Begriff des Gehilfen in § 434 BGB eingeführt wurde, da die ursprüngliche Formulierung des Vertreters im deutschen Recht bereits besetzt ist.

Der Letztverkäufer kann demnach auch nicht den Kreis derer abschätzen, die Urheber der Werbung sind. Soweit es sich um Herstellerwerbung handelt, dürften keine Probleme aufkommen. Anders aber dann, wenn es sich um Werbeangaben des Gehilfen handelt. Hier hat der Letztverkäufer in der Regel keine

---

587 Lehmann, JZ 2000, S. 280, 285.

588 So auch Westermann, NJW 2002, S. 241, 244.

Kenntnis darüber, ob es sich bei dem Werbenden auch tatsächlich um einen solchen Gehilfen handelt. Letzteres müsste der Letztverkäufer erforschen, um den Umfang der maßgebenden Werbeangaben zu ermitteln.

4. Kein Durchgriff gegen den Werbenden

Diese Nachteile hätten dann hingenommen werden können, wenn dem Letztverkäufer ein direkter Anspruch gegen den Hersteller oder den Urheber der Äußerung zustehen würde.[589] Ihm hätte dann ein effektives Mittel zur Verfügung gestanden, seine finanziellen Nachteile unmittelbar ersetzt zu bekommen. Stattdessen muss der Letztverkäufer seinen Lieferanten in Anspruch nehmen.

Zudem kommt grundsätzlich die Möglichkeit in Betracht, dass der Hersteller für seine unrichtigen Werbeangaben überhaupt nicht haftet. Dies gilt namentlich für den Fall, dass über das Vermögen eines Unternehmers in der Regresskette das Insolvenzverfahren eröffnet wird. Gleiches gilt etwa dann, wenn sich ein Unternehmer innerhalb der Regresskette nicht auf seinen Gewährleistungsanspruch berufen kann, da er seinen Obliegenheiten nach § 378 HGB nicht nachgekommen ist. Auch hier wird der Hersteller bzw. der Urheber der Werbung privilegiert.

5. Ergebnis

Richtig ist, dass der Handel grundsätzlich von Werbeaussagen Dritter profitiert. Die Folge ist jedoch eine Haftungserweiterung, die gerade im Verhältnis zum Letztverkäufer unbillig erscheint. Die Ansichten, die eine solche Haftungserweiterung verneinen, begründen dies damit, dass die Richtlinie Elemente enthält, die dem bisherigen deutschen Recht nicht fremd wären.[590] Dabei wird jedoch nicht danach differenziert, von wem die Werbeangaben ausgegangen sind oder ob der Verkäufer sich die Werbeangaben zu eigen gemacht oder hierüber Kenntnis gehabt hat.

Das von *Schmidt-Ränsch*[591] in diesem Zusammenhang genannte Beispiel eines Software-Verkäufers, der selbstständig Etikette an der Ware anbringt und sich daran messen lassen muss, ist zwar richtig. Hier wäre eine Haftung für Werbeangaben aber schon deshalb gerechtfertigt, weil diese unmittelbar vom Verkäufer vorgenommen wurden. Ein solches eigenes Werben entspricht aber

589 So auch Westermann, NJW 2002, S. 241, 245.

590 Medicus, ZIP 1996, S. 1925, 1927; Schmidt-Ränsch, ZIP 1998, S. 849, 851; siehe auch Schurr, ZfRV 1999, S. 222, 225.

591 Schmidt-Ränsch, ZIP 1998, S. 849, 851.

nicht der Praxis. Werbemaßnahmen und öffentliche Äußerungen sind heute in der Regel von der Vertriebsform abhängig. Der Einzelhandel wirbt etwa anders als ein Franchise-Nehmer, der sich am Ende einer längeren Absatzkette befindet. Werbemaßnahmen gehen demnach nicht einheitlich von einer der in Art. 2 Abs. 2 lit. d) RL bzw. § 434 Abs. 1 S. 3 BGB genannten Personen aus, sondern hängen insbesondere von der Art des Vertriebsweges ab.

Zudem zeigen die Bestrebungen der Kommission, Werbeangaben grundsätzlich an nachweisbaren Tatsachen zu bewerten, dass die Bedeutung von Werbeaussagen und öffentlichen Äußerungen in der Zukunft erheblich zunehmen wird.

II. Widerspruch zu den Grundsätzen der Privatautonomie

Die Haftungserweiterung beruht insbesondere darauf, dass sich außerhalb des Vertragsverhältnisses liegende Umstände auf dieses auswirken können. Die Parteien, die im Rahmen ihrer Privatautonomie den Kaufvertrag abgeschlossen haben, sehen sich jetzt Umständen ausgesetzt, die außerhalb ihrer Privatautonomie liegen.

Grundsätzlich bestimmen die Parteien nach den Grundsätzen der Parteiautonomie den Inhalt ihrer Rechtsverhältnisse selbstständig und eigenverantwortlich. Das Besondere an der Haftung nach Art. 2 Abs. 2 lit. d) RL bzw. § 434 Abs. 1 S. 3 BGB ist aber, dass sich diese nicht auf eine Willenserklärung gründet. Sie bezieht sich vielmehr auf vorvertragliche Anpreisungen des Verkäufers oder Dritter. Letztlich kann aus diesem Grunde jeder Beteiligte einer Absatzkette Einfluss auf das Rechtsverhältnis zwischen dem Letztverkäufer und dem Käufer nehmen. Der Inhalt der Rechtsverhältnisse wird aus diesem Grunde auch nicht mehr durch die Parteien eines Kaufvertrages selbstständig bestimmt. Ein solches Prinzip war dem deutschen Recht bisher fremd.[592] Lediglich der bereits erwähnte § 13 a UWG a.F. ermöglichte es dem Käufer, vom Vertrage zurückzutreten, sollte er auf unrichtige Werbeangaben vertraut haben. Aber auch dort war der Eingriff in die Privatautonomie sehr gering. Indem § 13 a UWG a.F. dem Käufer letztlich nur ein Rücktrittsrecht einräumte, erkannte der Gesetzgeber die Privatautonomie der Parteien an. Auf weitere Rechte, wie Schadensersatzansprüche, wurde verzichtet.

592 Kircher, ZRP 1997, S. 290, 292.

1. Definition

Unter der Privatautonomie versteht man die eigenverantwortliche Gestaltung der Lebensverhältnisse im Rahmen der Rechtsordnung.[593] Sie ist dadurch gekennzeichnet, dass der Einzelne Rechtsverhältnisse nach seinem Willen selbstständig gestaltet.[594] Neben Erscheinungsformen der Vereinigungsfreiheit oder etwa der Testierfreiheit ist die Vertragsfreiheit die praktisch bedeutsamste Erscheinungsform der Privatautonomie, die unter anderem die Abschlussfreiheit, Freiheit der Partnerwahl, Typenfreiheit sowie die Freiheit der inhaltlichen Gestaltung umfasst.[595]

2. Einfluss Dritter auf Rechtsverhältnisse

Die Privatautonomie schließt ein, dass der Einzelne prinzipiell nur für sich selbst und nicht für andere handeln kann.[596] So erfordert beispielsweise das Handeln für Dritte grundsätzlich eine Berechtigung, wie etwa die Stellvertretung iSd. §§ 164 ff. BGB. Die Begründung, Änderung oder Aufhebung eines Rechtsverhältnisses für einen anderen verlangt zumindest dessen nachträgliche Genehmigung.[597]

Diesem Grundsatz entspricht auch die Wertung des § 328 BGB, der die Fälle des Vertrages zu Gunsten Dritter erfasst. Hier rückt der Dritte nicht in die Stellung des Vertragsschließenden, sondern erwirbt ausschließlich den Anspruch auf Leistung.[598] Rechtsverhältnisse Dritter bedürfen demnach auch dann einer Berechtigung, wenn diese ihn begünstigen. Aus diesem Grunde können Rechtsverhältnisse Dritter erst recht nicht zu deren Lasten begründet werden. Ein Eingriff oder eine Verfügung über die Interessen Dritter ist aus diesem Grunde auch nicht erlaubt.[599] Die einseitige Gestaltung von Rechtsverhältnissen Dritter entspricht demnach nicht den Grundsätzen der Privatautonomie.[600]

Gerade dies sieht aber Art. 2 Abs. 2 lit. d) RL vor. Indem der Verkäufer unter anderem auch für Werbeangaben des Herstellers haftet, beeinflusst Letzterer unmittelbar das Rechtsverhältnis, welches durch den Kauf zwischen den Parteien begründet wird. Auch wenn dem entgegengehalten werden kann, dass Herstel-

---

593 Palandt/Heinrichs, Überbl v § 104, Rn. 1; Köhler, AT, § 12, Rn. 1.
594 Flume, AT II, S. 1.
595 Larenz/Wolf, § 34, Rn. 22; Köhler, AT, § 12, Rn. 1.
596 Flume, AT II, S. 7.
597 Flume, AT II, S. 8.
598 Palandt/-Heinrichs, § 328, Rn. 5.
599 Larenz/Wolf, § 34, Rn. 46.
600 BGHZ 61, 359, 361; 78, 369, 375.

lerwerbung keine Rechtsverhältnisse begründet, sondern sich ausschließlich auf das Produkt bezieht, so nimmt doch der Hersteller erheblichen Einfluss auf das Rechtsverhältnis zwischen Käufer und Letztverkäufer. Zudem kann der Werbende die Art und den Umfang seines Einflusses auf das Rechtsverhältnis selbst bestimmen. Er ist in der Intensität und der Art der Werbung frei.

Zwar entzieht sich auch die Haftung für die übliche Zweckeignung der Parteivereinbarung und somit der Privatautonomie. Im Gegensatz zu Werbeangaben handelt es sich hier aber um eine Selbstverständlichkeit.

3. Beschränkung der Vertragsfreiheit

Privatautonomie und insbesondere die hieraus folgende Vertragsfreiheit kann es jedoch nicht „um jeden Preis" geben. Vielmehr kann diese zum Schutze des Einzelnen oder der Allgemeinheit eingeschränkt werden. Aus diesem Grunde schränkt die Rechtsordnung die Freiheit des Abschlusses sowie der inhaltlichen Gestaltung ein. Eine solche Einschränkung wird beispielsweise dann besonders deutlich, wenn zwischen den Parteien ein starkes Ungleichgewicht besteht, das sich einseitig zu Lasten einer Partei auswirken kann.[601] Ein solches Ungleichgewicht kann darin begründet sein, dass zwischen den Parteien ein wirtschaftliches, informationelles oder psychisches Missverhältnis besteht, welches den einen Vertragsteil in unangemessener Weise benachteiligt.[602] Wenn die Gefahr einer solchen Benachteiligung besteht, schränkt die Rechtsordnung die Vertragsfreiheit ein. So unter anderem im Bereich der Allgemeinen Geschäftsbedingungen, Arbeitsverträge und Verbraucherkredite. Gleiches gilt etwa für Leistungen im Bereich der Daseinsvorsorge[603] oder dem aus § 26 Abs. 2 GWB folgenden Diskriminierungsverbot marktbeherrschender Unternehmen. Demnach kann die durch die Parteiautonomie gewährte Vertragsfreiheit beschränkt werden, soweit hierdurch der Schutz des Einzelnen oder der Allgemeinheit sowie Dritter gewährleistet werden kann.

4. Beschränkung der Vertragsfreiheit durch das Verbraucherrecht

Neben den erwähnten Bereichen wird die Vertragsfreiheit insbesondere durch das Verbraucherrecht eingeschränkt. Der Gesetzgeber ist mittlerweile dazu übergegangen, Verbraucher grundsätzlich als unterlegene Vertragspartei zu typi-

601 Flume AT II, S. 10.
602 Medicus, AT, Rn. 179; Larenz/Wolf, § 34, Rn. 43, § 42, Rn. 7 ff.
603 § 6 EnergiewirtschG.

sieren.[604] In der für Verbraucherschutz-Richtlinien typischen Formulierung des Gewerbetreibenden und des Verbrauchers wird deutlich, dass der Richtliniengeber auf der einen Seite den erfahrenen Geschäftsmann, auf der anderen Seite den unerfahrenen Verbraucher sieht. Hieraus ergibt sich ein Ungleichgewicht zu Lasten des Verbrauchers, welches der Richtliniengeber im Bereich des Verbraucherschutzes auszugleichen versucht. Der Verbraucher wird rollenspezifisch als unterlegene Partei des Rechtsverhältnisses typisiert.[605] Im Lichte dieses Konzepts werden Maßnahmen ergriffen, die dem Verbraucher ein Widerrufsrecht einräumen[606] oder etwa dem Interesse des Verbrauchers an Information Rechnung tragen[607].

Daneben gibt es aber auch verbraucherschützende Normen, die Rechtsbeziehungen zu Dritten betreffen oder aber außervertragliche Umstände berücksichtigen.

a. § 310 Abs. 3 Nr. 3 BGB – begleitende Umstände bei der AGB-Kontrolle

Nach § 310 Abs. 3 Nr. 3 BGB sind etwa bei der Überprüfung von Allgemeinen Geschäftsbedingungen auch die den Vertragsschluss begleitenden Umstände zu berücksichtigen. Begleitende Umstände entziehen sich naturgemäß der Individualvereinbarung und somit der Parteiabrede. Es handelt sich daher um Umstände, die außerhalb des Vertrages liegen. Ähnlich wie bei der Haftung für Werbeangaben kann das Rechtsverhältnis demnach von Umständen beeinflusst werden, auf die keine der Vertragsparteien Einfluss hat.

b. §§ 358, 359 BGB – Einwendungsdurchgriff bei Verbraucherdarlehen

Ein weiteres Beispiel sind die §§ 358, 359 BGB. Diese ermöglichen es dem Verbraucher Rechtsfolgen herbeizuführen, die sich auf das Rechtsverhältnis eines Dritten auswirken können. Hiernach kann der Verbraucher dem Darlehensgeber gegenüber bei sog. verbundenen Verträgen die Rückzahlung dann verweigern, wenn er hierzu im Verhältnis zum Unternehmer berechtigt ist. Es handelt sich demnach auch hier um Umstände, die außerhalb der Parteivereinbarung zwischen dem Darlehensgeber und dem Darlehensnehmer liegen. Auch an dieser Stelle bestehen zunächst einmal Parallelen zwischen dem Einwendungsdurchgriff und der Haftung für Werbeangaben.

---

604 So auch Larenz/Wolf, § 42, Rn. 27.
605 Hommelhoff/Wiedenmann, ZIP 1993, S. 562, 565.
606 § 495 BGB.
607 § 492 BGB.

c. Stellungnahme

Die §§ 310 Abs. 3 Nr. 3, 358, 359 BGB weisen grundsätzlich Parallelen zu der Haftung für Werbeangaben auf, sind jedoch mit dieser nicht vergleichbar.

§ 310 Abs. 3 Nr. 3 BGB bezieht sich auf die Prüfung von Vertragsklauseln. Auch wenn hier Umstände Berücksichtigung finden, die ursprünglich nicht vereinbart worden sind, so liegt dem jedoch ein vorwerfbares Verhalten des Verkäufers zugrunde. Dieses kommt darin zum Ausdruck, dass er dem Käufer vorformulierte Bedingungen vorlegt, die später Vertragsinhalt werden. Der Verkäufer übt eine einseitige Gestaltungsmacht auf den Vertrag aus, die vom Verbraucher nicht beeinflusst werden kann.[608] Aus diesem Grunde ist der von § 310 Abs. 3 Nr. 3 BGB erfasste Sachverhalt zumindest dann nicht mit der Haftung für Werbeangaben nach Art. 2 Abs. 2 lit. d) RL vergleichbar, wenn es sich um Werbeangaben Dritter handelt.

Das gleiche Ergebnis findet sich auch bei einem Vergleich mit §§ 358, 359 BGB. Zwar wirkt sich hier das Rechtsverhältnis zwischen Verbraucher und Unternehmer auf den Darlehensgeber aus. Grund hierfür ist, dass es sich um einen sog. verbundenen Vertrag handelt. Dieser liegt nach § 358 Abs. 3 BGB dann vor, wenn die Verträge des Unternehmers und Darlehensgebers mit dem Verbraucher eine wirtschaftliche Einheit darstellen. Dies ist unter anderem dann der Fall, wenn Unternehmer und Darlehensgeber dem Verbraucher gegenüber wie eine Einheit gegenüberstehen.[609] Es handelt sich faktisch um einen Vertrag, der wirtschaftlich zwar eine Einheit darstellt, rechtlich aber aufgespalten wurde.[610] Demnach handelt es sich auch hier um einen rechtlichen Sachverhalt, der mit dem der Haftung für Werbeangaben nicht vergleichbar ist.

d. Ergebnis

Der Verbraucherschutz verdeutlicht die Möglichkeit, die Vertragsfreiheit einzuschränken. Dort hat sich ein Ungleichgewicht zu Lasten des Verbrauchers gebildet, das die Einschränkung der Vertragsfreiheit zu dessen Schutz rechtfertigt. Die Gründe hierfür liegen dabei aber grundsätzlich im Ursachen- und Verantwortungsbereich des Verkäufers. Die einseitige Durchsetzung der Unternehmerinteressen, die Unerfahrenheit des Verbrauchers oder aber die psychische Unterlegenheit sind nur Beispiele, die die Beschränkung rechtfertigen. Die Beschrän-

608 Wolf, in: FS für Brandner, S. 299.
609 Palandt/Heinrichs, § 358, Rn. 15.
610 Palandt/Heinrichs, § 358, Rn. 1.

kung der Vertragsfreiheit erfolgt, um den Einzelnen und/oder die Allgemeinheit zu schützen.

Fraglich ist, ob eine ähnliche Interessenlage im Bereich der Haftung für Werbeangaben Dritter vorliegt. Hiergegen spricht, dass das skizzierte vertragliche Ungleichgewicht bei Werbeangaben nicht immer gegeben ist. Dies folgt daraus, dass der Verkäufer auf die Werbeangaben oftmals keinen Einfluss hat, einmal abgesehen von den Fällen, in denen er den Verbraucher über falsche Werbeangaben aufklärt. Hieraus ergibt sich, dass Werbeangaben Dritter außerhalb des Ursachen- und Verantwortungsbereiches des Verkäufers liegen. Ein solcher Zusammenhang ist aber Voraussetzung dafür, dass ein Missverhältnis zugunsten des Verkäufers überhaupt entstehen kann.

Die Haftung für Werbeangaben und öffentliche Äußerungen Dritter widerspricht demnach grundsätzlich dem aus der Privatautonomie folgenden Prinzip der Vertragsfreiheit. Anders als bei den bisherigen Beschränkungen der Vertragsfreiheit haben hier Handlungen Dritter im vorvertraglichen Bereich unmittelbaren Einfluss auf das Rechtsverhältnis zwischen Käufer und Verkäufer. Dabei ist zu beachten, dass nach alter Rechtslage vorvertragliche Äußerungen, insbesondere Werbeangaben, nur in Ausnahmefällen zu einer Haftung geführt haben. Die Richtlinie sieht jedoch eine Haftung für vorvertragliche Äußerungen auch dann vor, wenn sie von Dritten stammen.

Durch eine Haftung für Werbeangaben wird demnach der Grundsatz der Privatautonomie durchbrochen. Der Verbraucher soll auch hier vor einem Ungleichgewicht zu seinen Lasten geschützt werden. Im Gegensatz zu den bisherigen Fallkonstellationen muss der eine Vertragsteil (Verkäufer) keinen Einfluss auf die Vertragsbedingungen haben. Dies war in den bisherigen Fällen anders. Im Bereich der Allgemeinen Geschäftsbedingungen etwa legt der Verkäufer als Verwender diese dem Käufer vor. Beim verbundenen Geschäft handeln Verkäufer und Darlehensgeber insoweit zusammen, als der eine ohne den anderen das gewünschte Rechtsgeschäft mit dem Verbraucher nicht abgeschlossen hätte, wenn dieses nicht durch das Darlehen finanziert wird. Es handelt sich also um Sachverhalte, in denen grundsätzlich von einem Ungleichgewicht zu Lasten des Verbrauchers ausgegangen werden kann. Die Unternehmer haben dort regelmäßig Einfluss auf die konkrete Vertragsgestaltung.

Anders hingegen liegt der Fall bei einer Haftung für Werbeangaben. Grundsätzlich ist auch hier ein Ungleichgewicht zu Lasten des Verbrauchers gegeben. Ein Einfluss des Verkäufers auf die Werbeangaben und somit auch auf den Vertragsinhalt ist aber nicht notwendig. Ein solcher Einfluss kann auch durch am Vertrag unbeteiligte Dritte vorgenommen werden. Inwieweit der jeweilige Verkäufer von einer solchen Einflussnahme Kenntnis hat, ist für den Anwendungsbereich des § 434 Abs. 1 S. 3 BGB unbeachtlich. Der mit der Werbung verfolgte

Zweck realisiert sich bei dem jeweiligen Verkäufer unabhängig davon, ob dieser Kenntnis von Art oder Umfang der Werbung hat. Insoweit unterscheidet sich § 434 Abs. 1 S. 3 BGB von anderen verbraucherschützenden Normen, die die Privatautonomie einschränken.

K. Mögliche Konsequenzen für den Markt

Die skizzierte Haftungserweiterung wird sich wirtschaftlich auf den Handel auswirken. Sollten die wirtschaftlichen Folgen ein großes Ausmaß annehmen, ist nicht zu erwarten, dass der Markt hierauf nicht entsprechend reagieren wird.

I. Konsequenzen für den Verbraucher

Der Verbraucher erfährt durch die Neuregelung nahezu ausschließlich Vorteile. Zum einen wird er sich in Zukunft auf Werbeangaben verlassen können. Diese werden faktisch zum Vertragsinhalt, die sich der Verkäufer entgegenhalten lassen muss. Einen solchen Schutz erfährt der Verbraucher EU-weit. Aufgrund der Harmonisierungswirkung der Richtlinie wird sich der Verbraucher keine Gedanken darüber machen müssen, wie seine Rechte bei dem Kauf eines Verbrauchsguts ausgestaltet sein werden. Zum anderen werden auch neue Vertriebsformen durch die Regelung erfasst. Beispielhaft sei hier nur der Verkauf über sog. Home-Shopping-Sender genannt, der starke Zuwachsraten zu verzeichnen hat. Dies verdeutlicht insbesondere, dass vorvertragliche Information in der Zukunft an Bedeutung gewinnen wird. Eine starke Werbeaktivität erfordert dann aber auch einen starken Verbraucherschutz.

Gleichzeitig werden aber die Anforderungen an den Verbraucher steigen. Es ist zu erwarten, dass das Verbraucherleitbild des BGH langfristig mit dem des EuGHs übereinstimmen wird. Der Verbraucher wird dann aber nicht nur als Werbekonsument verstanden. Er wird vielmehr in der Lage sein müssen, sich mit Werbung und deren Inhalt auseinanderzusetzen. Ein blindes Vertrauen auf Werbeangaben wird ihn seiner Rechtsbehelfe berauben.

Daneben besteht aber auch die Gefahr, dass Hersteller konkrete Angaben über die Kaufsache restriktiver behandeln werden. Aufgrund des Risikos einer Haftung für falsche Werbeangaben kann dies dazu führen, dass Hersteller ihre Werbeangaben in dem Bereich der Anpreisung halten werden, um einer möglichen Haftung aus dem Wege zu gehen.[611]

---

611 A.A. Weiler, WM 2002, S. 1784, 1794.

Wie dargestellt, bedeuten Art. 2 Abs. 2 lit. d) RL bzw. § 434 Abs. 1 S. 3 BGB eine Ausweitung der Haftung für den Handel. Dies ergibt sich aus mehreren Gesichtspunkten:

Zum einem vermag das Erfordernis der berechtigten Erwartung nicht den Anwendungsbereich der Haftung für Werbeangaben auf ein angemessenes Maß zu reduzieren. Wie bereits dargelegt, dürfte dies in den seltensten Fällen vorkommen. Zum anderen gehen der BGH und der EuGH in einigen Bereichen von unterschiedlichen Verbraucherleitbildern aus. Das Verbraucherleitbild des BGH steht oftmals nicht im Einklang mit der regelmäßig beschriebenen Wandlung der Märkte. Dort nimmt die Beratungsleistung des Verkäufers immer mehr ab und verlagert sich zeitlich nach vorne in den Bereich der Werbung. Legt man also das bisherige Verbraucherleitbild des BGH zugrunde, wird der Verbraucher in Zukunft in nahezu vollständiger Weise geschützt. Zum einen kann er aufgrund falscher Werbeangaben grundsätzlich auf die Rechtsbehelfe der Richtlinie bzw. der umgesetzten Normen zurückgreifen. Zusätzlich dürfte er nach dem Verbraucherleitbild des BGH sehr hohe Erwartungen aufgrund der Werbeangaben haben, da er diese regelmäßig unkritisch, ungezwungen und flüchtig auffassen wird. Eine Ausweitung der Haftung zu Lasten des Handels wäre die Folge. Solange die Verbraucherleitbilder der Rechtsprechung nicht vollständig übereinstimmen, wird sich der Handel auf eine im Vergleich zu anderen EU-Ländern relativ umfassende Haftung für Werbeangaben einstellen müssen.

Auch der Umstand, dass sich Werbeangaben auf konkrete Eigenschaften beziehen müssen, vermag einer Haftungsausweitung nicht entgegenzuwirken. Zwar werden hierdurch allgemein formulierte Werbeangaben aus dem Anwendungsbereich des § 434 Abs. 1 S. 3 BGB genommen. Dies ist aber nur selbstverständlich, da der Verbraucher nicht davon ausgehen kann, für jede noch so allgemein gehaltene Anpreisung Regress nehmen zu können.[612]

Möglicherweise wird sich der Handel auf die neue Haftung einstellen und in Zukunft auf konkrete Eigenschaftsangaben verzichten. Der Verbraucher, der aber infolge des Rückgangs der persönlichen Beratung auf solche Werbeangaben angewiesen ist, wird sich dann im Vorfeld des Kaufvertrages nicht über die Kaufsache in ausreichender Weise erkundigen können. Ob der Handel in der Lage ist, den interessierten Verbraucher über die Eigenschaften der Ware aufzuklären, sei aufgrund der ständig zunehmenden Komplexität und der Vielfalt der Produkte dahingestellt. Dass dieses Szenario durchaus nicht unwahrscheinlich

---

612 So auch Kircher, ZRP 1997, S. 290, 292.

ist, wird durch die Bestrebung der Kommission deutlich, den Werbemarkt immer stärker zu reglementieren.

Dies gilt zumindest nicht für die Fälle, in denen der Handel gemäß der labelling doctrine ohnehin Produktangaben anbringen muss. Der Verbraucher soll demnach durch Werbung bzw. die dort enthaltenen Informationen geschützt werden. Ob die umfassende Haftung für Werbeangaben diesem Zweck entgegenwirken wird, bleibt abzuwarten.

Ergebnis

1. Der Werbemarkt stellt einen erheblichen wirtschaftlichen Faktor dar, der den allgemeinen konjunkturellen Schwankungen ausgesetzt ist. Nach einer kurzen Rezession werden jedoch wieder Umsatzsteigerungen erwartet. Neue Vertriebsformen führen zu neuen Werbemaßnahmen, die der Handel einsetzt, um den Absatz neuer Waren zu fördern.
   Der wirtschaftlichen Bedeutung steht auch eine rechtliche Bedeutung gegenüber: Werbemaßnahmen können ein wirtschaftliches Gut darstellen, die durch das BGB und spezialgesetzliche Normen Schutz erfahren. Die „Inhaber" solcher Werbemaßnahmen können sich daher gegen die negativen Eingriffe durch Dritte schützen.

2. Der Begriff der Werbung wird im deutschen Recht als selbstverständlich hingenommen. Eine Definition findet sich weder in der Richtlinie 1999/44/EG noch im BGB wieder.
   Die Richtlinie 84/450/EWG hingegen definiert Werbung als Äußerungen, um den Absatz von Waren oder Dienstleistungen zu fördern.

3. Der Einfluss von Werbeaussagen auf die Vertragsmäßigkeit der Kaufsache wurde im BGB in seiner alten Fassung nicht geregelt. Im Bereich des Gebrauchtwagenhandels und der Prospekthaftung hat sich eine umfangreiche Kasuistik entwickelt, die die dortigen Besonderheiten berücksichtigt hat. Aus diesem Grunde konnten die entwickelten Grundsätze nicht auf das BGB in seiner alten Fassung, insbesondere auf das dort geregelte Kaufrecht, allgemein übertragen werden.
   § 13 a UWG a.F. hingegen hat bereits relativ früh die Folgen unrichtiger Werbeangaben geregelt und dem Verbraucher ein Rücktrittsrecht eingeräumt. Die Norm hat jedoch ein Schattendasein gefristet. Eine Auseinandersetzung der Literatur und der Rechtsprechung mit § 13a UWG hat nur am Rande stattgefunden. Insbesondere die geringe Anzahl an veröffentlichten Gerichtsentscheidungen und die Streichung der Norm im UWG in seiner neuen Fassung belegen dies.

4. Der Einfluss von unrichtigen Werbeangaben auf die Vertragsmäßigkeit der Kaufsache wurde erstmals durch die Richtlinie 1999/44/EG geregelt. Der Richtliniengeber erkannte die Notwendigkeit, das Sachmängelgewährleistungsrecht innerhalb der Europäischen Union einheitlich zu regeln. Hintergrund war die Vollendung des Binnenmarktes, die durch den Verbraucher erheblich beeinflusst werden kann.

   Diese Erkenntnis hat dazu geführt, dass der Richtliniengeber bereits in der Richtlinie zu missbräuchlichen Klauseln ursprünglich ein umfassendes Rechtsbehelfssystem zugunsten des Verbrauchers einführen wollte. Dieses Ansinnen wurde jedoch zugunsten einer eigenständigen Richtlinie richtigerweise abgelehnt.

5. Die Richtlinie 1999/44/EG lehnt sich im Wesentlichen an das UN-Kaufrecht an. Sowohl der Richtliniengeber als auch der deutsche Gesetzgeber berufen sich im Rahmen der Gesetzesbegründung auf diesen Umstand, was oftmals eine Begründung einzelner Regelungen vermissen lässt. Der Einfluss von Werbeangaben auf die Vertragsmäßigkeit wird weder in der Richtlinie noch in der (deutschen) Gesetzgebung begründet, sondern als selbstverständlich vorausgesetzt. Das UN-Kaufrecht selbst enthält keine Regelungen über falsche Werbeangaben.
   Zudem wird das deutsche Recht durch Rechtsordnungen anderer Länder maßgeblich beeinflusst: Das UN-Kaufrecht ist gerade im Bereich der Vertragsmäßigkeit sehr stark durch das Common Law beeinflusst worden, das sich nun auch im deutschen Sachmängelgewährleistungsrecht widerspiegelt.

6. Wesentliche Fragen der praktischen Anwendung sind nicht geregelt worden:

   a. Weder die Richtlinie noch das BGB regeln den Einfluss von solchen Werbeaussagen auf die Vertragsmäßigkeit der Kaufsache, die durch Dritte getroffen werden, die außerhalb der Lieferantenkette stehen und keine Gehilfen sind. Dabei handelt es sich insbesondere um Zwischenhändler, die nicht Hersteller im Sinne des Produkthaftungsgesetzes sind. Insoweit besteht ein Reformbedarf, diese in den Regelungsbereich des § 434 Abs. 1 S. 3 BGB einzubeziehen, da der Letztverkäufer auch von solchen Werbeaussagen profitiert.

   b. Der Begriff des Gehilfen wird weder durch die Richtlinie noch durch das BGB definiert. Der ursprüngliche Richtlinienvorschlag sah eine

Definition vor, die jedoch nicht in die Endfassung übernommen worden ist.

Nach dem Wortlaut der Richtlinie sollen nur Gehilfen bzw. Vertreter des Herstellers in den Anwendungsbereich fallen. Dem folgt auch die Regierungsbegründung zu § 434 Abs. 1 S. 3 BGB, was von der Literatur jedoch ignoriert wird. Letztere will sowohl den Gehilfen des Herstellers als auch fälschlicherweise den des Verkäufers in den Anwendungsbereich des § 434 Abs. 1 S. 3 BGB fassen. Die Entstehungsgeschichte der Richtlinie zeigt, dass nur der Gehilfe bzw. Vertreter des Herstellers in den Anwendungsbereich des Gesetzes bzw. der Richtlinie fallen soll.

Nach dem ursprünglichen Richtlinienvorschlag konnte jede Person Vertreter im Sinne der Richtlinie sein, da es auf eine Beauftragung des Herstellers nicht ankam. Ausschlaggebend war vielmehr, dass der Vertreter des Herstellers als solcher aufgetreten ist. Das Innenverhältnis zum Hersteller war demnach nicht ausschlaggebend. Diese Sichtweise ist auch auf § 434 Abs. 1 S. 3 BGB anzuwenden.

7. Die Regelung des BGB bedeutet eine erhebliche Haftungserweiterung für den Handel, die auch nicht durch die gesetzlichen Exkulpationsmöglichkeiten begrenzt werden können. Die Beweislastverteilung stellt sich für den Handel letztlich als nahezu unüberwindbare Hürde dar. Mangels unmittelbaren Anspruchs gegen den Urheber der Werbeangaben wird zudem das Insolvenzrisiko des Vorlieferanten dem Letztverkäufer aufgebürdet.

8. Ein unmittelbarer Anspruch gegen den Hersteller, von dem in der Regel die Werbeangaben ausgehen, wird dem Käufer oder Letztverkäufer ebenso wenig eingeräumt. Dieser wäre aber wünschenswert, da sich im Fall der Herstellerwerbung der Schaden unmittelbar bei dem Verursacher niederschlagen würde. Auch insoweit besteht demnach ein Reformbedarf.

9. Nach der gegenwärtigen Regelung des § 434 Abs. 1 S. 3 BGB kann auch grundsätzlich der Verbraucher als Verkäufer wegen falscher Werbeangaben Dritter durch den Käufer in Anspruch genommen werden. Es darf bezweifelt werden, dass der Richtliniengeber eine solche Konstellation bei Erlass der Richtlinie im Auge gehabt hat.

10. Die Haftungserweiterung beruht auf einer Beschränkung der Privatautonomie, die durch verbraucherschützende Normen grundsätzlich möglich und gerechtfertigt ist. § 434 Abs. 1 S. 3 BGB unterscheidet sich von den

bisherigen verbraucherschützenden Normen aber insoweit, als die Gründe für die Einschränkung außerhalb des unmittelbaren Vertragsverhältnisses liegen. Das typischerweise vorliegende Ungleichgewicht, welches den Grund für den Eingriff in die Privatautonomie darstellt, ist bei der Haftung für Werbeangaben nicht grundsätzlich gegeben.

Literaturverzeichnis

Achilles, Wilhelm-Albrecht:
Kommentar zum UN-Kaufrechtsübereinkommen (CISG), Kriftel 2000
(zitiert als: Achilles, Art., Rn.)

Amtenbrink, Fabian:
Die europaweite Vereinheitlichung von Verbrauchsgüterkauf und -garantien, in: VuR 1996, S. 367 ff.

Bamberger, Heinz Georg:
Kommentar zum Bürgerlichen Gesetzbuch, Band 1, §§ 1-610, München 2003
(zitiert als: Bamberger/Roth/Bearbeiter, §, Rn.)

Baumbach, Adolf:
Gesetz gegen den unlauteren Wettbewerb, Zugabeverordnung, Rabattgesetz und Nebengesetze, 22., neubearbeitete Auflage, München 2001
(zitiert als: Baumbach-Hefermehl, §, Rn.)

Baur, J.F.:
Der Europäische Binnenmarkt – normative Grundlagen, in: Juristische Arbeitsblätter 1992, S. 65 ff. sowie 97 ff.

Behrens, Karl Christian:
Absatzwerbung, 2. Auflage, Wiesbaden 1976
(zitiert als: Behrens, Absatzwerbung, S.)

Berger, Klaus Peter:
Aushandeln von Vertragsbedingungen im kaufmännischen Geschäftsverkehr, in: NJW 2001, S. 2152 ff.

Bernreuther, Friedrich:
Sachmangelhaftung durch Werbung, in: WRP 2002, S. 368 ff.

Bernstorff, Christoph Graf von:
Einführung in das englische Recht, München 1996
(zitiert als: Bernstorff, Einführung in das englische Recht, S.)

Bleckmann, Albert:
Europarecht, 5. neubearbeitete Auflage, München 1990
(zitiert als: Bleckmann, Europarecht, Rn.)

Boerner, Dietmar:
Kaufrechtliche Sachmängelhaftung und Schuldrechtsreform, in: ZIP 2001, S. 2264 ff.

Bogdandy, Armin von:
Vom Gemeinsamen Markt zum Binnenmarkt – Statik und Dynamik des Europäischen Marktes, in: JuS 1990, S. 170 ff.

Borries, Reimer von:
Gleichwertigkeitsklauseln als Instrument zur Gewährleistung des freien Warenverkehrs in der Europäischen Gemeinschaft, in: DVBl. 1996, S. 1343 ff.
Brieske, Cornelia:
Verbraucherschutz durch gesetzliche Kenzeichnungserfordernisse, in: Betriebs-Berater 1996, S. 913 ff.
Brüggemeier, Gert:
Zur Reform des deutschen Kaufrechts – Herausforderungen durch die EG-Verbrauchsgüterkaufrichtlinie, in: JZ 2000, S. 529 ff.
Buhlmann, Dirk:
Frankfurter Handbuch zum neuen Schuldrecht, Kriftel 2002
(zitiert als: Schimmel/Buhlmann/Bearbeiter, Frankfurter Handbuch, §, Rn.)
Buhlmann, Dirk:
Fehlerquellen im Umgang mit dem neuen Schuldrecht, Kriftel 2002
(zitiert als: Schimmel/Buhlmann, Fehlerquellen im Umgang mit dem neuen Schuldrecht, S.)
Bülow, Peter:
Vertragshaftung der Werbeagentur für wettbewerbswidrige Werbung, in: GRUR 1978, S. 676 ff.
Bundesministerium der Justiz:
Abschlussbericht der Kommission zur Überarbeitung des Schuldrechts, Köln 1992
(zitiert als: Abschlussbericht der Schuldrechtkommission, S.)
Dauses, Manfred:
Die Rechtsprechung des EuGH zum Verbraucherschutz und zur Werbefreiheit im Binnenmarkt, in: EuZW 1995, S. 425 ff.
Dauses, Manfred:
Rechtliche Grundlagen des Verbraucherschutzes im EU-Binnenmarkt, in: ZfRV 1996, S. 133 ff.
Deutscher Bundestag:
Bericht zur Verbraucherpolitik, in: Bundestag-Drucksache VI/2724
Deutscher Bundesstag:
Zweiter Bericht der Bundesregierung zur Verbraucherpolitik, in: Bundestag-Drucksache 7/4181
Deutscher Bundestag:
Gesetzesbegründung zu § 434 BGB, in: Bundestag-Drucksache 14/6040
Dürrschmidt, Armin:
Haftung für irreführende Werbung über Garantien, in: GRUR 1997, S. 549 ff.

Elsing, Siegfried:
US-amerikanisches Handels- und Wirtschaftsrecht, Heidelberg 1985
(zitiert als: Elsing, US-amerikanisches Handels- und Wirtschaftsrecht, S.)
Enderlein, Fritz:
Internationales Kaufrecht: Kaufrechtskonvention, Verjährungskonvention, Vertretungskonvention, Rechtsanwendungskonvention, 1. Auflage, Berlin 1991
(zitiert als: Enderlein/Maskow/Strohbach, Art., Anm.)
Erdmann, Willi:
Schutz von Werbeslogans, in: GRUR 1996, S. 550 ff.
Erman, Walter:
Bürgerliches Gesetzbuch, Handkommentar mit EGBGB, ErbbauVO, HausratsVO, LPartG, ProdHaftG, UKlaG, VAHRG und WEG, 11. Auflage, Köln 2004
(zitiert als: Erman/Bearbeiter, §, Rn.)
Ernst, Wolfgang:
Kaufrechtsrichtlinie und BGB, in: ZIP 2000, S. 1410 ff.
Europäisches Parlament:
Politische Festlegung des gemeinsamen Standpunkts zum Verbrauchsgüterkauf, in: ZIP 1998, S. 889 ff.
Europäisches Parlament:
Richtlinie 1999/44/EG zu bestimmten Aspekten des Verbrauchsgüterkaufs und der Garantien für Verbrauchsgüter, in: NJW 1999, S. 2421 ff.
EU-Kommission:
Richtlinienvorschlag zum Verbraucherkauf, in: ZIP 1996, S. 1845 ff.
EU-Kommission:
Grünbuch über Verbrauchsgütergarantien und Kundendienst, in: Bundesrat-Drucksache 926/93
(zititer als: Grünbuch, S.)
EU-Kommission:
Grünbuch zum Verbraucherschutz in der Europäischen Union, KOM (2001) 531
Europäischer Rat:
Entschließung des Rates betreffend ein Erstes Programm der Europäischen Wirtschaftsgemeinschaften für eine Politik zum Schutz und zur Unterrichtung der Verbraucher, in: Abl. Nr. C 92/1
Everling, Ulrich:
Mindestharmonisierung im Europäischen Binnenmarkt: Referate des 7. Bonner Europa-Symposiums vom 27. April 1996, Baden-Baden 1997

(zitiert als: Verfasser, Mindestharmonisierung im Europäischen Binnenmarkt, S.)

Faber, Wolfgang:
Elemente verschiedener Verbraucherbegriffe in EG-Richtlinien, zwischenstaatlichen Übereinkommen und nationalem Zivil- und Kollisionsrecht, in: ZEuP 1998, S. 854 ff.

Fezer, Karl-Heinz:
Markenrecht: Kommentar zum Markengesetz, zur Pariser Verbandsübereinkunft und zum Madrider Markenabkommen; Dokumentation des nationalen, europäischen und internationalen Kennzeichenrechts, 3. Auflage, München 2001
(zitiert als: Fezer, §, Rn.)

Frietsch, Edwin:
Produkthaftungsgesetz und EG-Produkthaftungsrichtlinie – Kommentar, 2. Auflage, München 1990
(zitiert als: Taschner/Frietsch, § ProdHaftG, Rn. oder Art. ProdHaftRL, Rn.)

Gessaphe, Karl Gustav von Sachsen:
Der Rückgriff des Letztverkäufers – neues europäisches und deutsches Kaufrecht, in: RIW 2001, S. 721 ff.

Gloy, Wolfgang:
Handbuch des Wettbewerbsrechts, 2. Auflage, München 1997
(zitiert als: Gloy-Verfasser, §, Rn.)

Grabitz, Eberhard:
Vom Gemeinsamen Markt zum Binnenmarkt – Statik und Dynamik des Europäischen Marktes, in: JuS 1990, S. 170 ff.

Gsell, Beate:
Kaufrechtslinie und BGB, in: ZIP 2000, S. 1410 ff.

Groeben, Hans von der:
Kommentar zum Vertrag über die Europäische Union und zur Gründung der Europäischen Gemeinschaften, Band 1, 6. Auflage, Baden-Baden 2003
(zitiert als: von der Groeben/Schwarze/Bearbeiter, Art., Rn.)

Haas, Lothar:
Das neue Schuldrecht, München 2002
(zitiert als: Das neue Schuldrecht/Bearbeiter, Kap., Rn.)

Handkommentar Bürgerliches Gesetzbuch:
3. Auflage, Baden-Baden 2003
(zitiert als: Hk-BGB/Bearbeiter, §, Rn.)

Handwörterbuch der Sozialwissenschaften:
Zugleich Neuauflage des Handwörterbuchs der Staatswissenschaften, Elfter Band, Verbundwirtschaft – Wert, Göttingen 1961

(zitiert als: Bearbeiter, Handwörterbuch der Sozialwissenschaften, Bd. 11, S.)

Hartkamp, A.S:
Einführung in das neue Niederländische Schuldrecht, Teil I, in: AcP 191 (1991), S. 396 ff.

Hay, Peter:
US-amerikanisches Recht: ein Studienbuch, 2. Auflage, München 2002
(zitiert als: Hay, US-amerikanisches Recht, S.)

Hefermehl, Wolfgang:
Gesetz gegen den unlauteren Wettbewerb, Zugabeverordnung, Rabattgesetz und Nebengesetze, 22., neubearbeitete Auflage, München 2001
(zitiert als Baumbach-Hefermehl, §, Rn.)

Heiss, Helmut:
Verbraucherschutz im Binnenmarkt: Art. 129a EGV und die wirtschaftlichen Verbraucherinteressen, in: ZEuP 1996, S. 625 ff.

Henning-Bodewig:
Die wettbewerbsrechtliche Haftung von Werbeagenturen, in: GRUR 1981, S. 164 ff.

Henssler, Martin:
Praxis der Schuldrechtsreform, 2. Auflage
(zitiert als: Henssler/von Westphalen, §, Rn.)

Hommelhoff, Peter:
AGB gegenüber Kaufleuten und unausgehandelten Klauseln in Verbraucherverträgen, in: ZIP 1993, S. 562 ff.

Hondius, Ewoud:
Kaufen ohne Risiko: Der europäische Richtlinienentwurf zum Verbraucherkauf und zur Verbrauchergarantie, in: ZEuP 1997, S. 131 ff.

Honsell, Heinrich:
Kommentar zum UN-Kaufrecht: Übereinkommen der Vereinten Nationen über Verträge über den internationalen Warenkauf (CISG), Berlin 1997
(zitiert als: Honsell-Bearbeiter, Art., Rn.)

Horn, Norbert:
AGB-Gesetz, Kommentar, 4. Auflage, München 1999
(zitiert als: Wolf/Horn/Lindacher, §, Rn.)

Huth, Rupert:
Einführung in die Werbelehre, 6. Auflage, Stuttgart 1996
(zitiert als: Huth/Pflaum, Werbelehre S.)

Illert, Sven:
Werbeagenturvertrag und Beratungspflichten der Werbeagenturen, in: Betriebs-Berater 1974, S. 65 ff.

Jacobs, Rainer:
Großkommentar zum Gesetz gegen den unlauteren Wettbewerb, Vor § 13 Abschnitt E, §§ 13, 13 a, Berlin 1991
(zitiert als: Großkommentar-Bearbeiter, §, Rn.)
Jauernig, Othmar:
Bürgerliches Gesetzbuch, 10. Auflage, München 2003
(zitiert als: Jauernig/Bearbeiter, §, Rn.)
Jorden, Simone:
Verbrauchsgüterkauf und Schuldrechtsmodernisierung – Zur geplanten Umsetzung der Richtlinie 1999/44/EG im Rahmen eines Gesetzes zur Modernisierung des Schuldrechts, in: JZ 2001, S. 952 ff.
Jorden, Simone:
Verbrauchergarantien – Die EG-Richtlinie über den Verbrauchsgüterkauf und Verbrauchsgütergarantien und ihre Umsetzung in das deutsche Zivilrecht, München 2000
(zitiert als: Jorden, Verbrauchgarantien, S.)
Junker, Abbo:
Vom bürgerlichen Gesetzbuch zum kleinbürgerlichen Gesetzbuch – Der Richtlinienvorschlag über den Verbrauchsgüterkauf, in: DZWir 1997, S. 271 ff.
Kircher, Wolfgang:
Zum Vorschlag für eine Richtlinie über den Verbrauchsgüterkauf und -garantien, in: ZRP 1997, S. 290 ff.
Kloubert, Ulrich:
Die absatzstrategisch orientierte Vertragsgestaltung von Automobil-Vertragshändler-Verträgen unter besonderer Berücksichtigung der Sach-, Konflikt- und Integrationsregelung, Gießen 1987
(zitiert als: Kloubert, Vertragsgestaltung von Automobil-Vertragshändler-Verträgen, S.)
Köhler, Helmut:
Gesetz gegen den unlauteren Wettbewerb: mit Zugabeverordnung, Rabattgesetz und Preisangabenverordnung, 2. Auflage, München 2001
(zitiert als: Köhler/Piper, §, Rn.)
Köhler, Helmut
BGB – Allgemeiner Teil, 24. Auflage, München 1998
(zitiert als: Köhler, AT, §, Rn.)
Köhler, Helmut:
EG-Recht, nationales Wettbewerbsrecht und Verbraucherschutz, in: JuS 1993, 447

Kötz, Hein:
Einführung in die Rechtsvergleichung auf dem Gebiete des Privatrechts, Tübingen 1996
(zitiert als: Zweigert/Kötz, S.)
Kohte, Wolfhard:
Das neue Schuldrecht, Kompaktkommentar, 2002
(zitiert als: SchuldR-Kompaktkommentar-Bearbeiter, §, Rn.)
Kohte, Wolfhard:
Verbraucherschutz im Licht des europäischen Wirtschaftsrechts, in: EuZW 1990, S. 150 ff.
Krämer, Ludwig:
EWG-Verbraucherrecht, 1. Auflage, Baden-Baden 1985
Larenz, Karl:
Allgemeiner Teil des Bürgerlichen Rechts, 8. Auflage, München 1997
(zitiert als: Larenz/Wolf, §, Rn.)
Lehmann, Michael:
Verbrauchsgüterkauf und Schuldrechtsmodernisierung – Zur geplanten Umsetzung der Richtlinie 1999/44/EG im Rahmen eines Gesetzes zur Modernisierung des Schuldrechts, in: JZ 2001, S. 952 ff.
Lehmann, Michael:
Die UWG-Neuregelungen 1987 – Erläuterungen und Kritik, in: GRUR 1987, S. 199 ff.
Lehmann, Michael:
Die Haftung für Werbeangaben nach neuem Schuldrecht, in: Der Betrieb 2002, S. 1090 ff.
Lehmann, Michael:
Die bürgerlichrechtliche Haftung für Werbeangaben, in: NJW 1981, S. 1233 ff.
Lehmann, Michael:
Haftung für irreführende Werbung über Garantien, in: GRUR 1997, S. 549 ff.
Lehmann, Michael:
Vertragsanbahnung durch Werbung, München 1981 (S. 346-400)
(zitiert als: Lehmann, Vertragsanbahnung durch Werbung)
Lehmann, Michael:
Die Haftung für Werbeangaben nach neuem Schuldrecht, in: Der Betrieb 2002, S. 1090 ff.
Lehmann, Michael:
Informationsverantwortung und Gewährleistung für Werbeangaben beim Verbrauchsgüterkauf, in: JZ 2000, S. 280 ff.

Lindacher, Walter F.:
AGB-Gesetz, Kommentar, 4. Auflage, München 1999
(zitiert als: Wolf/Horn/Lindacher, §, Rn.)
Lindacher, Walter F.:
Großkommentar zum Gesetz gegen den unlauteren Wettbewerb, Vor § 13 Abschnitt E, §§ 13, 13 a, Berlin 1991
(zitiert als: Großkommentar-Bearbeiter, §, Rn.)
Lindenmaier, E. h.:
Wettbewerbsunlautere Nachahmung von Gestaltung und Werbung, in: Betriebsberater 1958, S. 601 ff.
Management-Enzyklopädie:
Das Managementwissen unserer Zeit, Band 10, Wachstumsplanung bis Zusammenhang von Recht und Management, 2. Auflage, München 1985
(zitiert als: Bearbeiter, Management-Enzyklopädie, Bd. 10, S.)
Maskow, Dietrich:
Internationales Kaufrecht: Kaufrechtskonvention, Verjährungskonvention, Vertretungskonvention, Rechtsanwendungskonvention, 1. Auflage, Berlin 1991
(zitiert als: Enderlein/Maskow/Strohbach, Art., Anm.)
Medicus, Dieter:
Das neue Schuldrecht, München 2002
(zitiert als: Das neue Schuldrecht/Bearbeiter, Kap., Rn.)
Medicus, Dieter:
Ein neues Kaufrecht für Verbraucher, in: ZIP 1996, S. 1925 ff.
Mees, Hans-Kurt:
Schuldrechtsmodernisierung und Wettbewerbsrecht, in: WRP 2002, S. 135 ff.
Mertens, Hans-Joachim:
Kollektivrechtlicher Schadensersatz als Mittel des Verbraucherschutzes, in: ZHR 139 (1975), S. 438 ff.
Meyer, Alfred Hagen:
Bemerkungen zur „Mars"-Entscheidung des EuGH, in: GRUR Int. 1996, S. 98 ff.
Micklitz, Hans-Wolfgang:
Das neue Schuldrecht, Kompaktkommentar, 2002
(zitiert als: SchuldR-Kompaktkommentar-Bearbeiter, §, Rn.)
Micklitz, Hans-Wolfgang:
Rechtseinheit oder Rechtsvielfalt in Europa?: Rolle und Funktion des Verbraucherrechts in der EG und den MOE-Staaten, 1. Auflage, Baden-Baden 1996

Micklitz, Hans-Wolfgang:
Ein einheitliches Kaufrecht für Verbraucher in der EG?, in: EuZW 1997, S. 229 ff.
Micklitz, Hans-Wolfgang/Reich, Norbert:
Verbraucherschutz im Vertrag über die Europäische Union – Perspektiven für 1993, in: EuZW 1992, S. 593 ff.
Miert, Karel van:
Verbraucher und Binnenmarkt – Drei-Jahres-Aktionsplan der Kommission, in: EuZW 1990, S. 410 ff.
Möhring, Oskar:
Werbeagenturvertrag und Beratungspflichten der Werbeagenturen, in: Betriebs-Berater 1974, S. 65 ff.
Müller, Klaus:
Herstellerhaftung gegenüber Endverbrauchern, in: AcP 1965, S. 318 ff
Nieper, Franz:
Niederländisches Bürgerliches Gesetzbuch, Buch 6, Allgemeiner Teil des Schuldrechts, Bücher 7 und 7a, Besondere Verträge, München 1995
(zitiert als: Nieper/Westerdijk, Niederländisches Bürgerliches Gesetzbuch, Buch, S.)
Palandt, Otto:
Gesetz zur Modernisierung des Schuldrechts – Ergänzungsband zu Palandt, BGB 61. Auflage, München 2002
(zitiert als: Palandt/Bearbeiter, §, Rn.)
Palandt, Otto:
BGB 65. Auflage, München 2006
(zitiert als: Palandt/Bearbeiter, §, Rn.)
Peifer, Karl-Nikolaus:
Die Haftung des Verkäufers für Werbeangaben, in: JR 2001, S. 265 ff.
Petschke, Matthias:
Gleichwertigkeitsklauseln als Instrument zur Gewährleistung des freien Warenverkehrs in der Europäischen Gemeinschaft, in: DVBl. 1996, S. 1343 ff.
Pflaum, Dieter:
Einführung in die Werbelehre, 6. Auflage, Stuttgart 1996
(zitiert als: Huth/Pflaum, Werbelehre S.)
Piper, Henning:
Gesetz gegen den unlauteren Wettbewerb: mit Zugabeverordnung, Rabattgesetz und Preisangabenverordnung, 2. Auflage, München 2001
(zitiert als: Köhler/Piper, §, Rn.)

Rebmann, Kurt:
Münchener Kommentar zum Bürgerlichen Gesetzbuch, Band 3 Schuldrecht, Besonderer Teil I, §§ 433-606, 3. Auflage, München 1995
(zitiert als: MüKo/Bearbeiter, §, Rn.)

Rebmann, Kurt:
Münchener Kommentar zum Bürgerlichen Gesetzbuch, Band 3 Schuldrecht, Besonderer Teil I, §§ 433-610, 4. Auflage, München 2004
(zitiert als: MüKo/Bearbeiter, §, Rn., (4. Aufl.))

Reich, Norbert:
Werbung, zugesicherte Eigenschaften und Verbraucherschutz, in: JuS 1976, S. 576 ff.

Reich, Norbert:
Die Umsetzung der Richtlinie 1999/44/EG in das deutsche Recht, in NJW 1999, S. 2397 ff.

Reinhart, Gert:
UN-Kaufrecht: Kommentar zum Übereinkommen der Vereinten Nationen vom 11. April 1980 über Verträge über den internationalen Warenkauf, Heidelberg 1991
(zitiert als: Reinhart, Art., Rn.)

Rieder, Markus S.:
Vertragsgestaltung und Vertragsanpassung nach dem Schuldrechtsmodernisierungsgesetz, in: ZIP 2001, S. 1789 ff.

Ring, Gerhard:
Einführung in das skandinavische Recht, München 1999
(zitiert als: Ring, Einführung in das skandinavische Recht, S.)

Rixecker, Roland:
Münchener Kommentar zum Bürgerlichen Gesetzbuch, Band 1 Allgemeiner Teil, 1. Halbband: §§ 1-240, München 2006
(zitiert als: MüKo/Bearbeiter, §, Rn. (5. Aufl.))

Rolland, Walter:
Das neue Schuldrecht, München 2002
(zitiert als: Das neue Schuldrecht/Bearbeiter, Kap., Rn.)

Roth, Herbert:
Kommentar zum Bürgerlichen Gesetzbuch, Band 1, §§ 1-610, München 2003
(zitiert als: Bamberger/Roth/Bearbeiter, §, Rn.)

Rott, Peter:
Das neue Schuldrecht, Kompaktkommentar, 2002
(zitiert als: SchuldR-Kompaktkommentar-Bearbeiter, §, Rn.)

Säcker, Franz Jürgen:
Münchener Kommentar zum Bürgerlichen Gesetzbuch, Band 3 Schuldrecht, Besonderer Teil I, §§ 433-606, München 1995
(zitiert als: MüKo/Bearbeiter, §, Rn.)
Säcker, Franz Jürgen:
Münchener Kommentar zum Bürgerlichen Gesetzbuch, Band 1 Allgemeiner Teil, §§ 1-240, München 2001
(zitiert als: MüKo/Bearbeiter, §, Rn.)
Säcker, Franz Jürgen:
Münchener Kommentar zum Bürgerlichen Gesetzbuch, Band 1 Allgemeiner Teil, 1. Halbband: §§ 1-240, München 2006
(zitiert als: MüKo/Bearbeiter, §, Rn. (5. Aufl.))
Schäfer, Carsten:
Das neue Schuldrecht, München 2002
(zitiert als: Das neue Schuldrecht/Bearbeiter, Kap., Rn.)
Schellhammer, Kurt:
Die Haftung des Verkäufers für Sach- und Rechtsmängel – Neue Struktur und neuer Mangelbegriff, in: MDR 2002, S. 245 ff.
Schimmel, Roland:
Frankfurter Handbuch zum neuen Schuldrecht, Kriftel 2002
(zitiert als: Schimmel/Buhlmann/Bearbeiter, Frankfurter Handbuch, §, Rn.)
Schimmel, Roland:
Fehlerquellen im Umgang mit dem neuen Schuldrecht, Kriftel 2002
(zitiert als: Schimmel/Buhlmann, Fehlerquellen im Umgang mit dem neuen Schuldrecht, S.)
Schlechtriem, Peter:
Kommentar zum einheitlichen UN-Kaufrecht: das Übereinkommen der Vereinten Nationen über Verträge über den internationalen Warenkauf, 2. Auflage, München 1994
(zitiert als: Schlechtriem-Bearbeiter, Art., Rn.)
Schlechtriem, Peter:
Internationales UN-Kaufrecht: ein Studien- und Erläuterungsbuch zum Übereinkommen der Vereinten Nationen über Verträge über den internationalen Warenkauf (CISG), Tübingen 1996
Schmidt-Räntsch, Jürgen:
Zum Stand der Kaufrechtslinie, in: ZIP 1998, S. 849 ff.
Schmitz, Erich:
Kapitalanlegerschutz bei unrichtiger oder unvollständiger Information – Besprechung der Entscheidungen BGHZ 71, 284 und BGHZ 72, 382, in: Zeitschrift für Unternehmens- und Gesellschaftsrecht, S. 129 ff.

Schneider, Claudia:
Die europaweite Vereinheitlichung von Verbrauchsgüterkauf und -garantien, in: VuR 1996, S. 367 ff.
Schnyder, Anton K.:
Das EG-Grünbuch über Verbrauchsgütergarantien und Kundendienst – Erster Schritt zu einem einheitlichen EG-Kaufrecht?, in: ZeuP 1996, S. 8 ff.
Schricker, Gerhard:
Urheberrecht: Kommentar, 2. Auflage, München 1999
(zitiert als: Schricker-Verfasser, §, Rn.)
Schricker, Gerhard:
Der Urheberrechtsschutz von Werbeschöpfungen, Werbeideen, Werbekonzeptionen und Werbekampagnen, in: GRUR 1996, S. 815 ff.
Schwarze, Jürgen:
Kommentar zum Vertrag über die Europäische Union und zur Gründung der Europäischen Gemeinschaften, Band 1, 6. Auflage, Baden-Baden 2003
(zitiert als: von der Groeben/Schwarze/Bearbeiter, Art., Rn.)
Schurr, Francesco A.:
Die neue Richtlinie 99/44/EG über den Verbrauchsgüterkauf und ihre Umsetzung – Chancen und Gefahren für das deutsche Kaufrecht, in: ZfRV 1999, S. 222 ff.
Seibt, Katrin:
Das europäische Verbraucherleitbild – ein Abschied von der Verwechslungsgefahr als Rechtsfrage?, in: GRUR 2002, S. 465 ff.
Seÿffert, Rudolf:
Werbelehre, Theorie und Praxis der Werbung, Erster und Zweiter Band, Stuttgart 1966
(zitiert als: Seÿffert, Werbelehre, S.)
Soergel, Hans Th.:
Bürgerliches Gesetzbuch mit Einführungsgesetz und Nebengesetzen, Band 3, Schuldrecht II (§§ 433-515), Stand: Frühjahr 1991
(zitiert als: Soergel-Bearbeiter, Art., Rn.)
Staudenmayer, Dirk:
Die EG-Richtlinie über den Verbrauchsgüterkauf, in: NJW 1999, S. 2393 ff.
Staudenmayer, Dirk:
Europäisches Verbraucherschutzrecht nach Amsterdam – Stand und Perspektiven, in: RIW 1999, S. 733 ff.

Staudinger, Julius:
Kommentar zum Bürgerlichen Gesetzbuch mit Einführungsgesetzen und Nebengesetzen, Zweites Buch, Recht der Schuldverhältnisse, §§ 433-534, Berlin 1999
(zitiert als: Staudinger-Bearbeiter)
Staudinger, Julius:
Kommentar zum Bürgerlichen Gesetzbuch mit Einführungsgesetzen und Nebengesetzen, Wiener UN-Kaufrecht (CISG), Berlin 1995
(zitiert als: Staudinger-Bearbeiter)
Straub, Ralf Michael:
Das EG-Grünbuch über Verbrauchsgütergarantien und Kundendienst – Erster Schritt zu einem einheitlichen EG-Kaufrecht?, in: ZEuP 1996, S. 8 ff.
Streinz, Rudolf:
EUV/EGV – Vertrag über die Europäische Union und Vertrag zur Gründung der Europäischen Gemeinschaft, München 2003
(zitiert als: Streinz-Bearbeiter, EUV/EGV, Art., Rn.)
Streinz, Rudolf:
Europarecht, 4. Auflage, Heidelberg 1999
(zitiert als: Streinz, Europarecht, S.)
Streinz, Rudolf:
Die Herstellung des Binnenmarktes im Bereich des Lebensmittelrechts – Rechtsangleichung und gegenseitige Anerkennung als ergänzende Instrumente, in: ZfRV 1991, S. 357 ff.
Strohbach, Heinz:
Internationales Kaufrecht: Kaufrechtskonvention, Verjährungskonvention, Vertretungskonvention, Rechtsanwendungskonvention, 1. Auflage, Berlin 1991
(zitiert als: Enderlein/Maskow/Strohbach, Art., Anm.)
Sturm, Michael:
Rechtliche Grundlagen des Verbraucherschutzes im EU-Binnenmarkt, in: ZfRV 1996, S. 133 ff.
Sutschet, Holger:
Modernisiertes Schuldrecht, München 2002
(zitiert als: Ehmann/Sutschet, Modernisiertes Schuldrecht)
Taschner, Hans Claudius:
Produkthaftungsgesetz und EG-Produkthaftungsrichtlinie – Kommentar, 2. Auflage, München 1990
(zitiert als: Taschner/Frietsch, § ProdHaftG, Rn. oder Art. ProdHaftRL, Rn.)

Teplitzky, Otto:
Wettbewerbsrechtliche Ansprüche: Unterlassung – Beseitigung – Schadensersatz; Anspruchsdurchsetzung und Anspruchsabwehr, 7. Auflage, Köln 1997
(zitiert als: Teplitzky, Kap., Rn.)
Teplitzky, Otto:
Großkommentar zum Gesetz gegen den unlauteren Wettbewerb, Vor § 13 Abschnitt E, §§ 13, 13 a, Berlin 1991
(zitiert als: Großkommentar-Bearbeiter, §, Rn.)
Tillmann, Winfried:
Zur Rechtsstellung des Verbrauchers bei Wettbewerbsdelikten, in: ZHR 141 (1977), S. 32 ff.
Traub, Fritz:
Der Schutz von Werbeslogans im gewerblichen Rechtsschutz, in: GRUR 1973, S. 186 ff.
Triebel, Volker:
Englisches Handels- und Wirtschaftsrecht, 2. Auflage, Heidelberg 1995
(zitiert als: Triebel, Englisches Handels- und Wirtschaftsrecht, §, Rn.)
Trinkner, Reinhold:
Schutz des Verbrauchers vor irreführender Werbung, in: Betriebs-Berater 1975, S. 1493 ff.
Trumpf, Jürgen:
Vom Binnenmarkt zur politischen Union, Referat im Rahmen der Vortragsreihe „Das Weißbuch der Kommission und die Realität des Binnenmarktes – Erfolge und Misserfolge", Bonn 1992
(zitiert als: Trumpf, Vom Binnenmarkt zur politischen Union, S.)
Tonner, Klaus:
Das neue Schuldrecht, Kompaktkommentar, 2002
(zitiert als: SchuldR-Kompaktkommentar-Bearbeiter, §, Rn.)
Tonner, Klaus:
Werbung, zugesicherte Eigenschaften und Verbraucherschutz, in: JuS 1976, S. 576 ff.
Tonner, Klaus:
Verbraucherschutz durch gesetzliche Kenzeichnungserfordernisse, in: Betriebs-Berater 1996, S. 913 ff.
Vierheilig, Wilfried:
Sittenwidrige Annäherung an fremde Kennzeichen, in: GRUR 1977, S. 704 ff.

Wassermann, Rudolf:
Reihe Alternativkommentare, Kommentar zum Bürgerlichen Gesetzbuch, Darmstadt 1979
(zitiert als: AK BGB-Bearbeiter)
Weiler, Frank:
Haftung für Werbeangaben nach dem neuen Kaufrecht, in: Wertpapiermitteilungen 2002, S. 1784 ff.
Wendtland, Holger:
Das neue Schuldrecht, München 2002
(zitiert als: Das neue Schuldrecht/Bearbeiter, Kap., Rn.)
Westerdijk, Arjen S.:
Niederländisches Bürgerliches Gesetzbuch, Buch 6, Allgemeiner Teil des Schuldrechts, Bücher 7 und 7a, Besondere Verträge, München 1995
(zitiert als: Nieper/Westerdijk, Niederländisches Bürgerliches Gesetzbuch, Buch, S.)
Westermann, Harm Peter:
Das neue Kaufrecht einschließlich des Verbrauchsgüterkaufs, in: JZ 2001, S. 530 ff.
Westermann, Harm Peter:
Das neue Kaufrecht, in: NJW 2002, S. 241 ff.
Westermann, Harm Peter:
Münchener Kommentar zum Bürgerlichen Gesetzbuch, Band 3 Schuldrecht, Besonderer Teil I, §§ 433-610, 4. Auflage, München 2004
(zitiert als: MüKo/Bearbeiter, §, Rn., (4. Aufl.))
Westermann, Ingo:
Bekämpfung irreführender Werbung ohne demoskopische Gutachten, in: GRUR 2002, S. 403 ff.
Westphalen, Friedrich Graf von:
Handbuch des Kaufvertragsrecht in den EG-Staaten: einschl. Österreich, Schweiz und UN-Kaufrecht, Köln 1992
(zitiert als: Bearbeiter, Handbuch des Kaufvertragsrecht in den EG-Staaten, Rn.)
Westphalen, Friedrich Graf von:
Praxis der Schuldrechtsreform, 2. Auflage
(zitiert als: Henssler/von Westphalen, §, Rn.)
Wiedemann, Herbert:
Kapitalanlegerschutz bei unrichtiger oder unvollständiger Information – Besprechung der Entscheidung BGHZ 71, 284 und BGHZ 72, 382, in: Zeitschrift für Unternehmens- und Gesellschaftsrecht, 1980, S. 129 ff.

Wiedenmann, Kai-Udo:
AGB gegenüber Kaufleuten und unausgehandelten Klauseln in Verbraucherverträgen, in: ZIP 1993, S. 562 ff.
Willingmann, Armin:
Das neue Schuldrecht, Kompaktkommentar, 2002
(zitiert als: SchuldR-Kompaktkommentar-Bearbeiter, §, Rn.)
Wolf, Manfred:
Allgemeiner Teil des Bürgerlichen Rechts, 8. Auflage, München 1997
(zitiert als: Larenz/Wolf, §, Rn.)
Wolf, Manfred:
AGB-Gesetz, Kommentar, 4. Auflage, München 1999
(zitiert als: Wolf/Horn/Lindacher, §, Rn.)
Wolf, Manfred:
Festschrift für Hans Erich Brandner, Köln 1996
(zitiert als: Wolf, in: FS Brandner, S.)
Wolf, Sabine:
Reform des Kaufrechts durch EG-Richtlinie – ein Vorteil für die Wirtschaft?, in: RIW 1997, S. 899 ff.
Ziegler, Benno:
Vertragsgestaltung und Vertragsanpassung nach dem Schuldrechtsmodernisierungsgesetz, in: ZIP 2001, S. 1789 ff.
Zweigert, Konrad:
Einführung in die Rechtsvergleichung auf dem Gebiete des Privatrechts, Tübingen 1996
(zitiert als: Zweigert/Kötz, S.)

Kolibri 360 GmbH
Ferdinand-Jühlke-Straße 7
99095 Erfurt, Deutschland
produktsicherheit@kolibri360.de